就学前教育の計画を学ぶ

― 教育課程・全体的な計画（保育課程）から指導計画へ ―

松村 和子／近藤 幹生／椛島 香代

ななみ書房

まえがき

4月始まってすぐに，私たち3人の中でこんな話がありました。

M:「今日，初めての『幼児教育課程総論』の授業で，この科目のイメージは？」って聞いたら
「なんか，難しそう」「だって，漢字ばっかりだもん」「いっぱい勉強することあるらしいから…」って，学生が言うんですよ。

Ka：そうか，確かに漢字ばっかりね，「幼児教育課程総論」って（笑）

Ko：でも，教育課程・全体的な計画（保育課程）って，それぞれの園の個性が出ていて，面白いもんだがね。

Ka：それに，現場に立ったら，長期的な見通しがないといつもせっぱつまってたいへんですよ。

M：そうね，確かに子どもたちはかわいいし，毎日楽しい保育はできるかもしれないけど，この幼児期の教育がこの子たちのこれからの長い人生の基礎になるって考えたら，楽しいばかりじゃ済まないわよね。世の中どんどん変わっているし，AI（人工知能）の出現やコンピュータの進化で，この10年でなくなる職業があると聞くと，どんな幼児教育が必要なのかって，切実な問題ですよね。

Ko：農村と都市部とか，商業地域と住宅街とか地域によっても保護者の幼児教育に対する期待が違うだろうし，歴史的にも，20年前の今の学生が幼児期だったころと今求められている幼児教育も違うだろうし。身の廻りにもグローバル化が押し寄せてきて，幼稚園や保育所の中にも外国籍の子どもたちがふえましたよね。発達障がいって言葉もよく聞くし。

M：特に私立の場合は，その園の創立者の理念がそれぞれだから，園の特色が違いますよね。だから，その園その園で，教育課程・全体的な計画（保育課程）を作って「うちの園の教育はこんなふうにしますよ」ということを地域にアピールしないとね。その教育課程自体を幼稚園教育要領などの改

訂の時にはしっかり見直さないと，社会から置いて行かれますね。

Ka：園の先生たちには，教育課程で自分の園がどのような子どもを育てたいかがわかっていると，目の前のクラスの子どもたちがどのように育っているか，照らし合わせることができますね。教育課程・全体的な計画（保育課程）に照らし合わせてみると子どもの育ちの様子がどうなっているか分かると思う。あ，先生たちにはGPSみたいなものね，教育課程って。

M：で，学生の立場から言えば，実習に行くときや就職のために見学するときに，教育課程や全体的な計画（保育課程）を見せていただくと，その園の保育の特色がより分かるかもね。

Ko：そうそう，だから教育課程・全体的な計画（保育課程）を学ぶってことは実際の保育をどうすすめるかについても，核心に迫ることなんだね。

M：オー，素晴らしい！核心ねぇ。音楽や造形，運動遊びやけんかの仲裁といった保育技術や援助など直接子どもに関わることは，この教育課程・全体的な計画（保育課程）があってこそ適切な時期に生かして使うことができるんですね。この教科は，保育技術の時間のような派手な楽しさ？はないけど，自分で園を創るって想像して勉強すると面白いかもね。

ということで，この教科書が生まれました。さあ，皆さんも自分の幼稚園，保育所を設立するつもりで，ご一緒に勉強いたしましょう。

この本を作るに当たり，資料の提供や写真撮影に協力いただいた幼稚園・保育園，そして常に暖かく支えてくださり，写真も撮ってくださったななみ書房・長渡晃氏に心から御礼申し上げます。

2017年12月

著者代表　松村和子

もくじ

第3章 幼稚園の教育課程とは

第4章 保育所の全体的な計画（保育課程）とは

第3部 実践・評価

第11章 指導計画の実践

第12章 教育課程・指導計画のPDCAサイクル

資 料

執筆分担（執筆順）

［松村］ 第1章，第3章，第5章，第6章，第8章，第9章
［近藤］ 第2章，第4章，第7章，第10章
［椛島］ 第11章，第12章

この本の構造

第11章
指導計画の実践
第9章
短期の指導計画の作成
第10章
全体的な計画（保育課程）を編成し，指導計画を作成する
第7章
全体的な計画（保育課程），指導計画を考える上で必要なこと
第8章
教育課程の編成から長期の指導計画へ
第1章
教育課程とは
第5章
幼稚園・保育所の生活と幼児理解
週案

第 12 章
教育課程・指導計画の
ＰＤＣＡサイクル
第 2 章
さまざまな教育課程
第 3 章
幼稚園の教育課程とは
第 4 章
保育所の全体的な計画
（保育課程）とは
法律
○○園の教育目標
・自律した子ども
・共に育つ子ども
・探求心のある子ども
○○園の保育目標・子ども像
・よく考える子ども
・自分・なかまを
だいじにする子ども
第 6 章
教育課程・全体的な計画（保育課程），指導
計画を考える上で共通に必要なこと

第 1 部　理論編

第 1 章

教育課程とは

1　教育課程・全体的な計画（保育課程）および指導計画はなぜ必要か

教育課程・**全体的な計画（保育課程）**とは，幼稚園・保育所のように，乳幼児の集団を一定の時間と期間，預かって，保育・教育する集団施設において用いられ，大まかな「全体計画」という意味を持つ言葉である。同じ年頃の子どもでも家庭での育児，家庭教育においては，教育課程・全体的な計画（保育課程）という言葉は使われない。それは，家庭ではその子どもに合わせて，その保護者がよいと思えることをその時々でしていき，3 歳になったらピアノを習わせようというような見通しはあったとしても，その保護者がわかっていればよいからである。

しかし，集団保育・教育施設である幼稚園・保育所にはたくさんの年齢の違う子どもたちが，長期間生活し，そこにはまた複数の教職員や多くの保護者も関わっている。その誰もがそれぞれの思いを持って子育てに関わっているので，この園ではどのようなことを大切にして（**教育・保育目標**），どのような方法で（**教育・保育方針**），どのようなことを（**教育・保育内容**），どの時期に（**教育・保育期間**）していくかという全体の計画を明らかにしておく必要が生じる。そうでないと，園の教職員も保護者も今，何を育てたいと思ってこの活動をしているのか，方向を見失ってしまうことになる。

つまり，幼稚園・保育所の保育・教育は，組織的であり，意図(いとてき)的であり，継続的なものであるから，子どもたちの発達に応じて，どの時期にどのようなねらいを持ち，そのための保育・教育内容をどうするか，それを達成するための環境をどう用意するかという計画が必要になるのである。よって，幼稚園では教育課程，保育所では全体的な計画（保育課程），幼保連携型認定こども園では全体的な計画とよばれる，目標とその達成プロセスを示す入園（入所(にゅうしょ)）から修了までの全期間におよぶ園生活の大まかな道筋(みちすじ)（**大綱**(たいこう)），全体計画が編成されなければならないのである。よって，これはその園の園長の責任の下，全教職員が関わって編成し，理解しておくべきものである。

そして，現場の保育者が毎日の保育のために作成するのが，**指導計画**(しどうけいかく)である。これは第９章で詳(くわ)しく説明するが，「園の教育課程・全体的な計画（保育課程）」をどのように具体的な子どもとの活動に展開するかを計画したものである。指導計画は，一般的に，クラスの保育者が自分で作成し，実践し，振り返りをして，また次の保育のために作成するものである。

2 乳幼児期における教育課程・全体的な計画（保育課程）とはどのようなものか

さて，幼稚園・保育所における教育課程・全体的な計画（保育課程）とはいったいどのようなものであろうか。まず，ここで皆さんが，「自分の幼稚園・保育所・認定こども園を創立する」という仮定で考えてみよう。

1 保育の基盤となる理想の子ども像（教育・保育目標）は

幼稚園や保育所を訪(おとず)れてみると，運動に力を入れていたり，歌をよく歌っていたり，園外保育で自然に触れていたり，たくさん動物を飼っていたり……とそれぞれの園の特色を感じることができる。文字や数についての学習や鼓笛隊(こてきたい)の練習をする園もある。給食に自分たちで育てた野菜，または地産(ちさん)地消(ちしょう)の低農薬や有機栽培(ゆうきさいばい)の野菜を使っているというところもある。これらの「園の特色」は，その園が何を大事にして保育をしているかということでもある。近隣の乳幼児を持つ保護者たちは，入園したい園を選ぶ際にこれらの特色を参考にするであろうから，地域へのアピールでもある。

皆さんがもし，自分の幼稚園・保育所・認定こども園を創るとしたら，どのような保育をしたいだろうか。先に挙(あ)げた園の特色のように，たくさん外で遊びたいとか，畑で野菜を作って食べたいとか，絵本をたくさん読みたいなどと夢があるだろう。それは，皆さんがどのような子どもに育てたいかという「理想の子ども像」，つまり教育・保育の目標があるからこそ，実際の活動として，「運動」や「絵本」を大切にしようということが出てくるのである。たとえば，運動をたくさんするということは，「健康な子ども，丈夫な体を持つ子ども」を育てたいということであり，絵本をたくさん読みたいということは，「想像力の豊かな子ども，言葉が豊かな子ども」を育てたいという教育目標があるからであろう。

2　理想の子ども像（教育・保育目標）に達成するための道筋

さて，それらの理想の子ども像（教育・保育目標）は，毎日の保育の中でどのように達成されるのだろうか。「健康な子ども」と言っても，ただ単に毎日日課のように運動させるのではないだろう。保育所では０歳から６歳までの子ども，幼稚園では満３歳から５歳（６歳）までの子どもたちの，全人格的な，心身共に「人生の基礎」を培（つちか）う乳幼児期に，子どもたちにどのような経験をさせたらよいだろうか。身体を動かすことが好きで，よく動き，よく食べ，よく眠る健康な子どもに育てるためには，保育所の６年間，幼稚園の３年間の園での日常生活の中で，どのようにしていくとよいのだろう。その道筋を明らかにしておく必要がある。この道筋があるということは，そこにいる子どもたちにも，保育者にも，また保護者や地域の人にも，「この園は，こういう風に子どもたちに育ってほしいと思っているのだな」ということを明らかにするということである。

よって，教育課程・全体的な計画（保育課程）は，言い換えればその園の入園（入所）から修了までの子どもたちが経験する園生活の大まかな道筋（大綱）なのである。この道筋がわからなければ，園生活ではその時々で，思いついたことをすることになり，どの方向に向かっているのか（何を大切にしているのかという一貫性（いっかんせい））を見失ってしまうであろう。子どもたちにとっては，毎日の生活の確かな積み重ねが，やがて園生活を修了し小学校へ進むとき，またその後の人生において，十分な力となっていることが必要なのである。

3　保護者や地域の人達へ園のアピールをしよう

教育課程・全体的な計画（保育課程）を編成して，文書にし，入園説明会で説明したり，ホームページに載（の）せたりするということは，保護者や地域の人達に園の教育目標や教育方針，その達成のプロセスを情報開示することであり，こういう風にお子さんを育てたいと思っていますとマニフェスト（公約）を掲（かか）げるということである。日頃の保育のねらいなどを説明する時のよりどころになるものでもある。保護者は，この教育課程・全体的な計画（保育課程）を見て，こういう風にわが子を育ててくれるのだなと思って入園してくるわけであるから，私達保育者（教職員）はこのマニフェスト（公約）

を守らなければならないということになる。

4 教育・保育実践の評価をするときに ／カリキュラム・マネジメント／

さて，以上のように園生活の大まかな道筋である教育課程・全体的な計画（保育課程）を基に，具体的な指導計画が作成されて，毎日の教育・保育が行われるが，それがはたして目の前にいる子どもたちにふさわしいものであるのか，進み方はこの速さで良いのかなど，時に応じて教育・保育実践の振り返りが必要になってくる。その時にこの教育課程・全体的な計画（保育課程）は，自分たちの教育・保育がどのように進んでいるかという実践の評価基準ともなる。幼児の教育・保育は，計画に子どもを合わせるのではなく，子どもの実情を見ながら，その時々の計画を伸ばしたり，縮（ちぢ）めたり，膨（ふく）らませたり，とデザインしていく。けれども，目の前のことだけに捕らわれて，その方向性や目標を見失ってはならない。教育課程・全体的な計画（保育課程）と照らし合わせて，今，自分たちはどの方向へと向かっているのか，どこにいるのかという実践の評価をすることが必要である。そして，第3部で詳述するように，毎日の実践の積み重ね（PDCA）を基に，1年を経たのちに，教育課程・全体的な計画（保育課程）そのものも見直して改善し，教育的活動の質の向上を計るカリキュラム・マネジメント（新幼稚園教育要領第1章第3）に努めなければならない。

5 教育課程・全体的な計画（保育課程）を編成する要件

さて，教育課程・全体的な計画（保育課程）は，その園の教育目標に向かってどのように子どもたちが園生活での経験をするかということであったが，そのほかにも，教育課程・全体的な計画（保育課程）を編成するうえで考えておかなければならないことがある。

❶ 保護者の願い，地域の実情

前に述べたように，教育課程・全体的な計画（保育課程）というものは，その園，その園で編成するものであり，その園独自のものである。「私の園」では，どのような教育目標を持って，どのような子どもに育てたいかということがそれぞれに表されているものである。しかし，いくら「私の園ではこのような保育をします」と言っても，園の独りよがりではできないことである。

地域の実情や保護者の考え方はどうだろうか。商業地域と住宅地では，子どもたちの育つ環境（保護者の就労状況，近所に遊び友達がいるか，遊ぶ公園などがあるかなど）が異なっているだろう。入園前に友達と遊ぶ経験はあるだろうか。入園後においても，園が終わった後に友達と十分に遊べる場所があるだろうか。保護者の考え方はどうだろうか。きちんとしたしつけをして，音楽や体育的なことを園でやってほしいのだろうか。反対にそれらおけいこ事は家庭で行うので，園では泥んこになって遊ぶことを期待しているのだろうか。それら保護者の願いによっても，園の保育は変わってくる。

❷ 社会の変化　／社会に開かれた教育課程／

また，「私の園」の教育課程・全体的な計画（保育課程）は１回編成したら，ずっと同じで良いのであろうか。10年前と今を比べて見てほしい。時代が変わり社会が変わると，電子ゲームなどのおもちゃの氾濫，テレビの長時間視聴，入園前のおけいこごとの一般化など，子どもが育つ状況がどんどん変わってくる。寝る時間，起きる時間や食生活の変化もあるだろう。同時に，ますます少子化になり，入園前に友達と遊ぶ経験や，異年齢の交流も少なくなり，保護者以外の大人と出会い，いろいろな人と関わる経験もずっと少なくなっているだろう。昨今では，社会のグローバル化やICT化，AI（人工知能）などの興隆で，社会の労働環境そのものが変わってきている。それに備えて，学校教育もアクティブ・ラーニングの導入や大学進学時の入試制度の改革などが予定されている。**幼稚園教育要領**や**保育所保育指針**なども改訂がある。こうした変化を踏まえて，教育課程・全体的な計画（保育課程）は，時々見直して作り変えていく必要がある。このように「私の園」の教育課程・全体的な計画（保育課程）は，それぞれの地域性，保護者の願い，社会の変化によって，変えていく必要があることがわかる。「私の園」に閉じこもるのではなく社会の変化と連動し，社会に開かれた教育課程（新幼稚園教育要領前文）を編成することが求められている。

6　教育課程の実際

ある幼稚園の教育課程を見てみよう。これは一つの例であり，大枠としてかなり大まかなものである。この園では，もう一段階細かい教育課程（中枠）が編成されていて，そこでは，実際の園生活に即したねらいと内容が書かれている。教育課程は，園によってさまざまであるが，ここでは，園の教育目標と教育課程の関係を見てほしい。

この園は，都会の真ん中にあり周囲に自然が乏しい中，園内に大きな木を残し，起伏のある園庭にビオトープや花壇を配し，なるべく園内で自然に触れるよう環境を用意している。保護者はサラリーマンや自営業家庭で専業主婦がほとんどで，園バスはなく，送り迎えは保護者（父親も多い）である。就園前からおけいこ事に熱心であり，園にはむしろ自然に触れて，友達と泥んこに

なって遊ぶことを期待している。30 年以上前から，近所に遊ぶ同年齢の子どもや公園などが乏しい中，就園前の 2 歳児には週 2 日のプレイグループがあり，午前中 2 時間の活動をしている。この園では，最近の子どもたちの育ち，また地域や保護者のニーズの変化を踏まえ，教育課程を新しく編成し直したところである。

教育目標としては，

○○園の教育目標

1. 自律した子ども
2. 共に育つ子ども
3. 探求心のある子ども

を掲げている。そして，幼稚園生活での子どもの基本の育ちを，

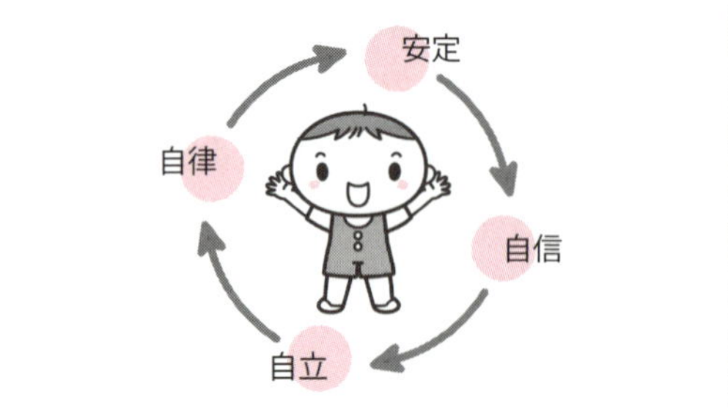

と捉えている。

この園の教育課程では，

2 歳児のプレイグループでは，

「ゆっくりと…一人一人のペースで安心して園に居られること」，

3 年保育の 1 年目は，

「のびのびと…安定して過ごし，したいことを自分で見つけ，
遊びこみ，集団生活を楽しむ」，

2 年目 4 歳児では，

「しっかりと…周りに気づき，集団生活の基礎を創る」，

3 年目 5 歳児では，

「はつらつと…集団生活を自分たちで創る」

という大きな枠組みの中で，それぞれの学年の活動を展開し，子どもたちの生活が，「安定－自信－自立－自律」に向かうようデザインされている。そして，この中で，行事なども位置付けられ，保護者との連携も図られるように考えられている。この教育課程は本当に大まかなものであり，実際に毎日の園生活でどのようなことを展開していくのかということについては，具体的な指導計画が年間計画から日案まで各学年やクラスで作成されている。教育課程と指導計画の関係については，第８章で述べる。

この園では，園生活での子どもの発達を捉える視点を❶自己との関係，❷人との関係，❸物との関係の３つとし，このどれもがバランスよく育つことで，自律した，共生の精神を持った探求心のある子どもに育つと考えている。よって，この視点から大まかな道筋としての教育課程が編成されている。

		就園前グループ ゆっくりと	年少組 のびのびと	年中組 しっかりと	年長組 はつらつと
自己	幼稚園の生活	園を知る 安心	園生活を楽しむ 安定	集団の基礎を育てる 充実	集団生活を自ら創り出す 発展
	自己表現	自分の気持ちを表そうとする	自分の気持ちを身近な人（先生，仲良し）に表す	自分の気持ちを表す 相手の気持ちに気づく	相手に伝わるように表現する 相手の気持ちを知る
人	先生と	私と先生	私と先生	私達と先生	クラス集団と先生
	友達と	好きな遊びで出会う	好きな遊びを一緒にする	仲の良い友達を作ったり，新しい友達と遊んだりする	友達と協力したり，役割分担したりする　協同
物	遊び・学び（知的興味，関心）	好きな遊びを見つける	好きな遊びをする，遊びこむ	新しい興味や方法に気づいて取り組む	自分なりに課題・目標に挑戦する
	自然	自然に気づく	自然に触れる	自然を知る	自然を探求する

他の園の教育課程には，もっと園生活に即したねらいと内容で構成されているものもある。しかし，教育課程は，第８章でも詳述するが，各園の園長と教職員がその園の育てたい子ども像（教育・保育目標）に向かって編成するものであるから，その園独自の，特色あるものができ上がるであろう。

3　教育課程の歴史的な変化

1　学校教育における教育課程とは

学校体系に属する幼稚園においては**教育課程**を編成し，児童福祉施設としての保育所では，2009 年施行の改定保育所保育指針において保育課程を編成することになった。しかし，2018 年度実施の保育所保育指針と幼保連携型認定こども園教育・保育要領では，保育課程という言葉ではなく「全体的な計画」と呼ばれることになった。ここではもともと学校教育で使われている教育課程を取り上げて，その歴史的変化を見てみよう。

2　教育課程，カリキュラムとは

教育課程とは，英語の**カリキュラム**（curriculum）を日本語に訳したものであるが，カリキュラムというと，私たちは，自分たちの受けた学校教育の経験から子どもたちが何を学ぶか，それを順序立てて配列したものというイメージを持つ。確かに，小学校以上の学校教育では教育課程というと**「学習指導要領」**に定められた内容（子どもが学ぶべきこと）を各学年の授業時数に配当したものである。カリキュラムの語源は，ラテン語の「currere，走る」の意味だという。つまり走る道筋，すなわち学習するコースである。「どの子どももこの学校では，このようなコースをたどって勉強します」というものである。よって，私たちがカリキュラムというと，すぐどの子どもが勉強する（経験する）ことを発達段階に沿って，計画的に配置したものと受け止めるが，これは小学校以上の教育についていえることである。ここでは，この小学校以上で使われるカリキュラムというものの歴史的変化を見てみよう。

3　教育課程の歴史的背景

カリキュラムはその時代の子ども観や教育観，学習観を反映するものである。

教育は初期には，貴族や宗教関係者などの一部のものであったが，19 世紀になり，公教育としての学校教育が始まり，多くの子どもが学校へ通うようになった。その時代の教育とは，「先人たちが築き上げた文化，知識，技術を教えるもの」であったので，その文化・知識を体系化して，それを教科として教師が子どもに一方的に教える注入型の「教科カリキュラム」という形をとった。この場合，学ぶ側の子どもたちの興味や関心は考慮されず，「何を教えるか」が重要になる。

►J. デューイ
（『教育思想史』有斐閣 2009）

しかし，20 世紀になると，それまでの教師中心の知識を，画一的に，集団としての子どもに注入するという形の教育に対しての反対運動である児童中心主義の考え方が台頭し，新教育運動が展開するようになった。アメリカでは，ジョン・デューイ（1859 － 1952）が，「learning by doing 」，すなわち自分で経験してこそ学ぶということを提唱し，「経験カリキュラム」が導入された。この「経験カリキュラム」は子どもの生活とのつながりの中で，子どもたちが自分の手足を使って，経験する中で学んでいくという考え方であるが，時に経験はしたが，それがどのような学びをもたらしたのかが明確ではなく「這い回る経験主義」と呼ばれることもあった。また，この子どもの興味・関心から始まる経験だけで，本当の学力がつくのかという問題にぶつかることになる。この「知識を与える」と「経験の中で」という対立するかのような考え方は，現在にいたっても常に問題となっている。

現在では，小学校以上の教科中心のカリキュラムでも，例えば生活科や総合的な学習の時間では，従来の教科の枠（わく）を超えて（**クロスカリキュラム**），子どもたちの興味・関心から始まり，体験をベースに学習を進めることを大事にしている。

4　新しいカリキュラムの考え方

日本では，上記で説明したようにカリキュラムというと，国が定める学習指導要領に基（もと）づき，その学校の教育目標を達成するために，教育内容を発達に応じて各学年の授業時間に配列した学校の教育活動の全体計画という意味がある。また，毎日の授業での具体的な指導計画を指す場合もある。しかし，佐藤学（2000）によれば，カリキュラムとは英米では教育の内容や授業の計画にとどまらず，学校における授業と学びの経験のすべてを意味し，評価を含めて，子どもたちの「学びの経験の総体」あるいは「学びの履歴（りれき）」としてとらえ，より広義な意味を持たせているという。この考え方は，これからこの本で述べていく現在の幼児教育における教育課程の考え方に近いといえるのではないだろうか。

4　乳幼児期の教育・保育では

以上，説明してきたように日本の学校教育の中では，まだまだ教科カリキュラムが大勢を占めていて，私達もまさにその中で育ってきたので，幼児期においてもカリキュラムというと，保育者があらかじめ決めたこと，幼児に経験させたいことを順に並べたものを想像してしまう。確かに，幼稚園教育要領の 1989 年以前の 6 領域時代は，教師主導の一斉保育型が主流だった。しかし，幼児期の教育は，小学校以上の教科教育でおこなわれるような知識や技術を学年ごとに配列（はいれつ）して学ばせるものではなく，幼稚園教育要領にあるように，「環境を通した遊びによる総合的な指導」によって，生きる力の基となる「幼稚園教育で育みたい資質・能力」を培い，「幼児の発達に即して主体的・対話的で深い学び」が実現するようにして，「幼児期の終わりまでに育ってほしい姿」を考慮したものを計画しなければならない（新幼稚園教育要領第 1 章総則）。よって，この本では，私たちの固定的なイメージのあるカリキュラムという呼び方はやめて，幼児期における「教育課程」と「指導計画」という言葉を使うことにする。

幼児教育の中では，一方的に教師から知識を注入する考え方よりもまさに子どもの手足を使った経験の中で学んでいく考え方が大事であるが，経験をすればよいということではなく，その経験を通して子どもがどのようなことを学び，どのような発達をしているかということを大切にしなければならないのである。ただ，単に「友達と楽しく砂場遊びをした」という経験ではなく，その遊びを通して，子どもが友達との相談や協同作業などをし（領域　人間関係），あるいは砂の質量や水の流れを知り（領域　環境），語彙やセンテンスなどの言葉の使い方を豊かにし（領域　言葉），砂を使ったごちそうのデコレーションやダムなどの建造物を工夫し（領域　表現），汗を流し，身体や指先を動かす（領域　健康）などの，どのようなことを今日は新しく経験して学んだかということが大事なことである。そう考えると，もし，カリキュラムという言葉を使うならば，幼児期のカリキュラムは，教科カリキュラムや経験カリキュラムではなく，園での生活に即した，子どもの興味・関心から生まれてくる生活カリキュラムとも言うべきものであると岸井勇雄（1999）は述べている。（松村）

遊びを通して学ぶ「幼児の生活カリキュラム」

第2章

さまざまな教育課程

／幼稚園教育課程・保育所保育課程の歴史を学ぶ／

これから近代以降の日本の幼児教育課程の歩みを概略的に学んでいく。では，なぜ歴史を学ぶのか，その意味を考えてみたい。

人類は，いつの時代においても，諸科学についての成果を新しい世代へ継承する課題を担ってきた。受け継がれてきた中味は，学問のみではない。さまざまな芸術や文化，仕事や日常生活にかかわる技術がある。その時代に求められる道徳や社会を成り立たせている制度など，あらゆる領域の幅広い内容が，伝承あるいは教育という営みにより，時間をかけて継承されてきた。高度に発達した文明社会は，一人一人の労働と生活の積み重ねによって築かれたものである。一方，社会に誕生したばかりの生命（乳児）は，すべてが始まりであるといえる。大人たちによる保育・教育という意図的な働きかけや養護・保護がなければ，その生命体は一日たりとも生命を保つことはできない。もっとも，最新の赤ちゃん学などの進歩により，乳児にもさまざまな能力があることがわかってきた。つまり，乳児は未熟であり，すやすやと眠るだけで何もできない存在だ，という見方は退けられつつある。しかしながら人間は，人間による何らかの教育を受けなければ，人に成ることはできないことも，依然として確かなことである。

赤ちゃん学：この30～40年間，乳幼児の研究の進歩はめざましい。新生児でも，言語の違いを認識する能力を持っていることなどが明らかにされている。関連する学会として「日本赤ちゃん学会」がある。

このような事情を踏まえると，長年にわたり築かれてきた文化的財産のなかから，どのような内容を新しい世代へ伝えればよいのかが問題になる。次代の子どもたちに継承すべきことを，吟味し取捨選択する営み，つまり教育の内容・方法が検討されなければならない。

ここでは，幼稚園・保育所などの組織的な機関における課題を中心に考えるが，重視すべきことは，子どもの発達段階を踏まえて，蓄積された膨大な内容から，価値ある教育内容，文化財を選び出し配列することである。この内容・方法をめぐって，さまざまな検討と試みが行われてきた。歴史のなかで教育課程・保育課程について学ぶ意味が，ここにあるといえるだろう。

1　幼稚園教育課程・保育所保育課程の変遷

ここでは日本における幼稚園の始まりと，戦前・戦後の幼児教育課程の変遷について，要点を整理しながら学んでいく。この中で，幼稚園における幼稚園教育要領の改訂の流れを理解していく。保育所については，保育所保育指針の改定がかさねられてきた。幼稚園教育要領の改訂と連動しながら，保育所保育指針が改定されてきたこともおさえてほしい。

もちろん，実際には幼稚園・保育所ともに数々の実践が行われてきたわけで，ここでふれるのは幼稚園・保育所等の監督官庁などによって作成，整備されてきた教育課程・全体的な計画（保育課程）の大本にある諸規定，要領，指針を概略的に示すことになる。

恩物：フレーベルが考案した教育遊具。第一恩物は球形で「万物の象徴」であるとされた。日本では当初，恩物中心の保育が行われたが，形式的方法への批判がされるようになった。

►フレーベル
（『教育思想史』有斐閣 2009）

1　戦前の幼稚園教育の考え方

❶　幼稚園教育の始まり

日本における幼稚園の起源は，フレーベル（1782 − 1852）が創設したキンダーガルテンにさかのぼる。フレーベルの影響を受けて，1876（明治 9）年に創設された東京女子師範学校付属幼稚園が日本で最初の幼稚園である。フレーベルの幼稚園の教育課程としては，遊戯と作業が中心であるとされている。具体的には恩物（Gabe）と呼ばれる遊具を用いた活動である。恩物とは，神から子どもたちへの賜物という意味がある。東京女子師範学校付属幼稚園における保育内容は，「物品科」「美麗科」「知識科」科目とされ，25 の細目となっていて，球，円柱，六面体への理解などフレーベルの 20 恩物で占められていた。これに「読ミ方」「書キ方」「数ヘ方」「修身ノ話」「会集」などが加えられた。

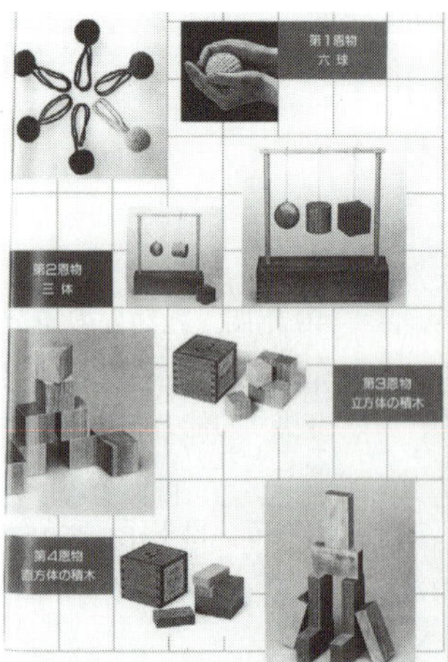

►恩物

❷　幼稚園保育及設備規程（1899［明治 32］年）

東京女子師範学校付属幼稚園の後，鹿児島幼稚園，大阪府立模範幼稚園などが開設されていった。文部省は，幼稚園が一部の富裕層の子弟に偏っていたことから，簡易幼稚園の開設をすすめていった。1884（明治 17）年，文部省は学齢未満の幼児が小学校へ入学することを禁止し「幼稚園ノ方法ニ因リ保育」すべきであるとの通達を出した。

明治 20 年代から 30 年代にかけて公立幼稚園が増えていく。やがて，キリスト教系，仏教系の幼稚園も誕生してくる。こうした中で，1899（明治 32）年，幼稚園保育及設備規程が制定された。幼稚園教育の内容，方法，設備などの国としての基準であった。保育項目としては，「遊嬉」「唱歌」「談話」「手技」の 4 項目が設けられ，一定時間ごとに小学校の教科と同様の形で行われていたようである。

3　幼稚園令（1926［大正 15］年）

大正期に入り，資本主義の発展や**大正デモクラシー**の影響を受けて幼稚園教育も発展していく。1926（大正 15）年には幼稚園についての最初の単独の勅令として，幼稚園令が制定された。保育内容には，**児童中心主義**の影響がみられ，新たに「観察」が加えられた。幼稚園令施行規則において「幼稚園ノ保育項目ハ遊嬉，唱歌，観察，談話，手技等トス」というように「等」の文字があるが，園外保育，飼育・栽培などの実践のように，幼児が自己活動をできるようにするものであった。

大正デモクラシー：大正時代に起こった民主主義を要求する思想と運動。戦後の民主主義を形成する上で大きな意味をもった。

児童中心主義：子どもの経験や自発的活動を重視する考え方。大正デモクラシーの思潮とともに和田實，倉橋惣三によって普及していった。

4　託児所・保育施設の始まり

明治期以降の幼稚園とともに，託児所・保育施設の創設もおさえておきたい。

1890（明治 23）年，新潟市で赤沢鍾美・仲子夫妻が創設した静修学校付設託児所（現赤沢保育園）が始まりであった。

その後，各地で**農繁期季節託児所**や工場労働者のための工場付設の託児所ができていった。明治期後半から大正期には，保育所は普及していくが，先駆的役割を担った**二葉幼稚園**（1900 年創設）がよく知られている。地域における貧困家庭の幼児の保育をすすめ，1916（大正 5）年には，二葉保育園と改称された。戦前の保育所（託児所）は内務省により幼稚園とは別に位置づけられていた。

農繁期季節託児所：大正期，昭和期に，農村において繁忙期に保育が行われた。戦後も田植えの時期に限った季節的保育があり，やがて一年を通した保育になっていった。設置主体は市町村が一般的。

►赤沢保育園（現在）

二葉幼稚園：野口幽香，森島峰が東京の麹町の民家を借りて創設した幼稚園。（扉写真　p.21）

2　戦後の幼稚園教育課程，保育所保育課程

1　保育要領（1948［昭和 23］年）

昭和期に入り幼稚園数は上昇していくが，第二次世界大戦へと突き進む時代のなかで，戦時色が強まっていった。戦局の拡大とともに，戦時託児所，農繁期保育所も増えていった。1943（昭和 18）年には，幼稚園も戦時託児所として再編成されていった。

1945（昭和 20）年 8 月の敗戦後，学校教育法（1947 年）により幼稚園は正規の学校に位置付けられた（保育所は，1947 年児童福祉法により児童福祉施設として制度化される）。

1948（昭和 23）年には，文部省により「保育要領―幼児教育の手引き」が作成され，幼稚園・保育所及び家庭における幼児教育の手引きとして位置づけられた。そのなかで，保育内容として 12 項目が以下のように示されている。

「①見学，②リズム，③休息，④自由遊び，⑤音楽，⑥お話，⑦絵画，⑧製作，⑨自然観察，⑩ごっこ遊び・劇遊び・人形芝居，⑪健康保育，⑫年中行事」

保育要領は，幼児にとって自由な，自発的生活を重視した保育をめざしていたといえる。

❷ 幼稚園教育要領（1956［昭和 31］年）

戦後の動きの中で，小中学校の学習指導要領の見直しとともに，幼稚園教育要領がつくられることになった。前述した保育要領は，手引きであったが，幼稚園教育要領は，国の基準としての性格を持つことになった。

保育要領は 12 項目であったが，幼稚園教育要領は小学校教育との連続性を持たせるという観点から，「健康」「社会」「自然」「言語」「音楽リズム」「絵画製作」の 6 領域が示された。領域は，「小学校以上の学校における教科とはその性格を大いに異にする」とされていたが，幼稚園教育要領において，「発達上の特質」と領域ごとの「望ましい経験」が書かれていたため，実際には領域ごとの指導が行われてしまった。

❸ 幼稚園教育要領（1964［昭和 39］年）と保育所保育指針　（1965［昭和 40］年）

1962（昭和 37）年，教育課程審議会が設置され，1964（昭和 39）年に幼稚園教育要領が改訂された。同年，学校教育法施行規則が改定され「幼稚園の教育課程については，この章に定めるもののほか，教育課程の基準として文部大臣が別に公示する幼稚園教育要領によるものとする」とされ，はじめて幼稚園教育において，教育課程という言葉が用いられた。

保育内容は，前回の 6 領域をのこしながら，「望ましい経験や活動」とは，大人が望ましいと思う内容を子どもに与えることではないことが重視された。しかし，幼稚園現場では，この点が十分理解されない面があった。家庭との連携が主張されたのも特徴であった。

この頃，小学校入学前の幼児は，保育所にも在籍することが増えていき，保育所と幼稚園との関係がしばしば問題になった。1963（昭和 38）年，保育所の 3 歳以上の幼児の教育内容は幼稚園教育要領に準じるという両省連名による共同通知が出された。

そして，1965（昭和 40）年，厚生省児童家庭局による保育所保育指針がはじめて示された。保育所における 3 歳では「健康，社会，言語，遊び」の 4 領域が，4 歳以降 6 歳までは，「健康，社会，自然，言語，音楽，造形」の 6 領域による内容となった。

4　幼稚園教育要領（1989［平成元］年）

第 1 章総則では幼稚園教育が「幼児期の特性を踏まえて環境を通しておこなうこと」「教師と幼児との信頼関係を十分に築き，幼児と共によりよい教育環境を創造する」ことが明記された。幼児の遊びを通して，一人一人に応じた総合的な指導を行うとされたことが特徴であった。前回の幼稚園教育要領の「望ましい経験や活動」は，今回の改訂で「ねらい及び内容」に改められた。ねらいは，心情，意欲，態度の育ちとされ，領域についても改められた。領域はこれまでの表面的な活動による 6 領域から幼児の発達の側面から「健康」「人間関係」「環境」「言葉」「表現」の 5 領域で示された。

保育所保育指針についても，1990（平成 2）年に改定され，幼稚園教育要領に準じて，保育内容は 6 領域から 5 領域へと編成された。

この改訂では幼児の発達にふさわしい幼児教育課程に向けて方向性を明らかにしたといえるが，現場では，「指導ということをしてはいけないのではないか」などの誤解（ごかい）や混乱（こんらん）が見られた。

5　幼稚園教育要領（1998［平成 10］年）

この改訂は，1989 年の幼稚園教育要領と基本的趣旨（しゅし）は変わらない。

第 1 章総則「1 幼稚園教育の基本」において，「教師は，幼児と人やものとのかかわりが重要であることを踏まえ，物的・空間的環境を構成しなければならない。また，教師は，幼児一人一人の活動の場面に応じて，さまざまな役割を果たし，その活動を豊かにしなければならない」というように，教師の役割が強調された。これは，前回の改訂時に幼児の主体的な活動や遊びが強調されたが，加えて教師の役割が見失われることのないよう考慮されたからである。

「2 幼稚園教育の目標」では，「幼児期における教育は，家庭との連携を図りながら，生涯にわたる人間形成の基礎を培うために大切なものであり，幼稚園では幼稚園教育の基本に基づいて展開される幼稚園生活を通して，生きる力の基礎を育成する」が記述された。これは，家庭との連携と生きる力の位置づけを明確化したことによる。「3 教育課程の編成」については，「各園において創意工夫を生かし」「特に，自我が芽生え，他者の存在を意識し自己を抑制しようとする気持ちが生まれる幼児期の発達の特性を踏まえる」ことも明記された。

3 幼稚園教育要領，保育所保育指針（2008［平成 20］年）

❶ 幼稚園教育要領の改訂

2008 年に改訂された幼稚園教育要領の改訂の背景を簡単にふれておく。60 年ぶりとなった教育基本法の改正，社会環境や子どもの育ちの大きな変化，「子どもをとりまく環境の変化を踏まえた今後の幼児教育の在り方」（中央教育審議会答申，2006）などを論点として改訂が議論されてきた。

改訂の主要な点は，一つには，乳幼児期から学童期への「学びの連続性」を図っていくことがある。この方向性を持ち幼稚園教育を充実させていくことである。そして，家庭との連携を構築する課題を追究することである。さらに，幼稚園における子育て支援の課題，預かり保育のあり方が，具体的に示されてきた。

主な内容を項目的にあげると，食育指導の充実，家庭と連携(れんけい)した生活習慣の形成，規範意識(きはんいしき)の芽生(めば)え，協同(きょうどう)する経験の重視，好奇心(こうきしん)や探究心(たんきゅうしん)を大切にし思考力の芽生えを培(つちか)うこと，人の話をよく聞き，言葉による伝え合いができること，表現する過程を大切にすることなどがあげられよう。子育て支援では，相談や情報提供などの取り組みによる幼児教育センターとしての充実をめざす内容である。幼小連携にかかわる相互理解なども示されている。

❷ 保育所保育指針改定の歩み

保育所保育指針は，1965（昭和 40）年のスタートとともに，幼稚園教育要領の改訂に連動しながら，改定されてきた。

主な改定の流れとしては，表 4 − 1 のようになっている。

表 4 − 1
保育所保育指針の改定の流れ

1950（昭和 25）年	保育所運営要綱
1952（昭和 27）年	保育指針
1963（昭和 38）年	文部省・厚生労働省両局長通知
1965（昭和 40）年	保育所保育指針
1990（平成 2）年	保育所保育指針
1999（平成 11）年	保育所保育指針
2008（平成 20）年	保育所保育指針
2017（平成 29）年	保育所保育指針

2008 年の改定の大きな点は，これまでの局長通知でガイドラインとされていた内容から，大臣告示による保育内容の最低基準が示されていることである。この他の特徴としては，各保育所で創意工夫を促す観点からの大綱化，保育の内容と運営にかかわる整理が行われたこと，保護者が理解しやすい表現などである。

改定の主要な内容は，① 保育所の役割の明確化，② 保育の内容，養護と教育の充実，③ 小学校との連携，④ 保護者に対する支援の重要性，⑤ 保育の計画の評価，職員の資質向上，の 5 点である。

保育所保育指針は，全体で 7 つの章から構成されている。第 1 章「総則」，第 2 章「子どもの発達」，第 3 章「保育の内容」，第 4 章「保育の計画及び評価」，第 5 章「健康及び安全」，第 6 章「保護者に対する支援」，第 7 章「職員の資質向上」である。

この保育所保育指針では，毎日の保育実践と結びつけながら理解を深めていくことが課題となる。第4章「保育の計画及び評価」において，保育課程及び指導計画という名称が登場している。

保育所保育指針は，1で述べた幼稚園教育要領の改訂と合わせて，同時に改められたわけであるが，日常の保育所運営と保育実践を豊かにすすめるなかから，とらえなおす課題が少なくない。改定にむけた議論内容を学ぶ必要がある。

4　幼保連携型認定こども園教育・保育要領（2014［平成26］年）

2015（平成27）年4月，子ども・子育て支援新制度（以下「新制度」と略）が開始された。それに先立ち，2014（平成26）年4月，幼保連携型認定こども園教育・保育要領が告示（こくじ）された。新制度における幼保連携型認定こども園の教育・保育内容を示すものである。全体の内容は，3つの章で構成され，第1章は総則，第2章は，ねらい及び内容並びに配慮事項，第3章は，指導計画作成に当たって配慮すべき事項である。

5　現在の幼稚園教育要領，保育所保育指針，幼保連携型認定こども園教育・保育要領（2017［平成29］年告示）

2017（平成29）年3月31日，幼稚園教育要領・保育所保育指針・幼保連携型認定こども園教育・保育要領が同時に告示され，2018（平成30）年4月1日から施行される。2015年に開始されている「新制度」を踏（ふ）まえた内容だが，戦後の日本の幼児教育制度や保育制度の内容面からみても，大きな変更点がある（資料 p.168）。以下，ポイントを整理しておく。

①　幼稚園教育要領の改訂のポイント

- 資質・能力の柱を踏まえて，幼児教育で育みたい資質・能力として「知識・技能の基礎」「思考力・判断力・表現力等の基礎」「学びに向かう力・人間性等」の三つを記載
- 自己制御や自尊心などのいわゆる非認知能力の育成などの現代的課題を踏まえて教育内容の見直し
- 預かり保育や子育て支援の充実
- 5歳児修了時までに育ってほしい具体的な姿を明確にし，幼児教育の学びの成果が小学校と共有されるよう改善や工夫
- 幼稚園教育要領の改訂内容と保育所保育指針・幼保連携型認定こども園教育・保育要領の改訂内容との整合性を図り，幼児教育全

体としての質の確保・向上

② **保育所保育指針の改定のポイント**

- 乳児保育・１歳以上３歳未満児保育の保育に関する記載の充実
- 保育所保育における幼児教育の積極的な位置づけ
- 子どもの育ちをめぐる環境の変化を踏まえた健康及び安全の記載の見直し
- 保護者・家庭及び地域と連携した子育て支援の必要性
- 職員の資質・専門性の向上

③ 幼保連携型認定こども園教育・保育要領の改訂のポイント

- 幼稚園教育要領の改訂および保育所保育指針の改定の方向性との整合性
- 幼保連携型認定こども園として，特に配慮すべき事項の充実（在園期間や在園時間等が異なる園児がいることへの配慮，２歳児から３歳児への移行に当たっての配慮，子育ての支援）

今回の改正ではじめて示された《幼児期の終わりまでに育ってほしい姿》は，幼稚園教育要領・保育所保育指針・幼保連携型認定こども園教育・保育要領において，共通して記載（きさい）された内容である。

《幼児期の終わりまでに育ってほしい姿》

●健康な心と体
保育所の生活の中で，充実感をもって自分のやりたいことに向かって心と体を十分に働かせ，見通しをもって行動し，自ら健康で安全な生活をつくり出すようになる。

●自立心
身近な環境に主体的に関わり様々な活動を親しむ中で，しなければならないことを自覚し，自分の力で行うために考えたり，工夫したりしながら，諦めずにやり遂げることで達成感を味わい，自信をもって行動するようになる。

●協同性
友達と関わる中で，互いの思いや考えなどを共有し，共通の目的の実現に向けて，考えたり，工夫したり，協力したりし，充実感をもってやり遂げるようになる。

●道徳性・規範意識の芽生え
友達と様々な体験を重ねる中で，してよいことや悪いことが分かり，自分の行動を振ったり，友達の気持ちに共感したりに，相手の立場に立って行動するようになる。また，きまりを守る必要性が分かり，自分の気持ちを調整し，友達と折り合いを付けながら，きまりをつくったり，守ったりするようになる。

●社会生活との関わり
家族を大切にしようとする気持ちをもつとともに，地域の身近な人と触れ合う中で，人との様々な関わり方に気付き，相手の気持ちを考えて関わり，自分が役に立つ喜びを感じ，地域に親しみをもつようになる。また，保育所内外の様々な環境に関わる中で，遊びや生活に必要な情報を取り入れ，情報に基づき判断したり，情報を伝え合ったり，活用したりするなど，情報を役立てながら活動するようになるとともに，公共の施設を大切にするなどして社会とのつながりを意識するようになる。

●思考力の芽生え

身近な事象に積極的に関わる中で，物の性質や仕組みを感じ取ったり，気付いたりし，考えたり，予想したり，工夫したりするなど，多様な関わりを楽しむようになる。また，友達の様々な考えに触れる中で，自分と異なる考えがあることに気付き，自ら判断したり，考え直したりするなど，新しい考えを生み出す喜びを味わいながら，自分の考えをよりよいものにするようになる。

●自然との関わり・生命尊重

自然に触れて感動する体験を通して，自然の変化などを感じ取り，好奇心や探究心をもって考え言葉などで表現しながら，身近な事象への関心が高まるとともに，自然への畏敬の念をもつようになる。また，身近な動植物に心を動かされる中で，生命の不思議や尊さに気付き，身近な動植物への接し方を考え，命あるものとしていたわり，大切にする気持ちをもって関わるようになる。

●数量や図形，標識や文字などへの関心・感覚

遊びや生活の中で，数量や図形，標識や文字などに親しむ体験を重ねたり標識や文字の役割に気付いたりし，自らの必要感に基づきこれらを活用し，興味や関心，感覚をもつようになる。

●言葉による伝え合い

保育士等や友達と心を通わせる中で，絵本や物語などに親しみながら，豊かな言葉や表現を身に付け，経験したことや考えたことなどを言葉で伝えたり相手の話を注意して聞いたりし，言葉による伝え合いを楽しむようになる。

●豊かな感性と表現

心を動かす出来事などに触れ感性を働かせる中で，様々な素材の特徴や表現の仕方などに気付き，感じたことや考えたことを自分で表現したり，友達同士で表現する過程を楽しんだりし，表現する喜びを味わい，意欲をもつようになる。

《幼児期の終わりまでに育ってほしい姿》の位置づけについては，中央説明会の資料を参考に考えていく必要がある（資料参照　p.186）。

2 さまざまな教育課程・全体的な計画（保育課程）

／保育実践の理論化，構造的把握について／

日本における幼稚園および保育所は，さまざまな地域性を持ち歴史を刻んできた。各園での保育内容，教育内容の特色もまた多様であり，さまざまな教育課程・保育課程が存在してきた。諸外国の幼稚園・保育所における実践を実際に見学し，学びながら創造的に実践を積みあげてきた園も少なくない。日本の保育・幼児教育の研究者と実践者が連携をかさねてきた事実もある。その中では，実践を理論化する，あるいは保育実践を構造的に考えながら整理してきた事例もある。

こうした保育実践の理論化や構造的把握（はあく）に関する検討は，これからの課題といってよいと思われる。

第２節では，保育実践の理論化や構造的把握を試みてきたいくつかの事例をコラムで紹介していくことにする。参考文献をもとにしながら，各自が学び，深めてほしい。

コラム２－① 保育実践の理論化，構造的把握について

❶ 三層構造論（さんそうこうぞうろん）

久保田浩は，『幼児教育の計画―構造とその展開』（誠文堂新光社，1970年）を著している。久保田の主張する三層構造論は，「基底になる活動」，「中心になる活動」，「領域別の活動」からなっている。

「基底になる活動」とは，生活全体を成り立たせている自由なあそび，生活指導，集団での活動などであり，子どもの自主性，主体性を尊重する内容である。「中心になる活動」とは，クラスで取り組む行事や集団での活動などである。「領域別の活動」とは，自然，体育，数量形，言語，文学，造形，音楽などで筋道をたてながら取り組む活動である。和光幼稚園や白梅幼稚園において実践されてきており，宍戸健夫により言及されている。

また，久保田以前に梅根悟により提唱された幼稚園カリキュラムでは，幼児の生活を三層に分けて構成するように主張した。「領域別活動」「中心になる遊び」「日常生活」にまとめられた。大場牧夫は「生活と仕事」，「あそび」「選定した課題活動」などを提案した。基本的土台を構成する部分，そしてその上に関連する活動を位置づけていくものである。三層が相互に結びついて展開されることに重要性がある

といえるだろう。

❷ 伝え合い保育

保育問題研究会において，乾孝（いぬいたかし）（1911 － 1994）ら研究者と，保育者らとともに創り出した保育の考え方を示した内容である。乾孝は『伝え合いの心理学』（1962）をまとめている。子どもの認識力を育てること，仲間関係を育てるという課題を考えていき，集団の中で個性をしっかりと持てること，話し合い，互いに力を合わせる保育の意味を見つめていく。特定の保育の方法，技術を示すわけではないが「伝え合い保育」として確かめられていったのである。

❸ プロジェクト型

20 世紀のはじめ，デューイの影響の中で，プロジェクトメソッドが定式化されてきた。ある目的を達成するために，子どもが計画を立てて，実現に全力投球することを意味していた。それは，知的活動を促すよりも，目的を実現すること自体に力を置く面があった。時代と共に，幼児期の自発的な遊びや，学童期の教科学習につながっていくようになった。

プロジェクト型の保育カリキュラムは，ある主題を中心にして，グループで協同的な探求をすすめる。佐藤学は，目標→達成，そして評価するという従来のあり方ではなく，主題→探求，表現するという方向への転換を新しい教育方法として提案している。この場合，保育者は子どもの発見，気づきを大事にしながら，子どもと共に課題を解決するという役割になるだろう。おそらく園の実践によっては，プロジェクト型を意識しなくても，各地で創意工夫して取り組まれているのではないだろうか。この内容は，レッジョ・エミリアの保育によっても示唆されることでもある。

佐藤学『教育改革をデザインする』（岩波書店，2000 年）

❹ 近藤薫樹（しげき）（1920 － 1988）の三つの積み木による原則

近藤薫樹は，長年の保育所現場における関わりから『集団保育とこころの発達』（新日本出版社，1969，改訂 1978）を著し，三つの積み木により幼児教育の原則を説明した。三つの積み木とは，①子どもが本来もっているはずの，活動意欲を示す積み木，②子どもが外界の具体物とからだごとぶつかって得た生活経験を示す積み木，③生活経験を抽象的な思考に切りかえる道具としてのことばの世界を示す積み木，である。図のA型にあるように，子どもらしい活動意欲が尊重されること，そのうえに豊かな生活経験を積ませること，さらに生活経験に裏打ちされた言語（ことば）の世界を組み合わせていくことを主張した。

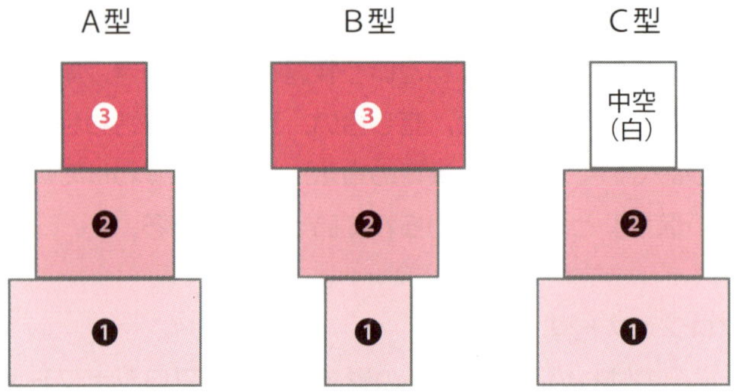

❶子どもが本来もっているはずの，活動意欲を示す積み木。
❷子どもが外界の具体物とからだごとぶつかって得た生活体験を示す積み木。
❸生活経験を抽象的な思考に切りかえる道具としてのことばの世界を示す積み木。
そして，積み木の大きさは，大人たちがこれを大事に考える度合いを表す。

A 型は，子どもの活動意欲が尊重され，生活経験に裏づけられたことばの世界を積む。B 型は，活動意欲はおさえられ，生活経験も乏しくなるが，ことばを過剰に積む。C 型は，子ども本来の活動意欲は大事にして自由に遊ぶが，ことばの世界で考えることが軽視される。このうちでA型をめざすことが原則的に大切だとしている。約 40 年前，近藤薫樹による幼児教育の原則について展開されたものである。家庭における保育との同質性，異質性を論じるとともに，保育所・幼稚園等の集団保育の積極的意義に光をあてた内容といえる。興味深いのは，保育実践の理論化，構造的把握（カリキュラムの構造）から見たときに，その関連性を指摘する以下の論考である。

宍戸健夫は，近藤薫樹の三つの積み木による原則と久保田浩の三層構造論の関わりを，以下のように指摘している。

「久保田さんは『基底になる生活』を土台におき，集団生活のたかまりの中で『中心になる活動』を位置づけ，第３層として『領域別活動』を考えようとするものです。そうすると，近藤モデルをあらためて，カリキュラムの構造としてとらえなおすとなると①②③のそれぞれの積木は，①基底になる活動，②中心になる活動，③領域別活動というように位置づけることができます。ここに近藤モデルがあらためて久保田モデルとして再構成され，それぞれの異なるカリキュラムを統一的に把握することができるようになります。」

（宍戸健夫，2010）

❺　レッジョ・エミリアの保育

レッジョ・エミリアの保育は，イタリア北部の小都市レッジョ・エミリアの公立幼児学校や乳児保育所における保育である。始まりは，第二次大戦下のファシズムの嵐が吹き荒れる時代の最後の頃，1945年にさかのぼる。住民が主体となりつくりあげて，行政が担うようになったが，保育の考え方は，アメリカやスウェーデンなど，多くの国々に影響を与えた。

活動の中心となるプロジェクトは，小さなグループである少人数の単位により活動がすすめられていく。ある主題を共同で探求していくが，時には長期間にわたって活動が展開されていくことがある。活動の過程を記録するドキュメンテーションが知られている。ドキュメンテーションにより子どもたちは，学びを自覚することができ，保育者は実践を振り返り，次への準備をかさねていく。子どもの持つ力を引き出していくこと，継続性のある実践が展開されていることがよくわかる。

日本の保育所・幼稚園において，こうした実践を試みようと考えると，保育者たちはある種の戸惑いをいだくかもしれないが，ここに異なる保育の構造を考察する意味があるともいえる。ここでの記録は，多様なメディアを用いて，ある程度の活動のまとまりを検討する園内研修などにおいて有用であるといえる。大宮勇雄は，レッジョ・エミリアの保育者たちは，子どもがどのように見えているかを論じ，子ども観が変わると保育実践がかわることを具体的に紹介している。

（大宮勇雄　2010）

❻　テ・ファリキ

テ・ファリキは，ニュージーランドのカリキュラムである。大宮勇雄により詳しく説明されているが，日本の保育所保育指針，幼稚園教育要領とそれに基づく実践のあり方を探求するときに，関心をもって捉えていく必要がある。テ・ファリキは，「保育の原理」と「子どもの学びと発達の基本的原理」から構成され，マオリ語で織物という意味である。そして，「原理」四本の織り糸と「領域」の五本の織り糸が複雑に織り合わさってできている一枚の織物にたとえられている。大宮は，日本の幼稚園教育要領や保育所保育指針において，原理や領域が柱となっているが，その説明内容は異なるので理解の難しさがあると指摘している。大宮の紹介を読んでいくと，テ・ファリキの内容には，乳幼児自身の判断する力や選ぶ能力，楽しむことができる能力などが登場しているのがわかる。保育を構造的に考えることとのかかわりから，深める課題があるといえるだろう。

（大宮勇雄　2010）

❼　対話的保育カリキュラム

加藤繁美『対話的保育カリキュラム（上・下）』（ひとなる書房 2007，2008）において詳しく展開されている。保育のカリキュラムとは，計画と保育実践とのかかわりである。保育実践を通して，保育者，親をはじめとして大人たちが，子どもとの対話をすすめて，カリキュラムを構築する重要性を論じている。

加藤が対話的保育カリキュラムを提唱してきた背景は幅広いといえる。戦前・戦後を通して検討されてきたカリキュラム構造への分析から最近の保育実践を取り巻く課題にも及んでいることを紹介するが，保育カリキュラムのあり様は，歴史的かつ実践的に探求し合うべき内容であることがわかる。「第Ⅰ部対話的保育カリキュラムの理論と構造，第Ⅱ部対話的保育カリキュラムの三つのルーツ，第Ⅲ部戦後保育カリキュラム論の展開と対話的保育カリキュラム，第Ⅳ部対話的保育カリキュラムの現代的課題，第Ⅴ部対話的保育カリキュラムの実際」（上・下巻の柱）。こうした内容を踏まえながら，加藤は，保育実践の理論化，構造的把握に関する，実践者と研究者との協同的探究の場を持つなどの試みをすすめている。

ここでは，保育実践の理論化，構造的把握に関する検討について，簡潔に紹介してきた。実践者，研究者との連携をかさねながら，追究するテーマであるといえるだろう。

（近藤）

第3章 幼稚園の教育課程とは

この章では，第１章で説明したことについての法的な根拠（こんきょ）を解説しよう。

1 法律に示されている幼稚園教育の目的

平成 18（2006）年に改訂された**教育基本法**では，義務教育前の家庭教育（第 10 条）や幼児期の教育（第 11 条）について初めて言及（げんきゅう）された。幼児期の教育では，

> 第 11 条　幼児期の教育は，生涯にわたる人格形成の基礎を培う重要なものであることにかんがみ，国及び地方公共団体は，幼児の健やかな成長に資する良好な環境の整備その他適当な方法によって，その振興に努めなければならない。

と述べ，幼児期の教育を「生涯にわたる人格形成の基礎を培（つちか）う重要なもの」と定義づけた。そのことは，平成 19 年改訂の**学校教育法**で，第 3 章 幼稚園の**目的**

> 第 22 条　幼稚園は，義務教育及びその後の教育の基礎を培うものとして，幼児を保育し，幼児の健やかな成長のために適当な環境を与

> えて，その心身の発達を助長することを目的とする。

として，改訂前の文章に「義務教育及びその後の教育の基礎を培うものとして」の文章が付け加えられた。なお，この学校教育法改訂では，第１章 総則 学校の範囲という条項(じょうこう)で，

> 第１条　この法律で，学校とは，幼稚園，小学校，中学校，高等学校，中等教育学校，特別支援学校，大学及び高等専門学校とする。

と定義づけたが，これは改訂前は最後に置かれていた幼稚園を発達の順に従って，一番初めに配置したということであり，画期的(かっきてき)なことであった。

一方義務教育である小学校については，第４章 小学校の目的

> 第29条　小学校は，心身の発達に応じて，義務教育として行われる普通教育のうち基礎的なものを施すことを目的とする。

と述べられている。「適当な環境を与えて，その心身の発達を助長する」というあくまで，子どもが伸(の)びていくのを援助する幼稚園の教育と「普通教育のうち基礎的なものを施(ほどこ)す」という小学校における学年に応じた教科内容をどちらかというと教師を主体にした「授業」という形で「施す」という教育の在(あ)り方との違いが鮮明(せんめい)に理解されるであろう。

2　法律に示されている幼稚園教育の目標

目的を結果として目指す，どちらかというと抽象的(ちゅうしょうてき)なこととするなら，目標は具体的に達成されるべきことである。幼稚園教育の**目標**は，学校教育法第３章 幼稚園に定められており，１から５まで，次のように具体的に書かれている。

> 第23条　幼稚園における教育は，前条に規定する目的を実現するため，次に掲げる目標を達成するよう行われるものとする。
> 1　健康，安全で幸福な生活のために必要な基本的な習慣を養い，身体諸機能の調和的発達を図ること。
> 2　集団生活を通じて，喜んでこれに参加する態度を養うとともに家族や身近な人への信頼感を深め，自主，自律及び協同の精神並びに規範意識の芽生えを養うこと。
> 3　身近な社会生活，生命及び自然に対する興味を養い，それらに

> 対する正しい理解と態度及び思考力の芽生えを養うこと。
> 4　日常の会話や，絵本，童話等に親しむことを通じて，言葉の使い方を正しく導くとともに，相手の話を理解しようとする態度を養うこと。
> 5　音楽，身体による表現，造形等に親しむことを通じて，豊かな感性と表現力の芽生えを養うこと。

このように，法律で幼稚園教育の目標が定められ，他にも第24条で家庭及び地域への支援として，幼児期の教育に関して，家庭や地域の相談に応じたり，情報の提供（ていきょう）や助言（じょげん）を行ったりすることなども定められている。また，

> 第25条　幼稚園の教育課程その他の保育内容に関する事項は，第22条及び第23条の規定に従い，文部科学大臣が定める。

とあって，学校教育法施行規則第38条に幼稚園教育要領によるものとされている。

3　新幼稚園教育要領にみる新たな幼稚園教育の考え方

2018年度施行の幼稚園教育要領(保育所保育指針，幼保連携型認定こども園教育・保育要領も内容は同じ）では，第2章で述べたように新たに「幼稚園教育で育みたい資質･能力」及び「**幼児期の終わりまでに育ってほしい姿**」が追加された。資質・能力とは学力の3要素（学校教育法第30条）にあたるもので，新幼稚園教育要領では，第1章総則の第2

> 1　幼稚園においては，生きる力の基礎を育むため，この章の第1に示す幼稚園教育の基本を踏まえ，次に掲げる資質・能力を一体的に育むよう努めるものとする。
> (1)豊かな体験を通じて，感じたり，気付いたり，分かったり，出来るようになったりする「知識及び技能の基礎」
> (2)気付いたことや，出来るようになったことなどを使い，考えたり，試したり，工夫したり，表現したりする「思考力，判断力，表現力等の基礎」
> (3)心情，意欲，態度が育つ中で，より良い生活を営もうとする「学びに向かう力，人間性等」

と示されている。すなわち，学力というと，従来どれだけ知識を知っている

か，何ができるかといった，いわばペーパーテストで測れる力のことを指していたが，現在では，それらを使って課題を見つけ，考え，判断し，他の人にもわかるように表現する力や，変化する社会の中で常に学び続けようとする姿勢や多様な人々と協同する人間性も含めて，学力と呼び，その基礎を育てることを幼稚園教育（幼児教育）の中で大事にしているのである。つまり，ペリー就学前計画（ジェームズ・ヘックマンの研究）をはじめとする欧米の乳幼児の就学前教育の縦断研究によって，認知力と非認知力についての知見が増え，これからの変化の激しい時代を生きぬいていくには，従来型の知識・技能という認知力だけでなく，探求心，好奇心，粘り強さ，持続力，文化や言語・宗教の異なる多様な人々との共存できる力といった非認知力の大切さが明らかになってきた。このことから，「幼稚園教育において育みたい資質・能力」として，この３つの学力が今回の幼稚園教育要領に盛り込まれている。

「幼児期の終わりまでに育ってほしい姿」というものも，それが到達目標ではなく，園生活の５領域の活動を含む全活動を通して，幼稚園修了時に育っていて欲しい具体的な姿として，保育者側に考慮して欲しい点である。幼稚園教育（幼児教育）には，到達目標（○○歳で何ができるようになる）ではなく，方向目標（○○を経験できるようにする）としてのねらいと内容が示されているので，この10の姿を，幼児の評価基準とするものではない。むしろ，保育者が環境構成を通じて，幼児に園生活でそのような経験を体験させ得たかという自分の保育の振り返り（アセスメント）として捉えるべきではないかと筆者は思っている。

また，新幼稚園教育要領第１章総則第４　指導計画の作成と幼児理解に基づいた評価の中で，３　指導計画の作成上の留意事項について，新たに

> ⑵幼児が様々な人やものとの関わりを通して，多様な体験をし，心身の調和のとれた発達を促すようにしていくこと。その際，幼児の発達に即して主体的・対話的で深い学びが実現するようにするとともに，心を動かされる体験が次の活動を生み出すことを考慮しつつ，一つ一つの体験が相互に結びつき，幼稚園生活が充実するようにすること。（下線筆者）

と記されている，この主体的・対話的で深い学びとは，これまでアクティブ・ラーニングと言われてきたもので，アクティブ・ラーニングをただ単に手足を動かして体験するというだけに留(とど)まらず，多様な体験をする中で，幼児がまず主体的であること，そして周りのものや友達と対話をする中で，その学びを深めていくことを大事にする保育者の指導が望まれている。保育者の示すことをこなすのではなく，自ら課題を見つけて，友達と話し合いながら，

課題を解決していく活動が出来るように，保育者は指導計画を作成しなければならないという事である。

幼稚園は，公立，私立問わず，設置者，創立者の教育・保育理念により，その教育・保育目標，方針，方法はさまざまに展開する。しかし，認可を受けた幼稚園としては，これら学校教育法第 22 条，第 23 条，第 25 条に規定される幼稚園の目的，及び目標，幼稚園教育要領を踏まえて，その園独自の教育課程を編成することになる。

つまり，これらの条項に見るように，幼稚園は，文部科学省管轄の学校として，学校教育法に規定される目的と目標を明確に持ち，そしてその教育課程と保育内容については，学校教育法施行規則において，幼稚園教育要領によるものと定められている。それぞれの幼稚園は，その独自性を保ちながらもこれらの法律を基に運営されなければならない。また，学校教育法施行規則 第 38 条の「この章に定めるもののほか」という部分は，この章において定められている他の条文，例えば，第 36 条の「幼稚園の設備その他の設置に関する事項は，……幼稚園設置基準の定めるところによる」という事項や第 37 条の教育週数は，「……39 週を下ってはならない」などのほか，小学校に関する事項の第 66 条～ 68 条の学校評価の条項も準用されるとある。

すなわち，各幼稚園は，これらの条項をよく理解したうえで，第 1 章で述べたようにその幼稚園の建学の精神，教育目標，理想の子ども像，現実の子どもの発達の様子，子どもの願い，園の地域の特性や保護者の願い，社会の要請などに注意を払いながら，その園の園長と全保育者とで，教育課程を編成するのである。

4　教育課程の編成の例

／同じ教育目標を持つ同一学園の二つの園の場合／

さて，各幼稚園はたとえ私立の園であっても，国や都道府県からさまざまな補助金を交付されている以上，公的な教育機関としての性格も併せ持つ。よって，❶と❷で説明したようにさまざまな法律をよく理解して，その上に各園の創立者の理念による特色のある教育課程を編成していく必要がある。同時に地域性や園の規模によっても教育課程は変わってくることは前に述べたとおりである。

そこで，同じ学校法人に属する二つの園が，同じ創立者の理念（誠実，勤勉，仁愛）をもとにしてではあるが，開園した時期の違いや園児の数，存在する地域の違いなどによって，教育課程の表現の仕方が若干異なることを見てみよう。

A幼稚園　東京の真ん中にあり，園児数 190 人，一学年 60 人ほど。
創立 60 年。保護者送迎で，保護者の保育参加も多い。
B幼稚園　埼玉県にあり，園児数 340 人，一学年 110 人ほど。
創立 45 年。3 分の 2 が園バス通園。

それぞれの園の教育課程の最初の部分を抜粋する。

■A幼稚園
［教育目標］　誠実　（生き生きと元気に遊ぶ子）
　　　　　　　勤勉　（いっしょうけんめい頑張る子）
　　　　　　　仁愛　（優しく，助け合う子）

<table>
<tr><th></th><th>1学期（Ⅰ，Ⅱ期）</th><th>2学期（Ⅲ，Ⅳ期）</th><th>3学期（Ⅴ期）</th></tr>
<tr><td rowspan="2">3歳</td><td colspan="3">■学年のねらい
•基本的な生活がわかり，自分のことは自分でしようとする
•保育者に信頼感を持ち，安定した情緒を基盤に遊びを楽しみながら友達と関わりを持つ。</td></tr>
<tr><td>園生活になじむ</td><td>友達と関わって活動する</td><td>積極的に活動する</td></tr>
<tr><td rowspan="2">4歳</td><td colspan="3">■学年のねらい
•自分から遊びに取り組む中で，十分に自己を発揮し，友達とのつながりを作りながら生活する。</td></tr>
<tr><td>集団生活になじむ</td><td>自立心を持って行動する</td><td>協調性を養う</td></tr>
<tr><td rowspan="2">5歳</td><td colspan="3">■学年のねらい
•自分で考え，行動する中で，自らの課題を追及したり，友達と協力しあいながら生活する楽しさを味わう。</td></tr>
<tr><td>自主性を育てる</td><td>協調性を育てる</td><td>自律性を育てる</td></tr>
</table>

この教育課程を見ると，入園後，園での基本的な生活習慣を理解し，自立していき，だんだんと友達と関わりを持ち，4 歳児で自己を発揮しながら友達と遊べるようになり，5 歳では自分の目標を持ち，友達とも協力して園生活を楽しめるようになる様子がわかる。

そして，3 年間の中で，先に掲げたこの園の教育目標が達成されるようになっている。一学年 60 人なので，年中に進級したときのクラス替えでは，子どもによっては多少不安定にはなるかもしれないが，すぐに新しいクラスになじんでいくだろう。2 年保育で入園する子どもはほとんどいない。また，この教育課程では，保護者の保育参加や創立間もないころから始めた英語活動などは触れられていないが，それらは長期の指導計画に書き込まれている。

B 幼稚園では，一学年 100 人を超える子どもたちが，毎年クラス替えをする。年中組に進級したときは，2 年保育で入園する子どもも十数人いるし，ほとんどの子どもが 3 年保育から進級するといっても 100 人がシャッフル

■Ｂ幼稚園
［教育目標］　誠実　（真剣に，じっくりと）
　　　　　　　勤勉　（よく動き，よく考える）
　　　　　　　仁愛　（思いあう，助け合う）

<table>
<tr><th></th><th colspan="6">前期</th><th colspan="3">中期</th><th colspan="3">後期</th></tr>
<tr><td rowspan="2">3歳
のびのび
「集団生活を楽しむ」</td><td colspan="3">Ⅰ期
（4，5月中旬）</td><td colspan="3">Ⅱ期
（5月中旬～6月）</td><td colspan="3">Ⅲ期
（7～10月運動会前後）</td><td colspan="3">Ⅳ期
（10月運動会後～3月）</td></tr>
<tr><td colspan="3">園生活を知る時期</td><td colspan="3">園生活に安定してくる時期</td><td colspan="3">友達に気づく時期</td><td colspan="3">友だちとの関わりを楽しもうとする時期</td></tr>
<tr><td rowspan="2">4歳
どきどき
「集団の基礎を育てる」</td><td colspan="4">前期（4～7月）</td><td colspan="4">中期（9～12月）</td><td colspan="4">後期（1～3月）</td></tr>
<tr><td colspan="4">新しい集団に安定する時期
生活習慣の基礎基本の確認</td><td colspan="4">集団生活の基礎基本を確認する</td><td colspan="4">友達と多様なつながりを経験する</td></tr>
<tr><td rowspan="2">5歳
わくわく
「集団生活を自ら創る」</td><td colspan="4">前期（4～7月）</td><td colspan="4">中期（9～12月）</td><td colspan="4">後期（1～3月）</td></tr>
<tr><td colspan="4">年長児としての誇りと自覚を持つ時期</td><td colspan="4">友達と力を合わせることを楽しく思う時期</td><td colspan="4">お互いを認め合う時期</td></tr>
</table>

されて新しいクラスを創るのだから，クラスも友達も担任も新しいということもあり，新しいクラス集団に安定し，園での生活習慣を確認する必要がある。また，4，5歳児学年の期を運動会前後で分けていないのは，年少と異なり，クラス全体で，運動会を乗り越えたという集団の凝集性があり，そのまま11月の作品展での年中，年長それぞれの発達に応じたクラスでの取り組みへと続いていくからである。最後に「お互いを認め合う」という姿に進んでいくよう，各時期の育てたい子どもの姿や子どもたちが経験する内容をこの後さらに詳しい教育課程に書き込んである。

２つを見比べてみると，同じ学園の中にあり，同じ創立者の理念を基にしているので教育課程のこの段階では，それほど違いが鮮明にあるというわけではないが，表現の仕方やウエイトの置き方に違いが見られる。ここから，歴史・伝統や地域性を生かしたそれぞれの園の特色ある指導計画が生まれてくる。

5　教育・保育実践の振り返りと教育課程の見直し　／カリキュラムマネジメント／

実際には，現場の保育者はその園に就職したときには，すでに教育課程があることがほとんどなので，それを新たに作る場面に遭遇することはなかなかないであろう。しかし，教育課程は，1回作ったらおしまいではなく，1年間の保育の終わりには，指導計画と共に教育課程も見直して，若干の修正を加えることがある。教育課程の見直しは，園全体の保育実践について行われる。つまり１年間自分たちがしてきた保育の３学年分を通して眺め，教育課程に照らし合わせて，園全体を通して，そのねらいを達成してきただろうかという振り返りとなるのである。できなかったと思われる点は，教育課程が子どもの実態に合っていなかったのか，自分たちの環境設定に工夫が足りなかったのか，保育者の技術的な力量が不足していたのかなど，教育課程を軸として振り返る事ができる。つまり，教育課程は，園生活をどのように送るかの大まかな道筋（大綱）であると同時に，１年の保育の後，また３年間の保育の後には，その道筋をどのように歩んできたかの評価の基準にもなるのである。そして，教育課程が子どもの実態に合っていなかったとか，最近の社会や保護者のニーズが変化しているとか，多くは，幼稚園教育要領が改訂になったなどという時には，教育課程を修正する必要があるだろう。このようにカリキュラム・マネジメントをしていくことにより，その園の教育の質の向上が図られるのである。

6　全教職員の共通理解及び保護者への公約

１年の始まりには，新入の保護者共々全員の教職員で，教育課程を見る・読むことによって，その園の保育に携わる全員が共通認識を持ち，その園で大切にすることを確認することが重要である。教育課程は園全体で３学年の保育の在り方を共通理解し，担任保育者は，自分の学年がその教育課程の中にどのように位置づくのかを確認して，１年間の長期の指導計画を作成することが大切である。

また，教育課程やそれに基づく１年間の長期指導計画を新入園児の保護者会や学年の初めの保護者会で知らせることによって，保護者に対しての公約・マニフェストという性格も持つのである。よって，１年の終わりには，これらの公約・マニフェストがいかに達成されたか，また今後の課題として残ったところはどこなのかという自己評価をし，保護者にも説明して明らかにしていくことが望まれる。これが，学校評価につながっていく。

（松村）

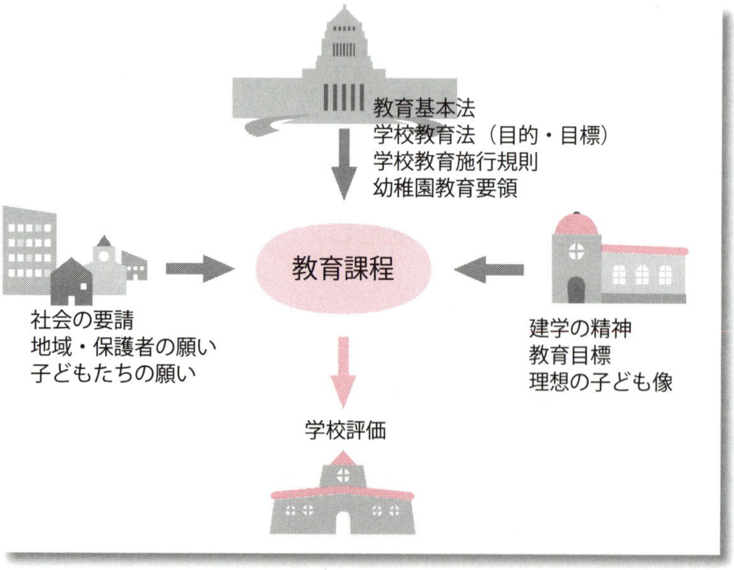

第4章 保育所の全体的な計画（保育課程）とは

1 全体的な計画（保育課程）の作成

保育所保育指針では，保育の計画及び評価において「全体的な計画（保育課程）の作成」と指導計画の作成をもとめている。全体的な計画と指導計画との関係を以下のように示している。

- 各保育所の保育の方針や目標に基づき，子どもの発達過程を踏まえて保育の内容が組織的・計画的に構成され，保育所の生活の全体を通して総合的に展開できるよう，全体的な計画を作成しなければならない。
- 全体的な計画は，子どもの家庭の状況，地域の実態，保育時間などを考慮し，子どもの育ちに関する長期的見通しをもって適切に作成
- 全体的な計画は，保育所保育の全体像を包括的に示すもの。
- これに基づく指導計画，保健計画，食育計画等を通じて，各保育所が創意工夫して保育できるよう，作成される。

（保育所保育指針　第１章総則３）

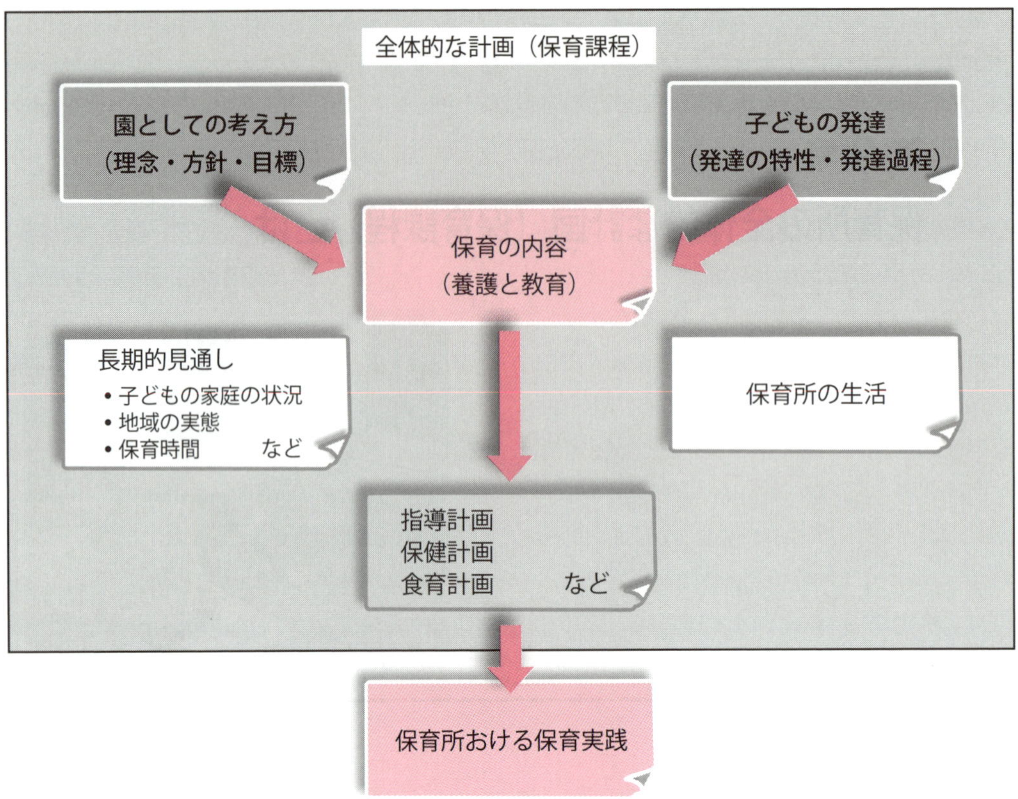

2 全体的な計画（保育課程）を理解する法律的要件

保育所における**全体的な計画（保育課程）**を理解していくとき，まず保育所の社会的責任を踏(ふ)まえる必要がある。保育所保育指針**第１章 総則**では，「保育所の社会的責任」として次の３つのことを規定(きてい)している。

ア　保育所は，子どもの人権に十分配慮するとともに，子ども一人一人の人格を尊重して保育を行わなければならない。

イ　保育所は，地域社会との交流や連携を図り，保護者や地域社会に，当該保育所が行う保育の内容を適切に説明するように努めなければならない。

ウ　保育所は，入所する子ども等の個人情報を適切に取り扱うとともに，保護者の苦情などに対し，その解決を図るように努めなければならない。

（保育所保育指針　第１章総則１(5)）

全体的な計画の作成については，以下の手順が参考例として示されている。

●全体的な計画作成の手順（参考例）

① 保育所保育の基本について，職員間で共通理解を図る。
  • 児童福祉法や児童の権利に関する条約等，関係法令を理解する。
  • 保育所保育指針，保育所保育指針解説の内容を理解する。

② 乳幼児の発達及び子ども，家庭，地域の実態，保育所に対する社会の要請，保護者の意向などを把握する。

③ 各保育所の理念，目標，方針などについて職員間の共通理解を図る。

④ 子どもの発達過程を見通し，それぞれの時期にふさわしい具体的なねらいと内容を，一貫性をもって組織する。

⑤ 保育時間の長短，在籍期間の長短，その他子どもの発達や心身の状態及び家庭の状況に配慮して，それぞれにふさわしい生活の中で保育目標が達成されるようにする。

⑥ 全体的な計画に基づく保育の経過や結果を省察，評価し，次の作成に生かす。

（内閣府・文部科学省・厚生労働省　中央説明会資料　平成29年7月より）

1　憲法，児童福祉法，児童憲章，児童の権利に関する条約（子どもの権利条約）などの基本的理解

保育者が，子どもの人間としての諸権利を尊重することが基本であることは言うまでもない。憲法，児童福祉法，児童憲章，児童の権利に関する条約（子どもの権利条約）等における基本理念，人権についてたえず理解を深めることが必要である。ここでは，子どもの権利条約のことについてふれておく。

子どもの権利条約は，1989年に国連総会で採択され，日本は1994年に批准した。特に子どもの最善の利益ということを理解しておきたい。子どもの最善の利益とは，文字通り，周囲や大人の都合よりも，子どもの利益が優先されるということである。そして同条約には，子どもの意見表明権についても明記されている。当初さまざまな立場からの議論があり，子どもが意見を表明する権利を持つことを，わがままを意味することのように考える傾向もあった。

しかし，条約における子どもとは18歳未満のすべての子どもをさしており，乳幼児を含めて，子どもの権利をとらえることが重要な意味を持っている。乳幼児期の子どもの権利について，コラムを参考にしながら，深めてほしい。

コラム4－1　子どもの最善の利益について考える

「子どもの最善の利益」の英語訳は，the best interests of the child である。この意味する内容について，教育学者大田堯の指摘により詳しく考えてみたい。文言(もんごん)の中で the child というのは，「その子」「あの子」という意味であり，子どもの利益という場合，その子，あの子にとっての利益であり，さまざまな利益（interests）がある。そして，interest の意味として，利益と同時に，「興味や関心を持つ」という内容も大切にしたい。なぜなら，日常の保育実践においては，あることを「できた」「できない」という結果のみではなく，子どもが周りの事物に興味や関心を持ち取り組む，プロセスの側面を考えたいからである。

子どもの権利については，国連子どもの権利委員会によって，特に乳幼児期に関する権利の議論がかさねられ，2005 年に一般的見解としてまとめられた。それによると，乳児の思い，泣き声，笑いなど「生まれたばかりの子どもであっても，自己の見解を表明する資格」を与えられるとされているのである。このように考えると，まだ音声としての言葉を持たない乳児，話し始めた幼児のつぶやき，さらには言葉自体を発することもできないハンディをもつ子であっても，その子の願い（views）を，権利としてとらえる必要があるといえる。

大人社会は，子どもの最善の利益について，たえず学び，議論をしつつ，深めていく必要があるのではないだろうか。

参考：大田堯『歩きながら考える生命，人間，子育て』一ツ橋書房　2000
近藤幹生・瀧口優他『改訂　実践につなぐことばと保育』ひとなる書房　2016

3　全体的な計画（保育課程）と指導計画

1に述べたように，全体的な計画（保育課程）とは，各園における理念・目標・保育方針などが示された内容である。それを，具体化したものが，指導計画になる。

1　保育における計画の持つ意味

ところで，保育において，なぜ計画が必要なのだろうか。

子どもの成長・発達を保障(ほしょう)するという，保育実践の本来的目的を達成するためだといえる。そして，結果的に，子どもにとっての充実(じゅうじつ)した園生活を過ごせることになっていくのである。保育者には，年齢的な発達の特徴を踏まえ，見通しを持ちながら保育をすすめていくことが求められている。

コラム４－②　なぜ，保育に計画が必要か

乳児クラスの場合，乳児の月齢により生活リズムが異なるので，毎日の計画を詳しく考える必要がある。

５月初めＡ児（５か月）は，登園後，午前中は保育室内において人形を相手に声をかけて遊んでいた。その後，水分補給をしてから，保育者に抱かれているうちに，ウトウトとしてベットでねむってしまった。Ｂ児（４か月）は朝からきげんがあまりよくない。戸外での活動の時間になったが，Ａ児とＢ児は保育室に残し，他の仲間たちは砂場へ出て遊ぶことにした。つまりこの日は，全員が同じ生活時間で過ごすのではなく，それぞれの生活，遊びをすすめることにしたのである。翌月になってから，全員がほぼ一斉に午前中にいっしょに遊べるようになっていった。

このように，乳児の成長・発達を踏まえながら，０歳児クラスとしての日課（デイリープログラム）を，月齢ごとにするなど，よく工夫する必要がある。特に乳児保育の場合には，月齢差や個人差を踏まえて保育の計画を立案する。

子どもたち一人一人の成長・発達を保障することができ，楽しい園生活が送れるように，きめ細かい保育の計画と実践は，いつも問われている。年齢に応じた発達的特徴をおさえて保育をすすめていかねばならない。

毎日の保育において，計画性が必要な理由がここにある。

2　全体的な計画（保育課程）の基本的内容

全体的な計画（保育課程）→ 園としての全体の考え方（理念，方針，目標など）

全体的な計画（保育課程）とは，保育に対する園全体の考え方（理念，方針，目標など）を表現したものである。発達過程を踏まえ，保育のねらい，内容が保育所全体の生活において総合的に展開されるように編成する。また，地域の実態や子どもの家庭状況，保育時間などを考慮することが求められる。そして，子どもの生活や発達の連続性に留意して，創意工夫した保育ができるように，編成していく。

具体的には，主に以下の内容が示されている。

3　全体的な計画（保育課程）と指導計画との関係

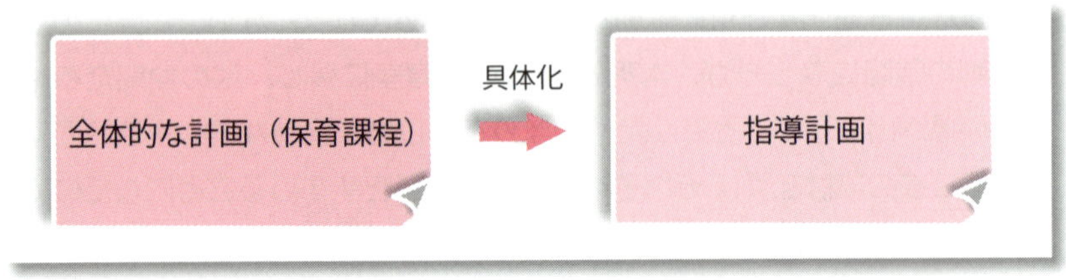

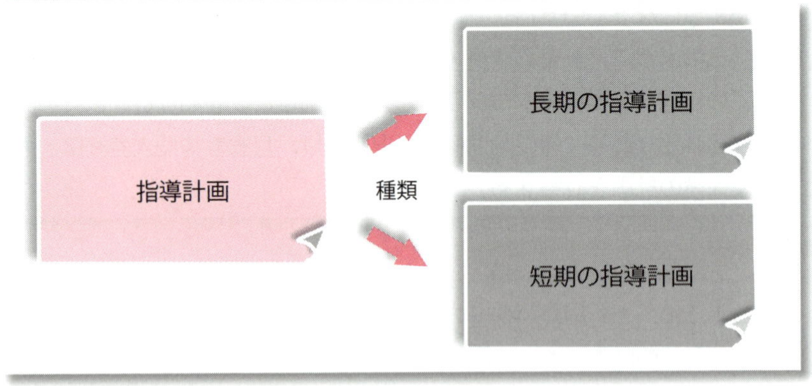

毎日の保育実践は，指導計画に基づいて行われる。この指導計画の大本には，全体的な計画（保育課程）があることを理解する必要がある。つまり，具体的な保育実践には，園の保育の理念や方針を示した全体的な計画（保育課程）が反映されているのである。

そして，指導計画には，大きく分けると長期的指導計画と短期的指導計画がある。また，他にも行事における計画，避難訓練，緊急時などの対応を決めた内容，保健計画，食育に関する計画などがある。

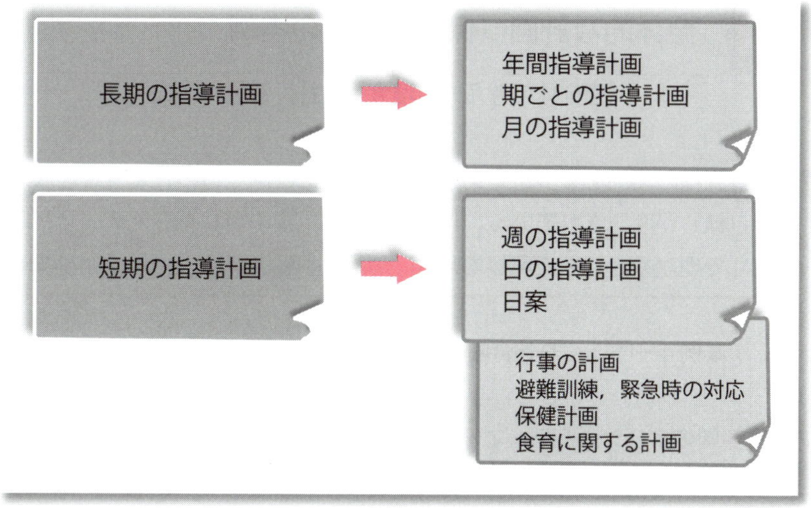

保育所保育指針においては，「３歳未満児については，一人一人の生育歴，心身の発達，活動の実態等に即して，個別的な計画を作成すること」「３歳以上児については，個の成長と子ども相互の関係や協同的な活動が促されるよう配慮すること」とある。

各保育所においては，個人別の計画，クラス別の計画，異年齢の計画などが作成されている。

4　指導計画の内容（要素）

第２部で具体例を示すが，各指導計画の内容には，共通する次のような要素があることを見出（みいだ）すことができる。

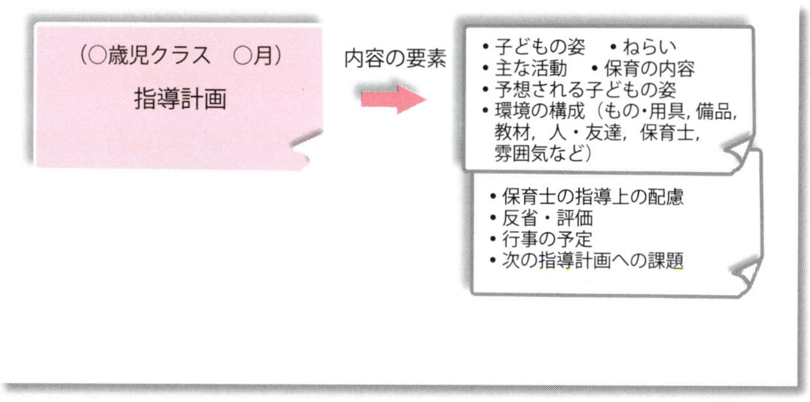

4 全体的な計画（保育課程）の実例

／園全体の考え方＝理念，方針，目標／

保育課程の実例を２つ紹介する。保育課程には園全体の考え方（理念，方針，目標）が明記されている。D保育園では，園のポリシーとテーマということばで理念や方針を表現している。

事例４－①　D保育園の全体的な計画（保育課程）

●園のポリシーとテーマ

- 「園のネットワーク」を生かし，一人ひとりの子どもへの丁寧な保育と，保護者の方への温かなサポートを行っていきます。
- 子どもの心の基礎の育ち，基本的な生活習慣の自立を育てるとともに，人と関わる力，美への感性を育てる環境を提供します。
- これまで築いてきた経験をもとに，次の４つの柱で保育をすすめていきます。

❶子どもの保育
- 生活に必要な基本的な習慣や態度を養い，心身の健康の基礎を培う。
- 人に対する愛情と信頼感を大切にする心を育てるとともに，自立・協調の態度を養い，道徳性の芽生えを培う。
- 子どもが体験を通して，豊かな感性・表現力を養い，創造性の芽生えを培う。

❷保護者への支援
- 保護者が子どもの成長の喜びを共有できるよう，保育への参加を積極的に求める。
- 保護者が養育力を向上することができるよう適切な支援を行う。
- 保育園の特性，保育士の専門性を生かし，支援にあたる。

❸職員の資質向上
- 保育実践や計画的研修を通じて保育の専門性を高める。保育実践や保育内容に関する職員の共通理解を図り，協調性を高める。

❹地域社会との関わり
- 子育て支援に関する地域の関係機関・団体等との積極的な連携及び協力を図る。
- 子育て支援センターを中心に，地域に開かれた子育ての拠点としての機能を発揮する。

・一時保育事業・休日保育事業・障害児保育事業を通じて，地域で保育を必要としている児童への対応を積極的に実施する。

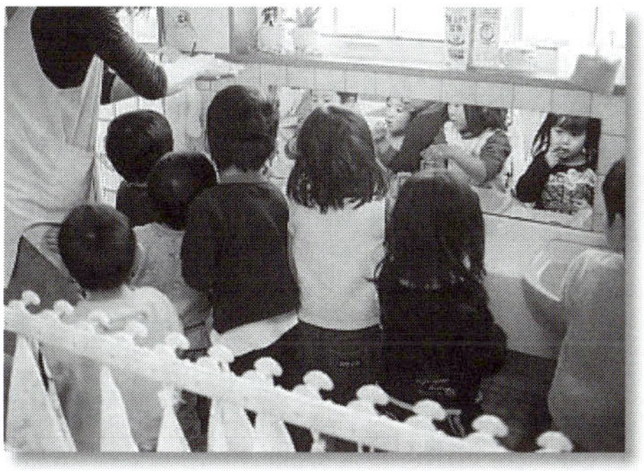

E保育園の全体的な計画（保育課程）は，7つの章で構成されている。そのうち第3章 保育の計画において，保育理念，保育目標が詳しく述べられている。

事例4－②　E保育園の全体的な計画（保育課程）

第3章　保育の計画について

❶保育理念

❷保育目標

❸保育方針の確認・共有

自己評価をもとに，家庭・地域の実態及び保護者の意向を反映して毎年年度末に，全職員で見直していきます。

3－1　保育理念

● 子どもたちに育てたい3つの力

－3つの平和　を意識した保育展開－

私たちは保育園を子どもも大人も地域も安心して楽しく生活できる拠点にしたいと考え保育の柱に『3つの平和』を揚げて保育を進めます。そして子どもの権利を守るためには社会全体が平和であるという条件を欠かすことができません。子ども達の自尊感情を育てる事にもつながっていくと考えるからです。

そこで，E保育園の全体的な計画の柱として「自分が大好き」「人が大好き」「自然が大好き」という3つの柱を立て，子どもたちがその力を獲得できるような保育を，子どもたちの発達や保育所保育指針との整合性をはかりながら，生活体験学習を重視した総合的な教育を目指します。

楽しく実践することにポイントをおきます。

◇　◇　◇

3－2　保育目標

園の保育目標は次の通りですが，これをベースに，次の重点保育目標と合わせて，各年齢にあった年間の保育目標を設定してください。

●保育目標

健康　たっぷり遊び，丈夫な体と豊かな心を育てる

自我　自分の思いを大切にし，仲間と生活していく力を育てる（自尊感情の育成）

自律　日常生活に必要なしつけと習慣を体得する

表現　創造性豊かなのびのびとした思考の土壌と情操を育てる

●重点保育目標

今この地域において，『子どもたちに必要な保育』とはなにか全職員で毎年あゆみのまとめが終了した時点で確認します。そして，ここが保育課程を見直すベースにもなります。具体的には，自己評価，あゆみの交流を終了した後，次年度の重点目標を職員会議にて確認します。

喜びの共有，大人からの『楽しさ』のプレゼントによる信頼関係の構築，仲間との協同の喜び。人の自由を奪わないことと，自分の自由も大切にされること。子どもの思い（表現・自己決定）を大切にする保育…。目の前の子どもたち，この地域に必要な保育を提案し，実践すること。それが私達の保育園が地域から求められる役割です。

• 保護者・地域への説明

保護者へは，年間指導計画，期ごとの指導計画，月指導計画，クラスだよりなどで，その都度伝えていきます。地域へは入園のしおりやホームページを活用して紹介します。

•
•
•

あゆみ：ポートフォリオ，指導計画，評価，保護者の意見を一つにした児童票。

あゆみの交流：個人面談。保育者があゆみの記録をまとめて作成した保育所児童保育要録をもとに，保護者と子どもの成長を共有し，その次のねらいを確認する（1年に1回行う）。

5 保育実践の評価と記録

2 3では，全体的な計画（保育課程）の基本内容，全体的な計画（保育課程）と指導計画との関係，指導計画の種類や内容について述べてきた。

次に，保育実践を振り返る評価の意味について説明する。

1 評価の意味

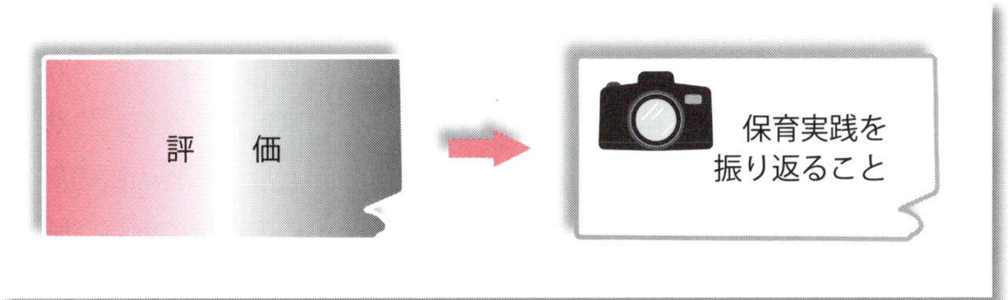

指導計画に基づいた保育実践は，毎日すすめられていくが，もっとも重要なことは，それを振り返るということではないだろうか。

かつて倉橋惣三は，次のように自身の考えを述べている。昭和初期の記述だが，今日においても，保育実践を振り返る際の基本的視点だといえるだろう。

コラム4−3　保育実践を振り返るとは❶

「子どもらが帰った後，その日の保育が済んで，まずほっとするのはひと時。大切なのはそれからである。

子どもといっしょにいる間は，自分のしていることを反省したり，考えたりする暇はない。子どもの中に入り込みきって，心に一寸の隙間も残らない。ただ一心不乱。

子どもが帰った後で，朝からのいろいろのことが思いかえされる。われながら，はっと顔の赤くなることもある。しまったと急に冷汗の流れ出ることもある。ああ済まないことをしたと，その子の顔が見えてくることもある。——一体保育は…。一体私は…。とまで思い込まれることも屢々（しばしば）である。

大切なのは此の時である。此の反省を重ねている人だけが，真の保育者になれる。翌日は一歩進んだ保育者として，再び子どもの方へ入り込んでいけるから。」

倉橋惣三『育ての心　上』フレーベル館　1976（原著 1936）

保育における評価について，保育所保育指針では保育者自身による自己評価について，以下のように述べている。

> ア　保育士等の自己評価
>
> (ア)　保育士等は，保育の計画や保育の記録を通して，自らの保育実践を振り返り，自己評価することを通して，その専門性の向上や保育実践の改善に努めなければならない。
>
> (イ)　保育士等の自己評価に当たっては，子どもの活動やその結果だけでなく，子どもの心の育ちや意欲，取り組む過程などに十分配慮すること。
>
> (ウ)　保育士等は，自己評価における自らの保育実践の振り返りや職員相互の話し合いを通じて，専門性の向上及び保育の質のための課題を明確にするとともに，保育所全体の保育の内容に関する認識を深めること。
>
> （保育所保育指針　第１章３　保育の計画及び評価）

つまり，保育実践を振り返るとき，子どもの活動の結果と共に心の育ちや意欲，取組みのプロセスを大切にすることが大事である。そして，自らの保育と同時に，園全体の保育の内容を向上させていくことに繋げる必要がある。

2　全体的な計画（保育課程）から指導計画への循環性

各保育所における全体的な計画（保育課程）から指導計画への流れは，一方向的ではない。ここでは，循環性ということを理解してほしい。

つまり，自らの保育実践を反省し，評価しながら，次への保育に生かせるようにしていくのである。この繰り返し，積み重ねという中に，子どもへの理解を深めていくことや保育実践の工夫も行われていくのである。循環性と

●全体的な計画（保育課程）から指導計画の循環性

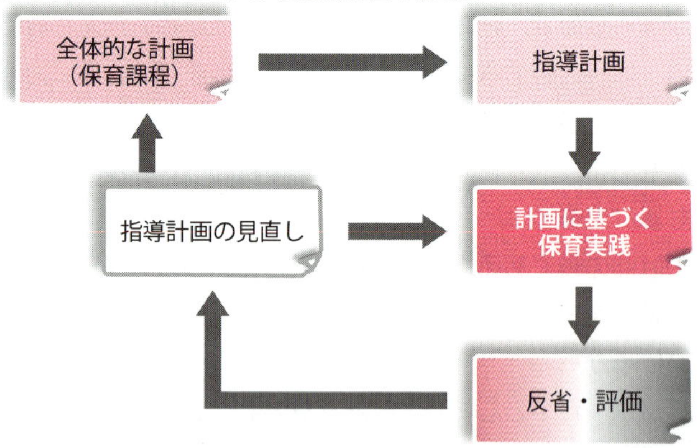

全体的な計画（保育課程）も，保育実践を通して練り直し，豊かに発展させることができる。

いう言葉は難(むずか)しいが，全体的な計画（保育課程）から指導計画に至(いた)る流れには，図のようなサイクルがあると考えてほしい。

3　指導計画は仮説でもある

指導計画の循環性ということを理解していくとき，指導計画は見直す必要があること，つまり仮説(かせつ)として位置づけられていることに気づくだろう。

指導計画は，保育実践の反省をかさねる中で新しく組み立て直すことができるのである。いったん指導計画を決めれば，いつでもその通りに子どもを動かせればよいのではなく，保育実践をすすめるとき，子どもの育ちやねらいを考えながら保育をすすめたい。反省・評価をかさねていくこと，指導計画を仮説としてとらえていくことが大切である。

事例４－③　保育実践を振り返るとは❷

２歳児クラスにおいて，全体をいくつかのグループに分けて保育が行われていた。おやつや食事の時には，自分のグループに座る。机の上には自分のマークが貼ってあり，そこへ座るということになっている。Ａ君が，Ｃさんの横にどうしても座りたいのだが，友だちに「Ａくんはあっちでしょ」といわれ，そのたびにトラブルになっていた。ある日のことである。Ａ君は，昼寝を終えて，誰よりも早く着替えや排泄を済ませて，席に着き，一番先にＣさんの横に座り，「きょうのおやつなにかなあ？」などと言って，平然とした表情で座っていた。そして，Ｃさんも「いいよ，すわろう」とニコニコしていた。保育者は，いつもは着替えがなかなか進まないＡくんなのだが，Ａ君とＣさんのそんな二人の笑顔に，席を変えさせなかった。その日，保育者間で話し合いをした。年度当初と違い，友だち同士の関係もできてきているので，机にマークをつけるのをやめることになったのである。

以上は，２歳児保育の一場面である。保育者たちは実践の中で，子どもの育ちや保育のねらいを振り返った。その結果，「自分のマークのところにすわる」という保育方法を変えていったのである。

4　保育実践における記録の意味

保育実践において**記録**をすることは，実践の評価を進めるときの基礎的な作業である。記録がなければ，子どもの様子や保育を振り返ることは難しい。

もちろん，毎日の保育実践において，保育者が記録することはとても多い。書くことを求められている主な記録だけをあげてみても，以下のように膨大となる。

> **●主な記録**
>
> 連絡帳，保育日誌，出席簿，クラスの便り，指導計画（年間，期，月，週，日），児童票，保育所保育要録，遊具・用具の点検記録，健康診断の記録，避難訓練の記録，長時間保育日誌，園内の係の記録，会議の記録

ここで，記録に関する考え方について，提案しておきたい。それは，義務付けられている記録は，なるべく様式を改善してポイントを押さえて書くようにする，ということである。そして，保育者が子どもの成長・発達の姿を豊かにとらえるアンテナを持ち，子どもの成長・発達に心を動かせる保育者になってほしい。

子どもや保育への見方として「子どもの成長を記録したい」「記録せずにいられない」という姿勢を持てるようにしたい。

記録をとることは，保育実践を振り返る作業として欠くことはできないし，容易ではない面がある。コラムを参考にしながら，創意工夫をかさねてほしい。

> **コラム４－④　「記録したい」という想いと記録の方法**
>
> 自らの保育実践を振り返るとき，記録は大事な資料となる。ある日の子どもの姿や行いをすべて記憶することは難しいからである。
>
> 子どもの成長・発達への姿を目にしたとき，保育者は心を揺り動かされることがしばしばである。この姿を「記録したい」「記録せずにいられない」というように積極的にうけとめ，積み重ねてほしい。以下の例を見てほしい。
>
> はじめて５歳児クラスの担任になり，運動会や音楽会の行事をこなすのに精一杯であった。以下はそんな時のことばの記録である。……「せんせい，わたし，なにになるかしってる？」（えっ，教えて！）「いまはいわない……でもやっぱりおしえてあげようか。あのね，ほぼさん」（『ことばの記録ノート』Ａ子とのやりとり）

この短いことばの記録を読み返すと，保育の場面を思い出し保育者の魅力を考えさせられる。「記録したい」という気持ちになる。

● 記録の方法について（例）

- エピソード記録：身近で発見した子どもの姿，感心したことなどをメモしておく。それを活用して，職員間で保育実践を語り合うようにする。
- 子どものことば，遊び等の記録：子どものことば，表情などで印象に残ったことをカードにメモしておく。子どもへの見方を深めていく。クラスのたよりにも掲載していく。
- デジカメ写真，VTR による記録：育ちの節目や子どもの活動の様子をデジカメで記録する。写真や映像を保護者にも紹介していくようにする。

＊記録を掲載するときや公開する場合には，保護者の了解を得ておくこと。

参考文献：今井和子『保育を変える記録の書き方評価の仕方』ひとなる書房　2009
近藤幹生他『改訂　実践につなぐことばと保育』ひとなる書房　2016

6 保育所としての自己評価と地域・保護者への情報開示

1 保育所としての自己評価

保育所の自己評価について，保育所保育指針では次のように述べている。

> ⑷イ保育所の自己評価
>
> ㈠ 保育所は，保育の質の向上を図るため，保育の計画の展開や保育士等の自己評価を踏まえ，当該保育所の保育の内容等について，自己評価を行い，その結果を公表するように努めなければならない。
>
> ㈡ 保育所が自己評価を行うに当たっては，地域の実情や保育所の実態に即して，適切に評価の観点や項目を設定し，全職員による共通理解を持って取り組むよう留意すること。
>
> ㈢ 設備運営基準第36条の趣旨を踏まえ，保育の内容等の評価に関し，保護者及び地域住民等の意見を聴くことが望ましいこと。
>
> （保育所保育指針　第１章３）

4で，保育士等の自己評価についてふれてきた。各保育士の自己評価（保育実践の振り返り）を積み上げながら行うのが，保育所としての自己評価といえるだろう。

つまり，保育所としての自己評価とは，全体的な計画（保育課程＝理念，方針，目標等）とそれを具体化した指導計画による保育実践がどうであったかという討議（とうぎ）を，保育所の職員全体で進めていくことである。保育運営，保育実践を振り返る作業であり，ここで明らかになった課題を今後の園運営・実践に生かすことが大切である。

保育所としての自己評価はポイントをおさえ，保育の区切りなどの時期に，ある程度時間を費（つい）やして，議論できるようにしたい。この過程において，園として見直しをする課題にも出会っていくだろう。

コラム 4 −⑤　**保育所の自己評価について**

／全体的な計画（保育課程）自体を見直せる／

園全体としての自己評価が求められるようになってきた。この際，肝心だと言えるのは，職員集団として保育実践の振り返りを土台にするということである。その中で，たとえば行事のあり方や保護者とのかかわりを見直す課題が出てくることがある。

ある園では，園児の中に外国籍児童が増えて，生活習慣の違いに直面し，保育方法を再検討することになった。日本とは食生活等が違うので，給食を食べられなかったり，昼寝の習慣もなかったことがわかった。保護者と時間をかけて話し合い，園の保育内容や方法について説明した。園の側では，その子が食べられるものを 1 品ずつ増やすことと，無理に昼寝をさせないことにした。保護者とのコミュニケーションもとれるようになり，園児たちも外国での言葉，文化，食べ物に関心を持つなど，外国籍児童が入園していることを積極的に考えるようになっていった。こうして，全体的な計画（保育課程）に，新たに「異文化，異言語の子ども，親たちとの交流を大切にする」という柱を加えることになった。保育所の役割を，さまざまな文化の交流の広場であると位置づけるようになったという。

2　地域・保護者への情報開示

保育所は，入所している乳幼児の成長・発達を保障すること，保護者・家族の就労(しゅうろう)を支(ささ)えていくこと，さらには地域社会の子育てを支えていくという使命を持っている。

保育所は，地域社会に開かれた広場として，すでにさまざまな実践が行われている。小学校・中学校・高等学校などの体験学習や実習の受け入れ，地域の高齢者との交流事業などもその一例である。

こうした際に，保育所の保育内容を広く伝えていきたい。少子社会において，乳幼児はどのように育っていくのか身近に見る機会が少なくなってきていることからみても，この取り組みは意義を持っている。また，地域の子育て家庭への保育・子育て支援についての情報提供については，社会福祉法 75 条，児童福祉法 48 条 4 においても努力義務として明記(めいき)されていることも理解しておきたい。

そして，個人情報の保護と苦情解決については，保育の質的向上において，たえず求められている内容である。

苦情解決については，その解決のプロセスを通して，保育所運営や保育内容を向上させていくと考えたい。

（近藤）

第5章 幼稚園・保育所の生活と乳幼児の理解

幼稚園・保育所の教育課程・全体的な計画（保育課程）を編成し，それを具体的にしていく指導計画を作成するには，その時期の乳幼児の発達や園生活，そして学びの特色をよく理解していなければならない。この章では，そういった教育課程・全体的な計画（保育課程），指導計画の編成および作成の基になることを考えよう。

1 乳幼児期の生活

乳幼児の生活のある場面を見てみよう。

６か月のはいはいをし始めた赤ちゃん。来る日も来る日も這っていき，スピードが上がる。初めはずりずりと進むが，そのうち片側だけ腰が上がる。高這いを始めるかなと思うが，そのまま幾日もすぎる。這って行っては，兄の積む積み木をつかみ，崩す。座る親の膝に這い上ろうとしては，落ちる。子育て支援のひろばに行ったとき，生まれが３か月早い他の赤ん坊がつかまり立ちをしているのをじっと見ていて，帰宅してから，あたかもあんなの自分でもできるといわんばかりにソファにつかまって立とうとする。親は，それを見て本当にこんな小さな赤ん坊が，他人を見て学ぶのだろうかと驚く。

4歳児を見てみよう。ごっこ遊びが楽しくて，来た人だれでも捕まえてごっこが始まる。

レストランだという。お客になっていくと，「ドリンクバーはこちらです」 と案内される。昨日家族で行ったファミリーレストランが再現され，お子様用の椅子，お子様用のご飯が提供される。また，時にはテレビの番組がごっこになる。歌番組の司会を大人に割り当て，赤ん坊の妹は横につく女性アナウンサーにし，自らは歌手になる。グループの歌手の数が多いと自分以外は〇〇レンジャーの人形で代替させ，グループが表現される。時には，メンバーの〇〇は風邪をひいてお休みと人数が調整される。

子どもの生活を見ていると，このように安心できる生活の中で新しいことに出会い，取り入れ，チャレンジし，繰り返し，習熟し，自分のものにしていくことがわかる。そこに彼らの学びがある。乳幼児期の学びは，まさに生活の中の体験にある。彼らの全身，身体や五感をフルに活動させ，感性を震わせ，一人でじっくりと，また人と交わって，経験としていく。倉橋惣三が「生活を生活で生活へ」といった意味がよくわかる。

そして，もう一つ大事なことは，このエピソードにある赤ん坊も，4歳児も，誰かに言われてしているのではない，自分がやりたいからしている，むしろやらずにはおられないというほどの主体性があることである。ここに幼稚園教育要領の言う「幼児は安定した情緒の下で自己を十分に発揮することにより発達に必要な体験を得ていくものであることを考慮して，幼児の主体的な活動を促し，幼児期にふさわしい生活が展開されるようにすること」（幼稚園教育要領第1章総則 第1幼稚園教育の基本）ということが具体的に理解できる。

乳幼児の生活では，乳児のころから幼児へと成長するにつれ，だんだんと起きている時間が長くなる。目が覚めてから寝るまで，食事や排せつ，入浴，時には昼寝といった生命の維持のための活動の他は，何をしているだろうか。家にあっては，養育者（母親）やその他の家族の後をついて回り，洗濯や掃除，料理といった家事の真似事をしてみたり，積み木やままごとのおもちゃで遊んだり，絵本やテレビを見て過ごしたりするだろう。スーパーの買い物について行ったり，公園で遊んだりもするだろう。これが，保育所もない昔ならば，親が働く場所である田や畑について行って，親の傍らで見よう見まねで土を触ったり，作物の手入れを教わったりしながら，そこらにいる虫や動物たちと遊んでいたであろう。乳幼児が人間の世界の一員となるには，どの時代にあってもこのようにその子どもの生きる社会の文化と生き方を身につけていくことが必要である。家庭には，親たちの生活時間，役割分担の仕方，交わされる会話やそのテーマ，食事，読まれる新聞や本，見られるテレビ番組，出かける先々（さきざき）の場所など，それぞれの地域と家庭の文化があり，その中で子どもが育っていく。

現在の日本では，両親が働いていれば幼（おさな）い時から保育所が利用され，一方，家庭で育てられている子どもも3，4歳にもなると幼稚園に入ることがほとんどである。つまり，現代の子どもたちは，家庭だけでなく保育所や幼稚園で，その園や地域の社会の文化と生き方を身につけていくのである。しかし，保育所や幼稚園が家庭と違うところは，そこでの生活がその地域社会の文化の反映（はんえい）だけでなく，乳幼児の発達や幼児期の教育についてよく知っている専門家が，日本の，またこれからの世界の動向を踏（ふ）まえて，集団としての子どもたちのために，必要な経験を精選（せいせん）し，園生活の中で用意しているということである。

さて，このような乳幼児期の子どもたちにとって，幼稚園や保育所での生活が真に，その社会での「生涯にわたる人格形成の基礎を培い，義務教育以降の教育の基礎を培うもの」（幼稚園教育要領第1章総則第1　幼稚園教育の基本，及び学校教育法第22条）となるようにするには，どのようなことを理解しておくべきだろうか。それは幼児期の教育が，この「幼稚園教育の基本」に書かれているように「幼児期の特性」を踏まえて，「環境を通して行う」教育であることを理解することである。つまり，乳幼児の発達の理解（幼児期の特性）と乳幼児の学びの特色（環境を通して＝体験によって）を理解しなければならないということである。

2　保育の場での発達と一人一人の乳幼児の理解

多くの乳幼児がたどる一般的な発達の道筋（みちすじ）を知っていることは，大変重要である。例えば，赤ん坊が離乳食を食べ始める時期やはいはいをし始める時期がある。這（は）うことによって，足腰が鍛（きた）えられて，やがて歩行に進む。3歳では友達をどう意識するか，4歳ではどのようなことを楽しむかというように，心身の発達の順序，その内容，その大まかな時期を知っておくべきである。それは，その時期の子どもたちに必要な経験を十分提供（ていきょう）するためであり，逆に言うと，焦（あせ）って先へ進ませようとしたり，十分に楽しむことよりできるようになる事だけを求めたりしないためでもある。

しかし，それと同様に重要なことは，発達というのは環境や，周（まわ）りの人達との関係性によって左右されるということである。部屋が狭ければ，這うことは少なく，すぐつかまり立ちをするようになるかもしれない。兄弟がいなければ，おもちゃはいつも自分のもので，譲り合うということは日常の経験としてはない。だから，同じ３歳３か月児でも，それまでの環境や周りの人との関係などによって，同じことができるということはないのである。その子どもの性格や興味や関心のあり方もまた，違うであろう。幼ければ幼いほど，その個人差は大きいといえる。

また，発達はどれか一つの面だけが伸びるというわけではなく，子どもは身体の成長，言葉の獲得，認知の力，社会性の育ちなど，心身の諸側面が絡まりながら発達していく。

その子どものそれまでの環境や人との関係，性格や興味関心の持ちようによっても，同じ３歳児でも「まったく，よくしゃべるね」とあきれられるくらい言葉がよく伸びている子どももいれば，黙々とブロックで大作を創る子もいれば，園庭に出たっきり戻ってこない子どももいるだろう。

これらは，幼稚園教育要領の総則にいう「幼児の発達は，心身の諸側面が相互に関連しあい，多様な経過をたどって成し遂げられていくものであること，また，幼児の生活経験がそれぞれ異なることなどを考慮して，幼児一人一人の特性に応じ，発達の課題に即した指導を行うようにすること」という点と一致する。子どもの発達は，子どもそれぞれの道筋があり，スピードがあり，それはその子どもによって異なる。このことを踏まえて，園生活の計画を作る必要がある。つまり，３歳児ならこのくらいはできるはずと思うのではなく，その子の今までの経験や興味関心のありよう，周りの大人の関わり方など，環境面からもその子どもの発達を理解しようとすることが大事である。

それは，すなわち，一人一人異なっている幼児を理解するということになる。発達的には同年齢の子どもとさほど違わないのだけれど，新しいことに慎重な子どももいれば，面白がる子どももいるだろう。計画を立てる際には，個人差を十分に理解し，どの子どもも自分なりのペースで取り組めるような時間的ゆとり，また没頭する空間を用意することが大切である。

3　環境を通しての教育

幼稚園や保育所の園庭，園舎と小学校のそれとはどこが違うだろうか。どのような保育方針を取っている園でも，たとえ畑のスペースがなくても，プランターに野菜や花を植えているのではないだろうか。保育室には，金魚やメダカ，子どもが持ち込んだザリガニなどを飼っているだろう。それだけ見れば小学校と同じかもしれない。小学校では，理科の勉強のためにそれらは用意されている。しかし，園では子どもは「朝顔が咲いたね」と皆で喜び，「ミニトマトが赤くなった」といっては食べてみて，「インゲンがこんなに伸びたよ，まるでジャックと豆の木だね」と言って劇をしてみるといったように，単に理科の植物の芽や根の勉強のために栽培をするのではなく，生活の中で，見たり，聞いたり，においをかいだり，食べてみたり，絵に描いたり，劇にしてみたり，歌ってみたり，踊ってみたりというように，丸ごとを体験していくのである。それが総合的な指導（幼稚園教育要領第１章総則第１　幼稚園教育の基本）でもある。これは理科で，これは図画工作で，これは家庭科でといったように教科に細分化しないで，朝顔を，ミニトマトを全身で体験していく。だから，適当な環境がなければ，すなわち教科書のようなものだけでは，幼児の学びは成立しないのである。生活の中で，丸ごと味わい尽くすことが学びとなっていく。それは，砂場でも，文字でも，人間関係でも同じである。小学校の道徳では教科書の物語を読んで，皆で考えましょうということができるが，幼児期の道徳性は，喧嘩したときに，その場所で，涙や痛みや悔しさを伴って本人たちが，そして周りの友達がその感情を共感しながら考えるところに生まれてくる。

例えば，園庭に大きなイチョウの木がある園のことを紹介しよう。

春から夏にかけては，その新緑の美しさに見ほれ，秋には，黄色に色づいた葉っぱがはらはらと舞い降り，落ち葉のプールができる。そしてくさいくさい実が落ちて，みんなでビニール袋に手を入れて鼻をつまみながら拾う。バケツに入れてしばらく水につけて置いて，取り出して洗うと食べられるぎんなんになる。10個ずつ小さなビニール袋に入れて，一袋10円で保護者に買ってもらう。10円玉だけではなく，50円からお釣りをとか，５円玉と１円玉で素知らぬ顔をして９円だすとか，保護者もなかなかのつわものである。冬にはすっかり葉が落ちて，ほうきを逆さにしたような樹形が冬の寒空にすっくと浮かび上がる。

これは一つの例であるが，このイチョウの木が1本あるだけで，この園の環境がいかに豊かになるかがわかる。単に「秋の紅葉」を学ぶだけではない。このイチョウの木は，園のシンボルツリーである。この木と遊んだことは，子どもたちの園生活の記憶としていつまでも残るだろう。定点観測として，このイチョウの四季を絵にしていくこともできる。このぎんなんの売り上げ6,700円余りをユニセフに寄付をすることを通して，年長組の子どもたちは世界の発展途上国（はってんとじょうこく）の子どもたちの厳しい生活を知ることもできた。園の環境は，創り出すものである。子どもたちが安心して，いろいろな発見ができる環境を室内外に用意してこそ，「環境を通しての教育」ができるのである。

4 遊びを通しての教育 ／その中の保育者の意図は？／

それでは，幼児期の教育はすべて「環境を通して」「遊びを通して」行い，保育者は環境さえ用意すれば，あとは子どもたちに任（まか）せていてよいということなのだろうか。園の環境の中で，園舎や保育室，固定遊具は，どのように考えてもすぐに位置や形を変えることはできない。そして，子どもたちの年齢の幅は上限6歳までであり，保育所の8時間という長い保育時間は丸々遊べるかというと，その中には食事や昼寝，生活に必要なクラスの集まりもあり，時間もまた限られている。その中で，子どもたちが主体的に遊びを見つけて，幼児期に必要な経験をしていくことは可能だろうか。もし園の近くに森があり，四季によって姿を変え，ほとんど一日中森で過ごせればそれは可能だろうか。北欧の森の幼稚園や日本の里山（さとやま）保育と呼ばれる保育は，それをねらいとしている。しかし，それは子どもたちだけで行くものではない。その森を探索（たんさく）し，発見をし，もう一歩踏み込んで調べたりするには年上の，経験のある仲間の知恵が必要である。それがそうした保育では，保育者やナチュラリストの案内によって行われる。「環境を通して行う」「幼児の主体的な活動」「遊びを通しての総合的な指導」というのは，限（かぎ）りのあるいつもの園庭や保育室，いつものおもちゃや遊具の中で，「さあ，自由に遊びなさい」と言って得られる経験ではないことが理解されるだろう。では，教育というからにはワークブックや鍵盤（けんばん）ハーモニカの「授業」のような指導が必要なのだろうか。

ある家庭の子どもの食事風景を見てみよう。

●夏休みのある昼食。

6か月の赤ん坊。親や兄が食事をしていると，よだれを出し始めた。

離乳食を始めようと，すりおろしたリンゴをひと匙（さじ）食べさせてみる。初めての味におっかなびっくりだったが，何とか食べた。次の日は同じものだが食べない。なぜだろうと良く見ると，リンゴのすりおろし方が荒く，昨日よりつぶつぶがあった。親は「あー，そうだったのか」と納得する。赤ん坊の方は，こうして質感の違いを知っていく。

４歳児は，アンチョビと夏野菜のパスタを初めて食べた。「アンチョビっておいしいね」と感激している。本人は，新しい味をこれは好きな味だと認識し，好きな味にファイルする。親は，「あ，この子，塩味好きなんだわ，私と一緒」と新たな発見をする。

このエピソードから，離乳食を始めるのにも，子どもの内的発達と呼応する時期があることがわかる。よだれが多くなるということは，母乳やミルク以外のものを受け付ける準備ができたということであるし，この赤ん坊は家族の食事風景を共に楽しんでいる様子がうかがえる。そして，その赤ん坊の現在の様子を捉えて，また６か月児の発達＝離乳食開始時期という知識から，親は離乳食を始めようとしている。

つまり，この赤ん坊が人間としての「食事への新しい一歩」を踏み出した時は，子どもの側の発達の適時性とそれをよく観察した大人の適切な関わりという双方の関係性がうまく機能した時といえよう。そして，昨日食べたのに，今日は食べないという子どもの状態も親はよく見ていて，立ち止まってなぜだろうと考えている。そうしてそれは決して赤ん坊のせいではなく，すりおろし方の目の粗さかもしれないと気づいている。大人が子どもをよく観察して，行きつ戻りつしながら，進めているのである。この二つのことから，子どもが発達していくとき，子どもと大人が相互に働きかけ合いながら，進んでいくということがわかる。

一方４歳児の方は，いつもと違う新しい食材に子どもが出会っていて，子どもはそれを喜んで自分の好みに取り入れている。親の方はそういう子どもの姿に，また新しい一面を認めている。時に，「このお肉，硬いねぇ」とか「ピーマンがなかったらよかったのに」と言って料理をした親をがっかりさせることもあるが，しばらくするとピーマンも食べられるようになったりしていて，自分の味覚の幅を広げていく。これは，新しい体験をするうちに自分のものとしていくプロセスなのであろう。しかし，ここで重要なのは大人がその新しい体験を用意しているということである。いつも同じものばかり食べさせていたら，こういうことは起こらないであろう。

このエピソードから言えるように，子どもの発達に

は，大人が意図して新たに環境の一部としておいたり，体験として用意したりすることや物が必要である。つまり，幼児期の教育には，保育者の意図が必要だということである。それは，「環境を通して行う」「幼児の主体的な活動」「遊びを通しての総合的な指導」とも矛盾しない。その方法が大切なのである。

例えば，文字・数の指導の場合，「教育」と考えると，ワークブックを使って一斉に「授業」のような形でしなければならないと思うかもしれないが，年少のときから，環境の中に文字を置いて，文字を使うことの便利さ，楽しさなどを生活の中で知ることによって，子どもは文字をもっと知りたいと思うのではないだろうか。そうなったとき，文字を書くコーナーを設置して，ワークブックのような字の書き順や点線をなぞるようなプリントや正しく持てる鉛筆などを用意しておいたり，人数分のレターラックを用意して郵便やさんごっこをしたりして，文字を書くという楽しさを味わえるようにする。これが環境設定に隠された保育者の意図である。

そのコーナーでは，鉛筆を正しく持つこと，形よくきれいに書くことなどのコツを伝授することもあるだろう。文字に限らず，歌や造形，劇など創造性，想像性などに溢れた豊かな表現活動をする，植物や動物，昆虫の面白さに目覚め，科学的な思考を身につけるなどのことは，ただ単に「遊んできなさい」では達成できないし，一斉活動で授業のようにさせられても子どもに意欲がわかなければ子ども自身のものにはならない。自分のものになるためには，保育者の意図が必ずあるけれども，子どもは喜んで，没頭していることが必要である。つまり，それが主体的に環境を通して遊びという形で，子どもたちが経験していく世界なのであり，学びなのである。

ワークブックや楽器指導や体育が一斉活動の強制的な指導になっていては，子どもたちの主体的な活動にはならない。しかし，ワークブックの１ページが，またはリズムに合わせることの楽しさが子どもにとって新しい体験になることもあるのである。ただ，遊ばせているだけでは教育にはならない。

イチョウの木がそこにあるだけでは環境としての意味を持たない。保育者がそれをどのような意図で環境として設定するかが大切であり，そこで，子どもが自ら意欲を持って，「面白いねぇ」と没頭していることが教育を成立させるのである。

5　主体的・対話的で深い学びのために

2017 年３月 31 日に幼稚園教育要領，保育所保育指針，幼保連携型認定こども園教育・保育要領が同時改訂され，小学校，中学校の学習指導要領も改訂された。その改訂作業の中では，アクティブ・ラーニングという言葉がしきりに取り上げられ，従来型の教師が知識を与える授業ではなく，子どもたちが自ら手足を動かし，体験し，学んでいくことが大切だと言われてきた。しかし，この度の改訂では，アクティブ・ラーニングという言葉は一切使われず，「主体的・対話的な深い学び」という言葉に置き換えられている。そのことは第３章でも触れたが，ただ体験するだけでなく，それを「思考し，判断し，表現する」ことが大事にされ，その過程でものと，仲間と，保育者と対話をしながら，自分の思いや考えを表現し，相手の意見を受け止め，さらに思考を深めていくといった相互作用の中で，学びを深めていくことが重要視されている。よって，指導計画の作成では，「言語に関する能力の発達と思考力等の発達が関連していることを踏まえ，幼稚園生活全体を通して，幼児の発達を踏まえた言語環境を整え，言語活動の充実を図ること」（教育要領第第１章総則　第４指導計画の作成と幼児理解に基づいた評価　３指導計画上の留意点(3)）とされている。

これは，年長になってから，「さぁ，話し合いを」といってもすぐできることではなく，幼い時から，自分で考えたり，思いを言葉にしたりして，それを受け止めてもらい，失敗したり，わからなかったりしてもやり直したり，説明してもらったりする経験を通じて，「自分に意見」があり，「友達にも意見」があり，それを受け入れつつ協同で新しいことを考えていくという長いプロセスがあってできるようになるのである。その中には，たくさん絵本の世界に触れ，語彙を増やしたり，想像性を膨らませたりして，見えない世界に思いをはせる経験も大いに必要であろう。「主体的・対話的な深い学び」とは，単に「話し合い活動」をさせることではない。そこには，グループメンバーの力関係や子どもの性格や発達をよく見極めて，巧みにファシリテートする保育者の力量が必要となる。保育者は，これからは「ものを教える人」ではなく，このような子どもの学びをいかにファシリテートできるかが必要とされる人であろう。さらに，「深い学び」になるためには，子どもたち自身が自分達の体験したことを振り返ったり，次にどのようにしていこうかと見通しを持って進めていくことが大切である。（教育要領第第１章総則　第４指導計画の作成と幼児理解に基づいた評価　３指導計画上の留意点(4)）そのためには，保育者が計画を立てて，それに基づいて子どもにさせる活動ではなく，子どもたち自身が主体的に選び取って，試したり，調べたり，考えたり，やり直したりできるゆとりのある時間や一日の終わりや活動の締めくくりに必ず振り返りの時間を持ち，先の見通しなどを話し合えるような時間を設けるなど，従来の指導計画とはちょっと違った計画の作成が望まれる。

6 幼児期の学びと小学校の学び ／学びの連続性／

先のエピソードでは，子どもたちはぎんなん 10 個ずつを単位として一所懸命数えていた。

別のある園では，それがしいのみだった。しいのみを「どんぐり銀行」に貯金すると苗木になって自分の園か，またはどこかの山に植樹されるというイベントに参加していたのである。しいのみ 1 個が 1D（ドングリ）で，100D でブナの木やコナラの苗木 1 本に交換できる。しいのみは小さい。来る日も来る日もしいのみを集めては 10 個単位にしていく作業が続いた。ぎんなんもしいのみもどちらも 10 個と 10 個でいくつという計算になる。また，ある時は収穫したミニトマトの数を数えた。このプランターから 5 個，こちらからは 4 個収穫した。合わせていくつだろう。

このように，幼児期の数の概念は，ある子どもにはしいのみ，ある子どもにはミニトマトで体験される。幼児期の子どもたちは，生活の中でこのような「合わせるといくつ」を経験している。つまり「体験による学び」である。それは，生活の中での具体的で，それぞれの子どもの個別的な体験による学びである。これを基に，小学校では，算数の言葉である，＋，－，＝などの記号と「足し算」という言葉を与えられる。すると 10 ＋ 10 ＝ 20　という式で表されるのは，ぎんなんでもしいのみでも，ゾウもアリでも 10 ＋ 10 ＝ 20 であるという抽象的で，普遍化された学びになっていくのである。

この様に，小学校での授業という形で足し算を学ぶということは，ワークブックや教科書で初めて学ぶことではなく，幼児期の生活の中で体験していたことを整理し，名前を与え，概念化していくということなのである。

例えば園生活では，三角の積み木，三角の屋根といっていたものが，算数という教科の中では「三角形」というカテゴリーを与えられ（抽象化），自分の生活の限られた体験から離れて（一般化），概念として使えるようになるのである。「体験による学び」は遊びの中にあることが多い。そうすると，学びは幼児期には「遊び」で，小学校では「授業」でと分けて考えがちだが，実はつながっているのがわかるであろう。よって，幼児期の確かな実感のある体験が小学校以上の「授業」での学びを支えているともいえるのである。(那須正裕，2010)

しかし，このぎんなんもしいのみもミニトマトも，保育者の意図がなければただ単にそこにある樹木であり，野菜であるだけである。保育者がどのような意図をもって接するかで，絵の題材になったり，数の体験になったり，食育のテーマになったり，自然観察の対象になったりと生きた環境になるのである。

教育課程・全体的な計画（保育課程），指導計画を編成，作成するときは以上のようなことを考えながら，この園で過ごす時間の中で，「人格形成の基礎を培（つちか）い，義務教育以降の教育の基礎を培うもの」となるようにしなければならない。

（松村）

第6章
教育課程・全体的な計画（保育課程），指導計画を考える上で共通に必要なこと

第５章では，乳幼児の発達や園生活における学びの特色などについて解説した。第６章では，教育課程・全体的な計画（保育課程）および指導計画を考える上で必要な保育内容（領域），小学校との連携，延長保育，預かり保育，保護者・地域との連携についてみてみよう。

1　幼稚園教育要領における５つの領域
／2018年施行に盛り込まれた点／

教育課程・全体的な計画（保育課程）は，あくまでその園独自のものではあるが，前に述べたように各種の法律や幼稚園教育要領・保育所保育指針・幼保連携型認定こども園教育・保育要領に基づいて編成されるべきものである。保育所，幼保連携型認定こども園の３歳以上の幼児の教育部分では幼稚園教育要領が基本になるので，ここでは幼稚園教育要領における**５領域**を取り上げて解説する。

これらの領域は，健康，人間関係，環境，言葉，表現の５つであり，３歳，４歳，５歳の３年間で育てるべき「ねらい」と「内容」が，各領域で「心情」「意欲」「態度」の３点から述べられている。つまり，日本の幼稚園・保育所・幼保連携型認定こども園では，どのような教育・保育目標や方法があったとしても，究極的にはこれらの５つの領域をバランスよく経験できるよ

うにすることが望ましい。つまり，どのように音楽に力を入れている園でも健康という領域も視野に入れる必要があるし，特に漢字教育に力を入れている園でも環境や表現の領域を忘れることはできない。また，保育者個人を取って見ても，自分の得意な領域だけを保育内容にしていないか，常に５領域の視点から自分の保育を振り返ることが必要である。つまりこの５領域は，幼児に経験してほしいことであり，同時に自分の園のまたは保育者個人の保育の内容に偏りがないかを振り返る視点ともなるのである。また，一人の子どもの発達を捉えるときも，この５領域を視点としてみていくと，言葉の面では大変よく伸びているけれども，健康の領域の活動が少ないかもしれないというような，できているところと援助の必要なところを見つけることにも有効である。

そして，重要なことは，この領域は小学校の教科のように一つ一つ切り離されて経験するものではないということである。第１章で挙げたように，砂場でお団子を作っているという活動を５つの領域を視点として眺めてみると，違ったものが見えてくる。お店屋さんごっこを想定しながらの団子づくりでは，お店の人とお客さんの役割を考えているだろうし（人間関係），どのような味の団子を作るかの相談もあるかもしれない（言葉）。固いお団子には水はどのくらい？（環境）と調節したり，重い水を運んできたり（健康），きれいに飾り付けたり（表現）というようにまさに「遊び」の中で５領域に示すねらいが総合的に達成されようとしている。教育課程・全体的な計画（保育課程），及び指導計画を編成・作成するときには，これら５領域のねらいや内容がバランスよく経験できるものであるかどうかを見ておく必要がある。

各園では，この５領域については従来からよく吟味されて，教育課程・

全体的な計画（保育課程）や指導計画の中に盛り込んでいると思うが，第８章に述べるように，教育課程・全体的な計画（保育課程）を見直す際には，現在の子どもをとりまく社会や地域の状況をよく考えて編成し直すことになる。よって，次に現代の子どもをとりまく状況から，５領域の中でも特に気を付けるべき点や新幼稚園教育要領で加筆されている点を考えてみよう。

1　健 康 の 領 域

健康の領域でいえば，現在の住居事情，戸外より室内遊び，大人数で遊ぶよりは少人数で，しかもゲーム機を持ってなど，遊びの中で身体を動かす機会が大きく減ってきている。転んでも手が出ないで顔から地面に激突する，姿勢よく座っていられないなどの現状を踏まえると，園生活の中で意図して外遊びや身体を動かすこと，そしてそれを心地よいと感じられるようにしていくことが必要である。新幼稚園教育要領では，「多様な動きを経験する中で，身体の動きを調整するようにすること」が加えられている。

また，インフルエンザ，嘔吐下痢症や他の感染症などは，乳幼児の集団ではあっという間に大流行することがある。うがいや手洗いの徹底，あるいは食後の歯磨きの励行など，家庭だけ，園だけではなく，どちらにおいても子どもたちが自分自身の健康管理ができるよう，園での取り組みを伝えるなどして連携を取っていかねばならない。寒暖の差による衣服の調節も言われなければできない児童は小学生以上にもよく見られる。これも幼児の時から身につけるべき点である。

延長保育や預かり保育などで子どもたちが園にいる時間が長くなったことにより，保護者と共に町を歩いたり，電車やバスなどの公共機関を使ったりする機会も少なくなった。交通のルールや公共の場での振る舞い方についても，園外保育の際などねらいの一つとしたい。新幼稚園教育要領では，「遊びを通して安全についての構えを身に付けること」「交通安全の習慣を身に付けること」，「避難訓練などを通して，災害などの緊急時に適切な行動がとれるよう」にと付け加えられている。

食育についても特に気をつけて保育の中で取り入れていると思うが，家庭での食生活がさまざまであることから，幼少期に食や栄養への関心や知識を育てて，子ども自身が自分で食生活に進んで関われるようにしておくことが望まれる。新幼稚園教育要領では「食べ物への興味や関心を持つ」「食の大切さに気づく」などが新たに加わっている。

さらに，新幼稚園教育要領では，領域「健康」のねらいに「見通しをもって行動する」，内容の取扱いに「次第に見通しをもって行動できるようにすること」が付け加えられ，幼児が主体的に活動を進めていくときに，よく考え，見通しをもって進め，活動後には振り返りをすることに留意する（第１章総則第４の３（４）指導計画の作成上の留意事項）よう求めている。

2　人間関係の領域

人間関係でみると，幼児期は自我が芽生え自己を表出することが中心の生活から，次第に他者の存在を意識し，他者を思いやったり，自己を抑制したりする気持ちが生まれ，同年代での集団生活を円滑に営む姿へと移行していく時期である。

園では，まずは人と関わる力の基礎である愛情や信頼関係を育むことが大切である。園の中では安心して自分を出せること，つまり泣いたり，笑ったり，怒ったりすることを十分に 保育者に受け止められる体験をして，それを基に自分から他の人へ関わろうとする力が育ってくる。そして，同年代や異年齢の集団の中で，人と関わる事の楽しさや葛藤を経験していく。まさに，社会性が育つ時期ではあるが，普段の家庭生活では兄弟の数も少なく，近所の年齢差のある子どもと遊ぶ機会も限られているので，せめて園にいる間には異年齢の様々な子どもと出会わせたい。小さな子を思いやったり，助けたり，時には自分達だけで遊びたいと思うがゆえに小さい子をうるさく思ったり，小さい子は大きい子にあこがれたり，逆に邪魔して怒られたりなど，様々な感情体験を伴う関わりを増やしたい。これは，単に仲良くしなさいとか一緒に遊びなさいというのではなく，それぞれの気持ちが食い違ったりするような葛藤体験を通して，意見が異なる事があっても何とかそれを乗り越えたり，お互いがどうしても譲れなかったりすることもあるのだということを学んでいくプロセスなのである。

園外保育や園外の散歩などで地域に住む高齢者やお店の人たちの働く様子を身近にみることも大事である。家庭では，特に母親と過ごすことが多く，母親の価値観の中で生活していることが多い。以前のように，地域で様々な職種の人に出会ったり，働いている人と言葉を交わしたり，悪さをして隣のおじさんに叱られたりというような社会の多様な価値観・人間観に触れることが少なくなった。園にいる時間が長く，本来は保護者と共に経験するであろうこと，たとえば買い物体験や地域の図書館で本を借りるなどのことも取り入れて，子どもの世界を豊かにしていきたい。

新幼稚園教育要領では，ねらい(2)に「〜工夫をしたり，協力したりして一緒に活動する楽しさを味わい」と，「主体的・対話的な深い学び」に繋がる人間関係の深まりを追加し，内容の取扱い(1)では，「〜諦めずにやり遂げることの達成感や前向きな見通しをもつ」，(2)「～自分のよさや特徴に気付き」というような，非認知力と言われる力を育てることを追加している。

3　環境の領域

環境からみると，自然は意図して用意しないとなかなか子どもの身近なところにはないのが現実である。四季の移り変わりや自然の災害，または諸外国への興味・関心，文字・数，標識といった記号などについても，子どもの身の回りにあるものに心を寄せ，子どもに「見える」ようにしていくことが必要である。なぜ，園で栽培をするか，なぜ飼育をするかということが，「保育ではあたりまえでしょう」というのではなく，何を子どもたちに経験してほしいのかということを説明できなければならない。

たとえば，栽培一つとってもうまくいかないことがある。種をまいても芽が出なかったり，葉ばかり茂って掘り出してみたら，小さなサツマイモしかなかったりしたとき，あなたならどうするだろう。八百屋から買ってきた大きな芋をこっそり埋めておくだろうか。ザリガニが脱皮に失敗して死んでしまった。「かわいそうに……」でおしまいにするだろうか。なぜ，失敗したのだろう，水の量はどうだったのだろう。次々に疑問が湧いてこないだろうか。これこそが，子どもたちと一緒に「科学」を探求していく糸口になるのである。失敗こそが科学の芽でもある。生活の中に学びの芽はあちこちに散らばっている。それをどう掬いあげ，子どもとともに経験していくかが，「環境」という領域の中で求められるものである。具体的な事象から思考を展開し，調べたり，予想を立てたり，実際にやってみて検証したりなどの科学的思考や知的好奇心を持って物事を見ることなど，後々の学習への態度の基礎となるような経験がたくさんできるはずである。第５章で述べたように，自然はそこにあるだけでは環境にはならない。そこに保育者の意図があってこそ「環境」になるのである。

新幼稚園教育要領では，さらに「日常生活の中で，我が国や地域社会における様々な文化や伝統に親しむ」（内容(6)），「文化や伝統に親しむ際には，正月や節句などわが国の伝統的な行事，国歌，唱歌，わらべ歌や我が国の伝統的な遊びに親しんだり，異なる文化に触れる活動に親しんだりすることを通じて，社会とのつながりの意識や国際理解の意識の芽生えなどが養われるようにすること」（内容の取扱い(4)）といった，我が国の伝統・文化と共に他国の文化に触れて，国際理解の意識の芽生えを養うことが強調された。

4　言葉の領域

言葉の領域からみると，乳児から幼児になってまさに言葉を話せるようになり，時間（この前，昨日，明日など），空間（家で，園で，○○ちゃんちで），条件・仮定（もし～ならば），理由（だって～だから）など，語彙（ごい）も表現力も飛躍的（ひやくてき）に伸びてくる時期である。

言葉の教育というと，すぐ文字の読み書きを教えなくてはいけないのかという議論になるかと思うが，そのような表面的なことではなく小学校との連携で考えるなら，幼児期の教育においては，豊かな日本語の基礎を育むことが大切であろう（和田典子，2008）。

そのためには，教材の研究が必要である。指導計画の中では，実際にクラスで使用する絵本，紙芝居，カルタ，読み語り（読み聞かせ）用幼年童話などを書き込むことがあるだろう。また，しりとり，○の字のつく言葉集め，反対語探し，気持ちを表す言葉，動きを表す言葉など，言葉に着目（ちゃくもく）したゲームも発達に合わせて取り入れていくだろう。このような教材を目の前の子どもの興味・関心に合わせて，またその時期のねらいから必要な教材として，日常の遊びの中に取り入れていくことが望ましい。ただ文字を読んだり書いたりすることが学びではなく，思考，概念，表現，想像などの基礎としての言葉の教育的環境の設定が必要である。

さらに気をつけたいのは，日本語の教育の中では発音や声の大きさなどを含めた「話すこと」があまり意識されていないということである。しかし，これからの子どもたちは人前で自分の意見を堂々と論理的（ろんりてき）に話せるようになることが大事である。中学生になってから，ディベートなど経験するようだが，それ以前に主体的に自分の意見を述べるという経験をたくさんしておきたい。アメリカの小学校などで行われる show and tell のような形で，その日作った空き箱製作を見せながら説明することや休みの日の出来事を話すなど，発達に応じた形で集団の前で自分の意見を言う，また質問に答えるなどをしていきたい。

新幼稚園教育要領では，「言葉に対する感覚を豊かにする」（ねらい(3)）ことを大切に「幼児が生活の中で，言葉の響きやリズム，新しい言葉や表現などに触れ，これらを使う楽しさを味わえるようにすること。その際，絵本や物語に親しんだり，言葉遊びなどをしたりすることを通して，言葉が豊かになるようにすること」（内容の取扱い(4)）が新設された。主体的・対話的な深い学びが達成されるためには，表現のツールとしての「ことば」が豊かに育つことが重要である。

5　表現の領域

この領域は，音楽，絵画・造形，劇表現などと考えられるが，ダンスや詩の朗読や物語の創作など表現の形はそれ以上幾通(いくとお)りもある。レッジョ・エミリアでは子どもの表現の方法を「100 の言葉」と表すが，まさに，さまざまな形で自分を表現していくことがこの領域で育てたいことである。よって，保育者が型にはまった表現形式にこだわっていると，子どもたちはそこに留(とど)まってしまう。発表会の前の１か月だけ既成(きせい)の劇の練習をするなどは，まさに型にはまった従来の学校演劇（学芸会）のミニチュア版をさせることになる。日頃(ひごろ)の園生活の中で感性(かんせい)を磨(みが)き，柔軟(じゅうなん)な発想で，様々な題材，素材，教材，技法，道具などを使って表現するために，保育者は３年間の課程の中でどのように子どもとそれらとを出会わせていくか，長期の指導計画の中で，具体的に考えていくべきである。新幼稚園教育要領では，「風の音や雨の音，身近にある草や花の形や色など自然の中にある音，形，色などに気付くようにする」（内容の取扱い(1)）と，身近な園生活を自然豊かに環境構成する中で，感性を育てようとしている。

2　小学校との連携　／幼児期の終わりまでに育ってほしい姿／

小１プロブレムが話題になってから久しいが，幼児教育の在り方と小学校での教育の段差をなるべく滑(なめ)らかにするために，様々な方策(ほうさく)が考えられている。双方(そうほう)の子どもたちが訪問(ほうもん)しあったり，芋ほりなどを一緒にしたりするなどの子ども同士の交流や，保育者や教師たちが双方の保育や授業を参観して話し合いをするなどの教師・保育者同士の交流，または保幼と小の接続期（例えば年長後半［アプローチカリキュラム］から小学校の１学期間まで［スタートカリキュラム］）のカリキュラム上の連携，あるいは幼保の保護者の小学校教育への理解と不安解消のために小学生の子どもを持つ先輩保護者との交流など，園のある地域の保幼小連携の取り組みに合わせて，また，園独自の取り組みで近隣(きんりん)の小学校と連携する場合があるだろう。

小１プロブレム：小学校に入学したばかりの１年生が集団行動が取れない，授業中に座っていられない，話を聞かないなどの状態が数か月継続する状態。これまでは１か月程度で落ち着くと言われていたが，これが継続するようになり就学前の幼児教育との関連や保護者の養育態度が注目され出した。

しかし，ここで特に強調しておきたいのは，幼児期の教育は小学校教育のための下請(したう)けではないということである。単に 45 分座れるようにするとか，ひらがなを読み書きできるようにしておくというのは，結果としてそうなる事はあっても，決してそれ自体が幼児期の教育の目的ではない。

第５章で述べたように，幼児期には幼児の発達に合わせた教育の形がある。教育課程・全体的な計画（保育課程）において，小学校へつながっていく教育をどう形作っていくかが問われている。保護者と小学校の教師が教育課程・全体的な計画（保育課程）を語り合って，連携を考えるようになると幼稚園・保育所，小学校双方に有効であろう。

今回の改訂では，カリキュラムの連携では新小学校学習指導要領に，１年生のスタートカリキュラムが設けられ，幼児教育と初等教育の滑らかな接続がより一層重視されている。幼児教育の立場からも年長後半からの協同の学びを中心としたアプローチカリキュラムが考えられている。そこへ，新幼稚園教育要領で明らかにされた「幼児期の終わりまでに育ってほしい姿」について小学校の教師と共通理解がされ，入学児童の具体的な姿として共有されれば，子どもたちの育ちをバトンタッチしていく環境を整えることに役立つのではないかと思われる。

3 延長保育，預かり保育

保護者の就労時間に合わせて，保育所でも幼稚園でも保育時間が長くなる傾向にある。

朝の延長，また保育所では夕食を出すこともあるような時間で夕方の延長保育をしている。幼稚園もほとんど保育所と同じような時間の預かりをしているところもある。子どもたちの疲労度も高いであろうし，保育士，幼稚園教師共にシフトで働き，労働時間が長く，保育の振り返りや全員での会議時間が取れないなど，本来の保育に差し障るようなこともあろう。また，担当保育者もシフトで変化し，子どももその時々で縦割りになりメンバーが違うなど，うまくいくと様々な人に出会えるチャンスともなるが，配慮が足りないと，人や保育室が違うことでの不安や精神的疲労につながることがある。このような中で，保護者の「長く預かってほしい」という意識も変えていきながら，子どもにとって本当に良い環境としての園生活を送れるよう，教育課程・全体的な計画（保育課程）の中で，この延長・預かり保育についても言及しておくことが望まれる。

4 保護者・地域との連携，子育て支援

保護者の多くは子どもたちをかわいいと思っているし，大事にしたいと思っている。しかし，現代社会ではいわゆる親になる準備とも言えるような，幼い子と遊んだり，おむつを替えたり，泣く子をおぶったりといった経験なしにいきなり親になっているので，具体的にどう接することが大事にすることなのかがわからない場合もある。

また，子どもは授かりものという時代から，子どもは計画的に作るものと

いった時代になり，子どもは自分の意のままになるような錯覚（さっかく）を持つこともありうる。そして，核家族や地域の関わりが薄（うす）れた今，子育ての当り前な知識が若い世代に伝わっていかない。たとえば，自分は朝はコーヒーだけでよくても，子どもにはきちんと朝ご飯を食べさせなければならないということも，「子どもが食欲がないからできません」と放（ほお）ってしまうことがある。園では保護者が親をしながら親として育っていくよう，あらゆる機会をとらえてサポートしていくことが望まれている。

単に，保護者会や講演会を開くだけでなく，日頃の園生活でのちょっとした出来事や発表会の見どころなどを発達に合わせて解説するなど，父親も母親も祖父母も，幼児教育を理解し子どもの発達を応援していけるよう，具体的な手立てを考える必要がありそうである。園によっては保育参加や保護者サークルを活発に展開しているところなどもある。それらの園は，教育課程・全体的な計画（保育課程）に保護者との連携を取り入れて，親も子も保育者も共に育って行けるように３年間あるいは６年間のプロセスを計画しているのであろう。

以上のように在園している保護者との連携も大事であるが，現在，幼稚園・保育所の役割として，地域の子育て家庭，特に保育所にも幼稚園にも通っていない０歳から３歳の子どもたちとその保護者への支援（しえん）も求められている。園庭開放や育児相談，講演会，学習会などその園の独自性を生かした取り組みや，保育所では特に行政とタイアップした地域家庭支援センターの開設など多彩（たさい）なプログラムが展開している。これらのことも教育課程・全体的な計画（保育課程）の中に組み込んでいけると良いであろう。

（松村）

第7章
全体的な計画（保育課程），指導計画を考える上で必要なこと

全体的な計画（保育課程）を考えていくときに必要なのは，子どもの発達過程，保育内容・方法にかかわる基本的な内容をおさえることである。保育所保育指針においては，乳児保育に関わるねらい及び内容について，新たに記述された。ここでは，0 歳から 3 歳までのことを中心に説明していく。

1　乳児保育（0 歳児保育）に関わるねらい及び内容

1　基本的事項と新たに示された 3 つの視点

乳児期の発達については，視覚，聴覚などの感覚や，座る，はう，歩くなどの運動機能が著（いちじる）しく発達し，特定の大人との応答的な関わりを通じて，情緒的な絆が形成されるなどの特徴がある。これらの発達の特徴を踏まえて，乳児保育は，愛情豊かに，応答的に行われることが必要である。

そして，乳児期の発達の特徴を踏まえ，乳児保育の「ねらい」及び「内容」については，身体的発達に関する視点「健やかに伸び伸びと育つ」，社会的発達に関する視点「身近な人と気持ちが通じ合う」及び精神的発達に関する視点「身近なものと関わり感性が育つ」として示している。

2 ねらい及び内容

●健やかに伸び伸びと育つ……健康な心と体を育て，自ら健康で安全な生活をつくり出す力の基盤を培う

―身体感覚が育ち，快適な環境に心地よさを感じる。伸び伸びと体を動かし，はう，歩くなどの運動をしようとする。食事，睡眠等の生活リズムの感覚が芽生える。

●身近な人と気持ちが通じ合う……受容的・応答的な関わりの下で，何かを伝えようとする意欲や身近な大人との信頼関係を育て，人と関わる力の基盤を培う。

―安心できる関係の下で，身近な人と共に過ごすことに喜びを感じる。体の動きや表情，発声等により，保育士等と気持ちを通わせようとする。身近な人と親しみ，関わりを深め，愛情や信頼感が芽生える。

●身近なものとかかわり感性が育つ……身近な環境に興味や好奇心をもって関わり，感じたことや考えたことを表現する力の基盤を培う。

―身の回りのものに親しみ，様々なものに興味や関心をもつ。見る，触れる，探索するなど，身近な環境に自分から関わろうとする。身体の諸感覚による認識が豊かになり，表情や手足，体の動き等で表現する。

上記の「＿＿＿」部分が，３つの視点に関するねらいを示している。各園の乳児保育の保育実践を検討する際，よくつかみながら，保育の内容を具体的に検討していく必要があるだろう。

2 １歳以上３歳未満児（１歳児，２歳児）の保育に関わるねらい及び内容

1 基本的事項

この時期は，歩き始めから，歩く，走る，跳ぶなどへと基本的な運動機能が次第に発達し，排泄（はいせつ）の自立のための身体的機能も整うようになる。つまむ，めくるなどの指先の機能も発達し，食事，衣類の着脱なども，保育者等の援助の下で自分で行うようになる。発声も明瞭になり，語彙（ごい）も増加し，自分の意志や欲求を言葉で表出できるようになる。このように自分でできることが増えてくる時期であることから，保育士等は，子どもの生活の安定を図りな

がら，自分でしようとする気持ちを尊重し，温かく見守るとともに，愛情豊かに応答的（おうとうてき）に関わることが必要である。

2　ねらい及び内容

- 心身の健康に関する領域「健康」，人との関わりに関する領域「人間関係」，身近な環境との関わりに関する領域「環境」，言葉の獲得に関する領域「言葉」及び感性と表現に関する領域「表現」として示している。
- 各領域における保育の内容は，養護における「生命の保持」及び「情緒の安定」に関わる保育の内容と一体となって展開される。

ここまで，乳児保育，及び1歳以上3歳未満児の保育に関するねらい及び内容について，保育所保育指針の記述に即してのべてきた。要約すると，乳児保育のねらい及び内容は，3つの視点である。また，1歳児保育，2歳児保育のねらい及び内容は，5領域に記載されているねらい及び内容を踏まえていくことになる。

以下では，保育所保育指針における発達の区分に応じて，子どもの育ちの様子をおおまかにつかむようにしたい。『保育所保育指針解説書』（厚生労働省，2008年）により，0歳から3歳までの特徴的な発達の姿を整理しておく。保育所保育指針（2017年告示）では，発達の特徴を整理する内容が含まれていない。そこで，乳児から3歳までの特徴的な発達の姿を学ぶために，2008年解説書によりポイントをわかりやすくまとめておく。

- おおむね6か月未満における育ちの様子

  誕生後，母体内から外界への急激な環境の変化に適応し，著しい発達が見られる。首がすわり，手足の動きが活発になり，その後，寝返り，腹ばいなど全身の動きが活発になる。視覚，聴覚などの感覚の発達はめざましく，泣く，笑うなどの表情の変化や体の動き，喃語などで自分の欲求を表現し，これに応答的に関わる特定の大人との間に情緒的な絆が形成される。

➡ 著（いちじる）しい発達，特定の大人との情緒的絆（きずな）

- おおむね6か月から1歳3か月未満における育ちの様子

  座る，はう，立つ，つたい歩きといった運動機能が発達すること，及び腕や手先を意図的に動かせるようになることにより，周囲の人や物に興味を示し，探索活動が活発になる。特定の大人との応答的な関わりにより，情緒的な絆が深まり，あやしてもらうと喜ぶなどやり取りが盛んになる一方で，人見知りをするようになる。また，身近な大人との関係の中で，自分の意思や欲求を身振りなどで伝えようとし，大人から自分に向けられた気持ちや簡単な言葉が分かるようになる。食事は，離乳食から幼児食へ徐々に移行する。

➡運動発達，活発な探索活動，愛着と人見知り，言葉の芽生え，離乳の開始

●おおむね１歳３か月から２歳未満における育ちの様子
歩き始め，手を使い，言葉を話すようになることにより，身近な人や身の回りの物に自発的に働きかけていく。歩く，押す，つまむ，めくるなど様々な運動機能の発達や新しい行動の獲得により，環境に働きかける意欲を一層高める。その中で，物をやり取りしたり，取り合ったりする姿が見られるとともに，玩具等を実物に見立てるなどの象徴機能が発達し，人や物との関わりが強まる。
また，大人の言うことが分かるようになり，自分の意思を親しい大人に伝えたいという欲求が高まる。指差し，身振り，片言などを盛んに使うようになり，二語文を話し始める。

➡行動範囲の拡大，象徴機能と言葉の習得，周囲の人への興味・関心

●おおむね２歳の育ちの様子
歩く，走る，跳ぶなどの基本的な運動機能や，指先の機能が発達する。それに伴い，食事，衣類の着脱など身の回りのことを自分でしようとする。また，排泄の自立のための身体的機能も整ってくる。
発声が明瞭になり，語彙も著しく増加し，自分の意思や欲求を言葉で表出できるようになる。行動範囲が広がり探索活動が盛んになる中，自我の育ちの表れとして，強く自己主張する姿が見られる。盛んに模倣し，物事の間の共通性を見いだすことができるようになるとともに，象徴機能の発達により，大人と一緒に簡単なごっこ遊びを楽しむようになる。

➡基本的な運動機能，言葉を使うことの喜び，自己主張

●おおむね３歳の育ちの様子
基本的な運動機能が伸び，それに伴い，食事，排泄，衣類の着脱などもほぼ自立できるようになる。話し言葉の基礎ができて，盛んに質問するなど知的興味や関心が高まる。自我がよりはっきりしてくるとともに，友達との関わりが多くなるが，実際には，同じ場所で同じような遊びをそれぞれが楽しんでいる平行遊びであることが多い。大人の行動や日常生活において経験したことをごっこ遊びに取り入れたり，象徴機能や観察力を発揮して，遊びの内容に発展性が見られるようになる。予想や意図，期待を持って行動できるようになる。

➡**運動機能の高まり，基本的生活習慣の形成，言葉の発達，友達との関わり，ごっこ遊びと社会性の発達**

以上，０歳から３歳までの年齢ごとのおおまかな子どもの様子をつかみながら，発達過程を踏まえた全体的な計画（保育課程）・指導計画を作成していく必要がある。

3　全体的な計画（保育課程）・指導計画の具体化をめざすために
／保育内容・方法を考える／

1　保育所の役割としての「養護と教育の一体性」ということ

保育の内容・方法を組み立てるにあたり，保育実践における**養護**（ようご）と**教育**の一体化ということの理解をしていきたい。養護と教育の一体化については，これまでにも保育所保育指針において，繰（く）り返し示されてきている。

イ保育所は，その目的を達成するために，保育に関する専門性を有する職員が，家庭との緊密な連携の下に，子どもの状況や発達過程を踏まえ，保育所における環境を通して，養護及び教育を一体的に行うことを特性としている。
（保育所保育指針第１章総則１(1)）

３．養護に関する基本的事項
(1)養護の理念
　保育における養護とは，子どもの生命の保持及び情緒の安定を図るために保育士等が行う援助や関わりであり，保育所における保育は，養護及び教育を一体的に行うことをその特性とするものである。保育所における保育全体を通じて，養護に関するねらい及び内容を踏まえた保育が展開されなければならない。

（保育所保育指針第１章総則２(1)）

さて，保育実践において，養護と教育の一体化とは，具体的にどのような内容をさすのだろうか？　いくつかの事例を通して考えてみたい。

事例７－1　養護と教育の一体化とは①　（０歳児の場合）

夏のある日，０歳児クラスで見た給食の場面の出来事である。保育者が，スプーンやフォークを用いて，一人ひとりに食事を食べさせている。子どもたちは，空腹なので食べることに夢中である。保育者は「ほら○○さん，よくかんでたべるんだよう。かみかみしようねえ。」「おいしいかな？これ，おうどんだよう，きゅうしょくのせんせいがつくったんだよう。おいしいねえ。」などと言いながら，口へ運んでいる。０歳児たちは，もちろん，まだ十分言葉を理解できない。でも，保育者に言われながら，“かみかみ”と首を動かしたりしている。

食べきってしまうと，黙ってお椀を差し出す。保育者は「おかわり，ちょうだいでしょう？」などと言いながら，おかわりをしてあげている。

- ０歳児に食事を与えるという保育の一場面であるが，保育者は，０歳児が食べることを援助しながら言葉を添（そ）えていく。口のまわりを清潔にしながら言葉で伝えていく。この実践場面では，養護と教育は統一されていると言える。

事例７－2　養護と教育の一体化とは②　（２歳児の場合）

２歳児の保育実践において，生活習慣の自立をめざす課題がある。自分からトイレに行くこと，着替えをすることなどについて考えてみたい。この年齢の場合，友達の存在が大きな意味を持っている。トイレに行くことを，がまんしているＢ君がいた。保育者にトイレに行くように言われても，なかなか行かないで，保育室の床におもらしをしてしまうことが繰り返された。保育者に手伝ってもらいながらトイレに向かう。その後も，なかなか自分でパンツやズボンをはこうとせずに，お尻を出したまま，走り回っている。ある時，保育者が『はけたよはけたよ』の絵本をクラスの子どもたちに読んであげた。主人公は，当初，自分ではこうとしては転んでしまっていたが，ついには，自分で着替えもできるようになっていった。Ｂ君は，絵本の主人公のようになりたいと考えたらしく，張りきって，自分でパンツやズボンもはけるようになった。

● B君にとって，基本的生活習慣の自立（排泄，着脱）には時間がかかる。しかし，友達や絵本の主人公の姿を見てできるようになっていった。生活習慣の自立は，養護面の課題とのみ考えられがちだが，保育者からの意図的働きかけがあり，この課題は達成されていったのである。

保育の実践経験がない学生の場合には，子どもの姿や保育の課題を把握することは難しい面もある。しかし，毎日の一つ一つの保育実践において，養護と教育は切り離しがたく結びついているということを，理念的に理解しておく必要がある。今後，保育現場に入り，具体的につかみ深めてほしい。

2　乳児保育（0 歳児，1 歳児保育）について配慮すること

乳児保育という場合，園によっては，２歳児までを含めた保育を指していることがある。ここでは，乳児保育＝０歳，１歳児の保育，３歳未満児保育＝0，1，２歳児の保育として説明をしていく。

0，1，2 歳児の子どもたちの保育を，年齢ごとにクラスを構成してすすめている園，異年齢で保育を行う園など，さまざまである。各園における子どもの年齢構成は異なるし，乳児保育に関する保育方針や保育方法には，違いがあってよいと思われる。

乳児保育については，全体として，以下の４点を考えながら保育をすすめてほしい。

① **安全かつ保健的な対応をすすめること**
健康状態の把握を行うことが必要である。子どもの発育，家庭での食事，睡眠などの状態を保護者からよく聞くことである。乳児の場合，感染症の予防にも心がける。乳児の健康の基本になる授乳，離乳食などについては「授乳・離乳の支援ガイド」（厚生労働省 2007 年）などを参考にする。

② **特定の保育者が応答的な関わりをもつこと**
保育者と子どもとの関係では，保育者が子どもの声を聴き取り，願いをつかんで保育することである。

③ **乳児保育の職員間の連携，嘱託医との連携を図ること**

嘱託医，看護師，栄養士など，それぞれの専門性を生かして連携を図ることを大事にしたい。

④ **保護者との信頼関係を築くこと**

保護者との密接な連携により，保護者の気持ちを理解していく姿勢が大事である。育児への不安に答えながら，子どもの成長・発達の喜びを共有したい。

以上の4点がポイントになるが，特に子どもの生活のリズムを確立していくことが課題になる。子どもたちが保育所で過ごす時間だけではなく，家庭生活を含めて，1日24時間の生活の連続性を踏まえ，家庭との連携が必要になってくる。

園と家庭との信頼関係を構築（こうちく）していくことは，保育者の側から橋渡しをしていく課題だと考えてほしい。そして，子どもが真ん中にあり，園と家庭が共に育ち合う営みが，保育の核心といってよいだろう。

年度の途中で入園した1歳児の保育における家庭との連携について，次の事例で取り上げる。

事例7－③　家庭との連携を考える　／途中入園の1歳児のお昼寝／

D児（1歳）は，年度途中から入園した。クラスとしてようやく落ち着いてきた時期ではあったが，保育者が苦労したことの一つは，D児のお昼寝の時間が短いことであった。給食の食べる量が少ないこともあったが，30分程度で泣きながら起きる。すると，眠っている他の子たちも起きてしまう。保育者がA児を抱いて，庭に出ていると寝るので，布団におくと，10分くらいで，泣き出す。そんな日々であった。食べる量が足りていないということで，哺乳瓶で牛乳を温めて与えてみたが，嫌がって飲まない。そんな様子になかなか変化が ないので，保護者から家庭でのことを聞くことにした。夕方，D児の母親と話ができた。母親が一言だけ言ったのは，「（牛乳を）コップで飲ませてください」ということであった。そして翌日，眠くなりかけているD児にあたためた牛乳をコップで飲ませると，一気に飲みほした。のどが渇いているのか，麦茶も飲んだ。そして，1時間も眠ることができた。しだいに毎日の生活も落ち着いてきた。牛乳をコップで飲ませてみるというささいなことであったが，母親と話してみて気づき解決することができた。

● このことがあり，D児の生活リズムが安定しはじめ，　徐々に落ち着き，友達とも遊べるようになった。保護者とも，少しずつ心が通い，会話がスムーズになっていったのである。

3　3歳未満児保育および健康・安全面での配慮

乳児保育も含め，３歳未満児保育に必要なこと，健康・安全面で配慮すべき課題について以下に示しておく。

①　全体的な計画（保育課程）・指導計画の工夫
　乳児保育は月齢による差が大きい。個人別指導計画が必要である。

②　感染症にかかりやすい時期なので，体の状態，きげん，食欲の有無などの観察を十分行うこと。

③　食事，排泄，睡眠，衣類の着脱，身の周りの清潔など，生活習慣の自立への課題は，一人一人の置かれた状態に応じて，落ち着いた雰囲気で保育を行うこと。

④　探索活動が十分にできること。

⑤　子どもの自我の育ちを見守り，保育者が仲立ちとなり友達のかかわりを丁寧にみていく。

⑥　子どもの健康状態並びに発育および発達状態をつかむ。
　心身の状態を把握すること。毎日の健康観察を行うこと。特にきげん，食欲，顔色などが特徴である。

⑦　保健計画の作成，健康診断（内科健診，歯科検診）を実施すること。

⑧　疾病等への対応
- 保育中に体調不良や傷害が発生したときは，子どもの状態に応じて保護者に連絡する。
- 感染症の集団発生を予防する。
- 医務室の整備とともに，医師の指示によりやむを得ず薬を与える場合は，留意点を守るようにする。

健康・安全面への配慮事項は，保育者が看護師や嘱託医らと連携して取り組む重要性がある。個別配慮を必要とする事例について，次の事例を参照してほしい。

事例７－④　個別配慮を必要とする子どもへの対応

● 与薬への留意点，乳幼児突然死症候群，アトピー性疾患への対応など

日常的に問題となる事例の一つは，保育所で薬を与えてほしいという保護者の要望への対応である。基本的には，医師により指示があり

やむを得ない場合に限ることが原則である。園として「与薬依頼票」などを用意しておく。医師名，薬の種類，内服方法などを具体的に記載してもらう。預かった薬については，施錠して保管すること，与薬量のまちがい，与薬忘れなどのないようにする。

乳幼児突然死症候群（にゅうようじとつぜんししょうこうぐん）（SIDS）は，「それまでの健康状態及び既往歴からその死亡が予測できず，しかも死亡状況調査および解剖検査によってもその原因が同定されない，原則として１歳未満児の突然の死をもたらした症候群」と定義されている。睡眠中に発生し，日本では4000人に一人と推定され，生後２か月から６か月に多く，まれに１歳以上で発病することもある。SIDSのリスク因子として，両親の喫煙，人工栄養，うつぶせ寝がある。乳児保育の場においては，特に昼寝中に，定期的に見て回ること，記録として保存することが実践されている。

アトピー性疾患（しっかん）が疑われる場合は，かかりつけの医師に通い，指示に従うようにする。誤食（ごしょく）による急性の発疹（ほっしん）などの場合，直ちに専門医に救急受診をする。

乳児保育において，さまざまな疾病やアレルギー対応等，看護師，医療機関などと連携が必要である。

4　子どもの主体性を尊重する保育
／０，１，２歳児保育においてこそ大事にしたい視点／

０，１，２歳児保育をすすめていくとき，一人一人の子どもの主体性を尊重する保育の在り方を考えてほしい。では，子どもの主体性を尊重するとは，どのようなことだろうか。

第４章 第１節において，子どもの権利条約についてふれた。０，１，２歳児の保育実践をすすめていく際にも，子どもの権利条約への理解を深めてほしい。

ここでは三つの視点について考えていく。

一つには，子どもを見ていく保育者の姿勢や配慮すべき点についてである。この年齢では，「何でも，自分でやってみたい」「あれはいやだ，こっちがいい」という強い主張が見られ始める。自我の芽生えを，丁寧（ていねい）に見つめながら，保育をすすめていきたい。０歳児後半になると，それまでと違い「いや」と拒否（きょひ）する態度が出てくる。着替えをさせようとすれば，いやがって這（は）いながら逃げていく姿がある。１歳頃になると，これまで何でも食べていたのに，おかずをきらいになったりする。２歳前後の頃からは，友達とはげしいおもちゃの取り合いの末に，かみついてしまうことも少なくない。保育者や大人が考えているように，子どもはなかなか動いてくれなかったりする。

そんな時，子どもの願いを丁寧につかむ，保育者のゆとりを持った配慮が求められる。たとえば，1歳児クラスのこんな場面がある。おやつの時に，コップに牛乳を入れてもらうとき，いつも泣いている子がいた。牛乳が苦手なのかというとそうでもない。自分の気持ちを言葉で表わさないし，なぜ泣いているのかわからない。そんな時，たまたま別の保育者が，コップのぎりぎりまで牛乳を入れてしまったら，泣き笑いの表情になった。「そうか，彼は牛乳をたくさん入れてほしかったのだ」，ということがわかったのである。まだ，言葉で要求を伝えられなかったりするので，表情，動作，しぐさなどから，子どもの願いをつかんでいくことが必要である。そのためには，大人の見方で決めつけずに，ゆとりを持った対応が必要だといえるだろう。

二つ目に大事にしたいことは，この時期の発達過程を踏まえながら，計画的に保育をすることである。０，１，２歳児は，発達の著しい時期にあたること，個人差があることなどを踏まえ，計画的な保育をすすめていきたい。もちろん，指導計画を立案し実践をするが，予想した姿と違う場面にもしばしば出会う。その場合，一日の保育について反省・評価を行うことで，指導計画も練り直すことができる。こうした柔軟な保育を展開していくことが大切である。この時期の発達過程を見つめながら，意図的な保育実践を積み重ねていきたい。

三つ目としては，子どもに対する保育者としての要求を持つことについてである。

子どもの主体性を尊重するということは，なんでも自由気ままに放任しておくことを意味するわけではない。保育者として，子どもに対してきちんと要求する姿，保育における積極的な働きかけがあってよい。

お昼寝の時，Ａさん（２歳児）が，まだ眠くならないからということで，絵本を見ていてよいことにした。はじめは静かであったが，絵本を開きながら大きな声で読み始める。保育者は「Ａさん，みんながねてるから，しずかにしなさい」と注意した。それでもＡさんは，やめようとしない。繰り返し注意すると「きいてないもん，ねてるんだからねえ……」。……こんな時保育者は，子どもを別室へ連れ出してきちんと注意を与えるようにしたい。

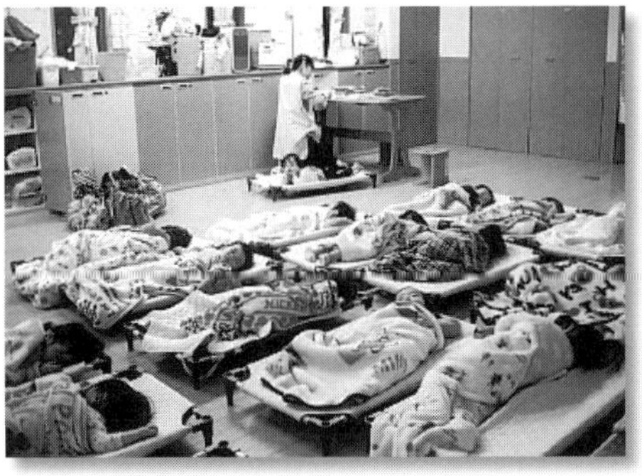

子どもの主体性を尊重する保育と，保育者の側からの要求や意図的な働きかけをする保育は，相反することではない。この時期，子どもの発達過程を見つめながら，保育者の側からの意図的な働きかけも大事にして保育をしていきたい。

保育実践の日常は，面倒な出来事の日々でもある。毎日の保育実践をどう進めるかは，ある意味では応用問題の連続である。それに向かう保育者たちの，悪戦苦闘（あくせんくとう）する姿を思い浮かべることができる。ここにこそ，保育実践の難しさと楽しさがあり，それをエネルギーとして，子どもに学ぶ創造的な保育をこそ，追究（ついきゅう）したいものである。（近藤）

第2部　編成・作成編

第8章

教育課程の編成から長期の指導計画へ

第1章では，教育課程とはどのようなものであるか，またその編成にはどのような条件を考えるべきであるかということを解説した。ここでは，そのことを参考にしながら，実際に教育課程を再編成した園の事例を参考にして，どのような手順で行うのかを見てみよう。

C園では，幼稚園教育要領が変わったこと，また保育のあり方がマンネリ化したことなどから，ここ数年園長のリーダーシップで保育の改革が行われている。その一環として，教育課程と指導計画が見直されている。そのプロセスを紹介する。

1　教育目標を設定する

1　現在の状況を分析する　／今の保育で良いのか／

この園は先々代からの「自発性と創造性を大切にする」という教育理念があったが，それは教育目標でもあり教育方針でもあるというもので，少々あいまいなものであった。また，時代が変わり，3代目の現園長はコンクリートに囲まれた都会にあって，自然を残し，四季の移り変わりが感じられる園庭を整備してきて，「自然にやさしく」「人にやさしく」という目標も掲げていた。そのほかに「否定形，命令形を使わない」という方針もあった。これらの目標や方針は，これはこれで園内の日常の保育や行事で当然大事にされていたし，何より「子どもにより寄り添って」「子どもの主体性を大事にする」という保育者の姿勢は，地域の保護者にも60年にわたって支持されていた。

しかし，3代にわたって受け継がれ，また付け加えられた教育理念，目標や方針は，気がついてみれば子ども一人一人に丁寧に寄り添って援助していくという日々の実践には生かされても，3年間の子どもの育ちをプロセスとしてとらえ，どのような子どもに育て，幼児期の教育として生涯にわたっての人格の基礎，学習者としての基盤をどのように育てるかという点について，教職員全体に共通理解があるわけではなかった。理想の子ども像や具体的な目標があいまいになっていたのである。その結果，行事ごとにねらいを立て，こなしていく保育になっており，子どもの育ちの連続性や学びの軌跡が見えにくいものになってしまっていた。保幼小の連携や幼児期の教育の重要性が言われている今，単に幼児期だけを見て保育をするのではなく，今の活動が人生にどのような意味を持つのかということを語れなければ，幼児期の教育の独自性も明確にはならないのではないかと気づいたのである。2018年度施行の幼稚園教育要領，小学校学習指導要領の改訂のように，「社会に開かれた教育課程」というのも，このような社会や世界の情勢とのつながりを教育課程の中で意識していくという事である。

2 理想の子ども像は

そこで，改革の1年目には，春休みの園内研修の日を使って，まずは育てたい子どもの理想像を話し合うことから始めた。卒園する時にこのような子どもに育っていて欲しいという保育者の願いをランダムに出し合い，ポストイットに書き，この園で使用している3つの観点，「自己，人，物」と集団との関係にまとめていった。そして，今までの教育理念や教育目標，方針との整合性を考え，理念，目標，方針に分けて考えていった。これは，あくまで保育者集団としてのこの園の仮の目標であり，方針である。

3 子どもの実際の育ちはどうなっているだろうか

次に，夏休みの園内研修で，保育者全員でそれぞれの学年に分かれて，その学年での子どもの姿をそれぞれ思いつくままにポストイット1枚に1件書き，それを12か月の表の該当する時期に貼っていき，3年間のその園での子どもたちの育ちを見えるようにした。そして，今の保育で育っていることや，ここが足りないなどということを確認しながら，この園での3年間のおおよその子どもの発達の姿を見通すことができるようにした。さらに，新幼稚園教育要領で追加された「幼児期の終わりまでに育ってほしい姿」がこの園の３年間の発達の中でどのように位置づけられるか，幼小連携を考えたときにも有効であるか検証したいものである。

4　地域や社会の変化，保護者の願いについて考えてみる

並行して，最近のこの地域の変化や入園してくる親子の姿について話し合った。

例えば，園の周りでは再開発が進み高層マンションが増えたこと，入園前の子どもたちの多くが複数のおけいこごとに通っていること，また発達障害が疑われるなど特別な援助が必要な子どもが毎年何人かいることなどを改めて確認した。新幼稚園教育要領の第１章総則第５の特別な支援を必要とする幼児への指導という部分で，「障害のある幼児」以外にも「海外から帰国した幼児」「生活に必要な日本語の習得に困難のある幼児」など社会の更なるグローバル化に際しての幼児の異文化圏交流に対応した指導も視野に入れての教育課程が望まれている。この園では基本的には専業主婦家庭，自営業で母親が仕事をしていても時間の融通が利く家庭が多いが，中にはフルタイムで両親とも働き，預かり保育を利用して就労と子育てを両立させようとするケースが出てきたことなどから，教育課程外の教育活動である預かり保育の工夫もさらに必要になると思われることも共通理解をした。

5　教育目標の再設定

そして，２，３，４を統合しながら，今までの教育目標や教育方針を整理して，創立者の志（理念）を汲みつつ，現在に適応するよう新たに目標と方針を設定し直した。ここで大事なことは，園長がリーダーシップを取りながらも，これらの一連の作業を全員の職員で行ったということである。この園は私学であり創立者の建学の精神がある。しかし，60 年前のその精神を現在の社会の中で再編成する必要を感じたとき，園長の独断で再編成するのではなく，その基盤となる子どもの育ちや地域・社会・保護者の変化について，全教職員の作業や話し合いを通して，全員が共通理解し，その建学の精神（理念）を全員が再確認することが，教育課程が形骸化せず，毎日の保育に生きる基になるのである。この後，これらのことを踏まえて，園長が教育目標，教育方針，保育の中で重要視することなどに分けて整理し，新しい教育課程の柱として掲げた。

2 教育課程を編成する　／長期の指導計画の作成へ／

1 教育課程の編成

次に「1　教育目標を設定する」で導き出した教育目標と具体的なこの園での子どもの発達するプロセスを基に，園長が大まかな枠組みを作り，教育課程の案を編成した。それには，第３章で述べた法律的な要件や第５，６章で述べた幼稚園教育要領に書かれていること（保育内容），預かり保育，「幼小関連」「食育」「保護者との連携」など，昨今の幼児教育界で取り上げられていることもよく咀嚼して盛り込むことが必要である。具体的には，発達のプロセスを追いながら，その園の理想の子ども像及び，「幼児期の終わりまでに育ってほしい姿」に向かって，各時期のねらいと内容（幼児に経験して欲しいこと）を組織していった。このあたりは，園長のリーダーシップで進め，１年間の試行期間ののち，また，全員で振り返ることになっている。

2 長期の指導計画の作成

その教育課程（案）を基にそれぞれの学年で担当保育者が話しあい，１年間の長期の指導計画を作った。それを持ち寄ることで，育てたい理想の子ども像に向かって子どもたちがどのように３年間を過ごすのかが見えてくる。３年分の年間計画を並べてみると，その園の教育課程をいかに具体化して，毎日の保育としていくかがつかめるだろう。そうすると第１章で説明したように，いたずらに焦らず，かといって目の前のことばかりに没頭せず，ゆったりとした気持ちで目の前の子どもの姿を見て，教育課程と年間計画上のねらいと，子どもの今の姿の交差点に，今週のねらい，今日のねらいを設定することができるだろう。この園では，この年間計画を一応の案として全員の教員が理解して，１年間の園生活を意識的に送ってみることにした。そして学年末に振り返りを行い，その結果，教育課程と１年間の指導計画が修正されて，より洗練されていくであろう。数年はこの繰り返しでより良いものにしていくが，微調整しながらやがてある程度定まっていくと思われる。その後，幼稚園教育要領の改訂や園の周りの環境の大きな変化，園児数の変化な

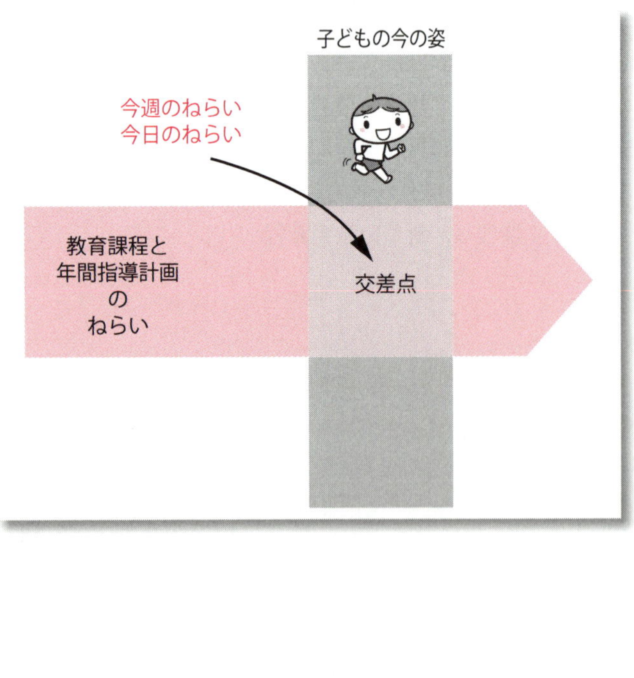

どがあった時に，教育課程も再編することになるだろう。

3　教育課程・全体的な計画（保育課程）と指導計画の関係

指導計画とは，教育課程を実際に保育の中でどう具体的に展開するかの計画である。つまり，日々の保育をするために，教育課程をもとに各学年で子どもの実態と照らし合わせて，ねらいや内容，環境設定や保育者の援助などを具体的に書き込んだ計画である。それは，１年間の長期の計画から，その日一日の短期のものなどがあるが，短期のものほど，その時々の子どもの様子とその時期に保育者の育てたいこと（ねらい）から，より具体的に遊びの内容，環境として用意するもの，保育者が提案して行う活動，歌や絵本，紙

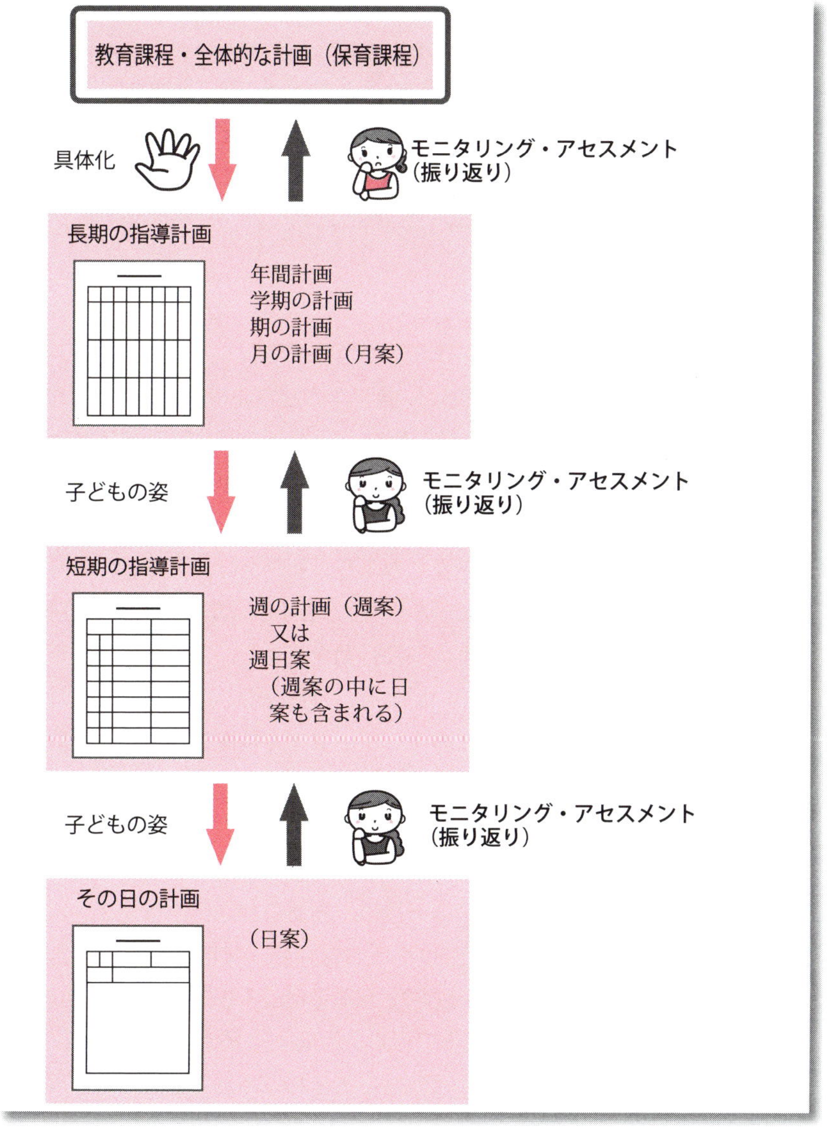

芝居などの教材，一人一人の子どもがどう遊ぶか，その時の援助はどうするかなど，細かく予想して書いていく。

保育現場で指導計画というと，週案や日案といった毎日の保育を進めるために書く短期の計画が思い浮かぶ。実習生や新任の保育者は，まさにこのことに苦労するのであろう。しかし，その毎日の計画も本来は，入園から修了までの教育課程・全体的な計画（保育課程）があってこそ，先の見通しがあって，安心して作成することができるのである。教育課程・全体的な計画（保育課程）は，その園が園長の責任のもとに，どのような子どもに育ってほしいかという教育目標を掲（かか）げそれを実現するために，この園に在園する期間の中で，どのように進んでいくべきかを編成したものであるので，この教育課程・全体的な計画（保育課程）があることで，毎日の保育の進むべき方向が明らかになる。つまり，教育課程（保育課程）は，進むべき方向を指し示す方位磁石（ほういじしゃく）の役目をする。この方位磁石が，たとえばとても簡単だが以下のようなキーワードで表されるものと仮定してみよう。（第１章❻教育課程の実際　p.16 参照）

３歳は　のびのびと
４歳は　しっかりと
５歳は　はつらつと

この園では，このキーワードを基に，各学年のねらいや，子どもの見方（観察や援助のポイント），活動の準備の仕方，行事への取り組み方などの計画をたて，３年間の見通しを持って，安心して，今の学年を充実（じゅうじつ）して過ごすことができる。

たとえば，運動会という行事を見てみよう。運動会は，保護者の期待や地域の未就園の保護者たちへのアピールから，ともすれば集団できびきび動く，みんなで頑張（がんば）るなどの見栄（みば）えのよい集団行動を見せたいと思ってしまう。だから，一斉（いっせい）的な，教える要素の強い活動を，毎日練習しなければと保育者は緊張（きんちょう）する。しかし，この園ではこのキーワードを方位磁石として，各学年のねらいを次のように設定した。

- ３歳のときは，運動会の雰囲気を知る，一人一人が楽しんで参加できればいい，<u>のびのび</u>，ゆったり，おおらかに行こう
- ４歳はこちらからの投げかけも入れながら，集団としてのまとまりにも気付いてほしい，<u>しっかりと</u>頑張るところもちょっと欲しいな
- ５歳になったら，自分たちで作り上げるところを大事にして，日頃の頑張りぶりを<u>はつらつと</u>観客にも伝わる方法で進めたい

このように，教育課程を基にして，３年間というスパンで考えてみると，各学年でどのように経験を積み重ねて育てたい子ども像に近づいていくのかがわかり，その年の活動をあせらずに充実させて取り組むことができる。つまり，３歳児のときから，やたらに集団できちんと動くことばかりを強調せずに，来年，再来年の見通しをもとに，３歳の今は安心して，ダンスでも競技でも一人一人が楽しめるような構成にして，保護者にもそのことを説明し，一緒に楽しんでもらうように伝える。５歳になると，競技の内容や進行，未就園児競技の手伝いなども自分たちで相談してやっていこうとするだろう。それは，運動会当日の出来栄え（できばえ）のためにするのではなく，３年間の子どもたちの育ちをプロデュースするものとなる。このように，教育課程と指導計画は連動している。これは，運動会だけでなく，日々の園生活，保育にも言えることである。

4　指導計画の指導とは

教育課程をそれぞれの時期に，より具体的にしたものが指導計画というが，この言い方だと子どもを指導するための計画というニュアンスが大きく，保育者が子どもに何をどのようにさせるのかという計画のように聞こえる。ここが小学校以上の教科教育の指導案と幼児教育における「子どもの主体性を大切にした」「環境を通して」「一人一人の発達の特性に合わせて」「遊びを通しての総合的な指導」であるべき指導計画の違いがある。この幼児教育における指導とは，どのようなものを言うのだろうか。岸井勇雄（1999）は，この指導という意味を「guide」「coach」「lead」であって，「direct」「command」「conduct 」ではないといっている。 すなわち，幼児教育における指導とは，バスガイドのように方向を指し示したり（guide），野球のコーチが一人一人のバッティングフォームについてのアドバイスをしたり（coach），みんなのまとめ役になったり（lead）はするけれど，決して監督したり（direct），命令したり（command），統率（とうそつ）したり（conduct）といった，上から一斉に何かをさせるというイメージではないのである。ここで言う幼児教育の指導の本質は，あくまで，主体は幼児であり，「環境を通した遊びによる総合的な」ものであり，それゆえに指導計画は，むしろ「環境の計画」や「援助の計画」（岸井勇雄，1999）と呼びたいものである。

5　長期の指導計画　／行事予定表を超えて／

指導計画は，長期のもの（年，学期，期，月）と短期のもの（週，日）がある。長期のものは，幼児の発達する姿を長期的に捉（とら）えて，ねらいや内容を想定（そうてい）したものである。このうち「期」の計画というのは，子どもの発達の節（変化）を捉えて区切ったものである。たとえば１学期でも入園・進級直後の４，５月と，園生活に安定してきた６，７月は，子どもの様子が変わってくる。それによって保育のねらいも変化するので，４，５月を１期，６，７月を２期と分けるというようなことである。どこを期の区切りとするかは，各園で異なるし，学年で異なる場合もある。多くは，次のような捉え方がある。

	4月	5月	6月	7月	8月	9月	10月	11月	12月	1月	2月	3月
A 園（3歳）	Ⅰ期 幼稚園って どんなとこ？		Ⅱ期 遊びって おもしろい！		Ⅲ期 かけっこ大好き！ 木の実もあるよ			Ⅳ期 こんなのできた 見て見て		Ⅴ期 みんなでやると おもしろいね		
B 園（5歳）	Ⅰ期 ワクワク 年長！		Ⅱ期 仲間と一緒に考え チャレンジ！		Ⅲ期 クラスで，チームで がんばろう			Ⅳ期 じっくり遊ぼう 仲間と協力		Ⅴ期 協同作業に とりくもう！		

さて，教育課程を方位磁石と捉えるなら，この長期の指導計画（年，学期，期，月）は，ルートマップとでも言えるだろうか。大体この時期にはこんなことが育つといいなあ，だからこんなことをしてみようというおおまかなねらいや活動が示される。教育課程（保育課程）を具体化して，「この時期にこんなねらいのある，こんな活動をしよう」という活動内容までが盛り込まれたものである。

さて，では次の表を見てみよう。これは月案と呼ばれるものであろうか。

これを見ると，確かに今月の保育のねらいは書いてあり，しなければならないことは各日書いてあるので，忘れないでできるだろう。10月初旬の運動会に向けて，９月中旬から，競技はこの週から，ダンスはこの週から始めるなどとよくわかるが，これは行事の進行表，工程表であり，単なる行事予定表である。

この計画には，子どもたちの今の状態や，**このねらいを達成するためにどのような環境を用意するのか，どのように援助をしながら進めるのかということが書いてない**。つまり，保育者がさせたいことを並べただけのものである。ねらいの「友だちと身体を動かして楽しむ」といっても，運動会の練習だけで，楽しめるものなのだろうか。「秋の自然に気づく」というねらいで，遠足も自然園へ虫かごを持って出かける予定であるのはわかるし，欄外の栽培という欄で，ブドウやゴーヤの収穫と調理ということでもわかるが，これはどのように「気付かせる」のだろうか。保育者が一方的に，「ほらブドウが実りましたよ」というのだろうか。ここには，環境の設定や保育者の配慮点・援助などが書かれていないのである。長期の指導計画は，単なる行事予定ではなく，**子どもの姿の予想と保育者の願い（ねらい）が示されたものである。**

9月　年中組
今月のねらい：園生活を思い出して，自分の力で進める
友だちと身体を動かして遊ぶことを楽しむ
秋の自然に気づく

日	月	火	水	木	金	土
				1	2	3
				始業式	8月お誕生会 大根種まき	3
4	5	6	7	8	9	10
	夏休み作品展 実習生 ………………	遠足導入 → （自然園の話） 避難訓練	（虫かご製作）	（園内地図を見る）	遠足 （自然園）	地域お祭り
11	12	13	14	15	16	17
	運動会導入① （競技話し合い） ……………… →	運動会導入② （ダンス紹介）	→ （自由遊びのときやってみる，コーナーで経験する） 英語活動＊		実習生お別れ会	
18	19	20	21	22	23	24
	運動会クラスで練習始め 競技試演 →	身体測定 音楽指導＊		体育指導＊ （入場行進・体操）		
25	26	27	28	29	30	
	学年合同昼食	運動会：学年で練習始め →	英語活動＊	体育指導＊ （かけっこ）	9月誕生会	

栽培：ブドウ，ゴーヤの収穫，試食，大根種まき
＊　：外部講師

このことは，短期の指導計画でも同じであり，この時期，子どもたちがこのような成長をするだろうから，このようなねらいでこの活動をしようといったことが書かれていなければならない。だから，クラスでの子どもたちの人間関係の変化の予測をして，この時期にグループ編成を変えようとか，遊びのコーナーはこの時期に変えてみよう，当番活動はこの時期に導入しようといったクラス運営の長期の見通しを立てるものである。製作や音楽活動などの計画的な配置もできるだろう。これは，あくまで，予想であり，シミュレーションであり，仮説である。年間計画は，1年間の園生活を送っていく中で，子どもの発達する姿によって，4月に立てた計画を見直しながら，随時（ずいじ）変更して進むものである。月案も，前の月の子どもの姿を見て，修正しながら進んでいく。

確かに，1年間の園生活には，どうしても外（はず）せない行事や季節ならではの活動，保護者も参加するものなどがあり，長期の指導計画においては，その

準備も怠(おこた)りなく進めなければならない。そのためのスケジュール表，予定表も必要である。栽培に関しても，季節を外すと種や球根が店頭になかったり，収穫が年度内に望めなかったりする。ある園では，秋にキャベツを植えたが，結局３月の卒園までに大きくならずに年長組は卒園してしまった。年間計画には，こうした行事や季節のものを忘れないようにするための，スケジュール表，段取り表としての性格があることも事実ではある。そのためには，別途(べっと)栽培カレンダーを作成し，夏野菜ならこの時期に苗植え，チューリップの球根はいつ発注し，いつ植えるかなど忘れないようにすると良いであろう。もし，教育課程上栽培が大切だということならば，このカレンダーに従って，実際に植えるものはその時々にクラスの子どもたちと相談して，今年はトマトときゅうりにしようなどと決めていけばよいのである。

つまり，長期の指導計画は，保育者側の１年間の，あるいは期や月の見通しを立てるものではあるが，それは保育者が一方的に子どもにやらせたいことを並べたものではなく，子どもたちが育ってほしい方向へ進むために，行事や季節のものを取り込みながら，いつ，どのような環境設定をするか，また，どう援助するかのための計画である。

では，月案の実際の例を見てみよう。

9月の月案　年中組

行　事	始業式，夏休みの作品展示会， 身長体重測定，バス遠足， 避難訓練，誕生会（９月）

先月末の子どもの姿〜 ねらい設定まで	●長期の休み明けで，友達や保育者との再会の嬉しさもあるが， 園での生活習慣を忘れることもある。 ●夏休みの経験を保育者や友達に伝えようとする。 ●残暑や生活リズムの乱れから，夏の疲れが出てくることもある。
ねらい（○印）と 内容（●印）	○園での生活を思い出し，再会を喜び，お互いに教えあいながら 自分の力で進めようとする。 ●再会を喜び，お互いに休み中の話を聞く。 ●所持品の始末や昼食の仕方を思い出して，お互いに伝えあう。 （運動会明けからの当番活動導入を意識して） ○秋の自然に触れる。 ●園庭（おもに植物），遠足（おもに昆虫）で秋に触れる。 虫さがし，色水づくりなど教えあったり相談したりする。 ○体を動かして楽しむ。 ●走ったり，踊ったりを楽しむ中で，運動会につなげていく
環境構成（○印）と 援助のポイント（●印）	○夏休み中の出来事を聞く時間を設けたり，夏休みに作った作品の 展示会を見たりして，お互いに伝えあう，聞きあう。 ●子ども同士の教えあい，伝えあいができるように保育者が補っていく。 ○園庭の自然に気づく。　➡　遠足での虫探しにつなげる。 虫かご，昆虫・植物図鑑，カップやビニール袋などを用意。 （オシロイバナ（種），ヒマワリの種取り，しいのみ拾いなど） 最後のブドウ，ゴーヤ収穫と試食 秋の花を植える（ナデシコ，ジニアなど） ●友達のしている遊びを紹介して，自然の変化に気づき，取り入れて 遊びを楽しめるようにする。 ○体を動かして楽しめるように， 園庭にラインを引いて走る，ジャンプするなどのコーナーや いくつかのダンスの曲で踊れるコーナー（CD デッキ）を設定する。 ●一緒に走ったり，踊ったりして楽しみ，ダンスの振り付けも 遊びの中で考えていく。

資料	手遊び・うた 「さんぽ」 「バスごっこ」 「むしのこえ」 絵本 『そらいろのたね』 『おむすびころりん』 『ぐりとぐらのえんそく』 昆虫・植物図鑑
家庭や地域との連携	•花や実などの色水あそびで衣服が汚れることもあるので，あらかじめ伝えておく。 •残暑や運動での疲れが予想されることを伝える。
食育	•お月見に供えるイモ，クリなどから季節の恵みに気づく。 •月見だんごを作って食べ，行事と食の関連を知る。
評価の視点	•生活リズムを取り戻せるような時間設定や環境だったか。 •一人一人の園生活や友達関係の変化をとらえられたか。

この９月の月案では，子どもの現在の姿（先月末の子どもの姿～ねらい設定まで）と，その姿と教育課程の年中の姿からこの年中組の９月に経験して欲しいこと（ねらいと内容）が書いてあり，そこからどのような環境設定や援助が必要になるかがよく理解できる。これと p.103 の上の表のような予定表があると，たとえば，遠足に向けての準備をいつぐらいからするか，運動会へ向けての練習をどのように日頃(ひごろ)の遊びや活動と連動させるかといった見通しが持てるだろう。

（松村）

第9章
短期の指導計画の作成

1　短期の指導計画　／毎日の保育をデザインする／

一方，短期の指導計画である**週案**と**日案**は，この週この日をどう暮らしていこうかというデザイン画ともいえよう。長期の指導計画の見通しの基に，具体的な毎日の生活に即して，一人一人の幼児の興味や関心，発達の実情などに応じたねらいや内容を考えていく。日案は，○○時に○○をするというスケジュール表ではなく，保育者自身の今日の保育のデザイン画であり，メモである。よって図を描くことでわかりやすくなる。特に環境設定については図を描いておくとはっきりするだろう。

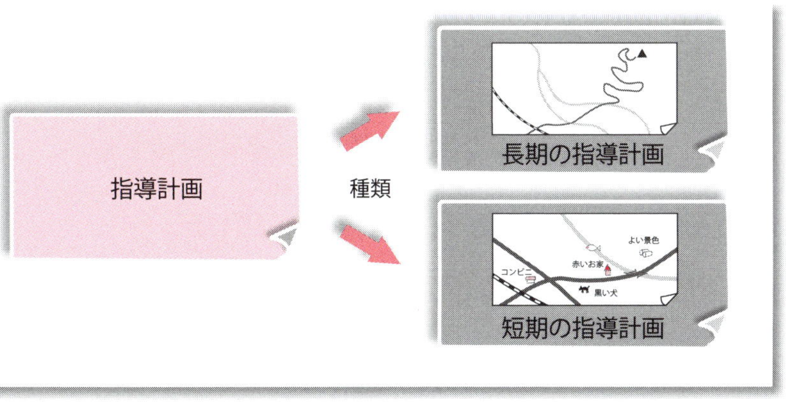

ここでも，注意しなければならないのは，短期の指導計画が決して，保育者が計画したことをきっちりと進めていくための時間割表，タイムテーブルではないということである。例えば，9時登園，10時クラスの集まり，11時半昼食，1時半降園準備……などと決めて，この時間割を守るために，子どもの遊びを中断したり，焦(あせ)らせたりしてはならないのである。たとえば，10時になったとき，砂場で山づくりが盛り上がっており，もう少しで山が完成という場面やお母さんごっこが面白いストーリーで展開しているとする。さて，日案に10時集まりと計画したから，山づくりもお母さんごっこもやめて，片づけなければならないのであろうか。いや，この10時集まりという予定があるからこそ，ここであと15分片づけを伸(の)ばし，充実(じゅうじつ)して遊び，その分昼ごはん後の遊びを15分ほど縮めるということができるのである。計画がなければ，どのように遊びの区切りをつけていくかもわからなくなる。

また，一人一人の子どもについても，週案では今週はどのような点に気を付けて援助していくべきかを書き，日案には，さらに細かく気にとめておく子どものことや，保護者に確認することなど，個人名を出して書くことになるだろう。担任と副担任の動き，またはフリー（補助）の保育者の役割なども具体的に書かれていくだろう。最近では，3歳児クラスの多くが複数担任であり，また，年中・年長には学年付きの補助がいたり，障がいがある子どもに加配(かはい)される保育者がいたりするなど，チームで保育することが多い。その複数の保育者は，パートの保育者であったり，園児送迎(そうげい)バスに添乗(てんじょう)したりしていて，必ずしも朝の打ち合わせや保育後のミーティングに参加しているとは限らない。それらの保育者がバスの添乗を終えて，いきなりクラスの保育に入ったとしても，この日案があれば，今日の保育のねらいが何であるか，具体的な環境設定はどうなっているのか，どの子どもに気を付けて保育をしたらよいのか，また，自分の役割は何かがわかるのである。

この週案，日案は，他の学年やクラスの保育者もお互いに見ることで，それぞれが今日は何をねらいにどのような活動をするのかの情報交換になり，たとえば，園庭ではこのコーナーには異年齢が集まりそうだとか，ここは，学年に関係なくどの子どもも参加できるようにフリーの先生に居てもらおうなどという調整も可能になる。

では，ここで，ある園の3歳児の週案と日案を見てみよう。

❶　B幼稚園の週日案と日案（3歳児入園当初）

この園の場合，週日案はB 4サイズ2枚分（表裏），日案はA 4横に1～2枚分である。

年少組は，5クラスあり，5人の担任が持ち回りで学年の週日案，日案のたたき台を作り，木曜，金曜日に5人が集まって仕上げる。パソコンで打ち込んであるところが学年共通で，手書きで入れてあるところは各クラス独自のものである。

❶　4月入園当初の場合

週日案の表（p.110）には，先週の子どもの姿（4月第1週なので予想される子どもの姿）を「生活」「遊び」「人間関係」に分けて細かく書いてある。そして，その姿と年少組の1年の大きなねらいと期のねらいと照らし合わせて，週のねらいが設定されている。そして，それが達成されるような環境設定や援助が書かれている。

裏（p.111）には，週の各日のおおよその時間設定や持ち帰りの品，保育者の保育後の仕事などが書かれ，毎日の振り返りを記入する欄がある。

日案は，活字で印刷してある学年共通のところと，そのクラスで手書きによって独自（どくじ）に書き入れる，たとえば個人への援助などが書かれるところがある。この園は，期によって日案の書式を変えている。4月は，(p.112）を見ると，まず子どもの活動が先に来ていて，それを支（ささ）える担任，学生，フリーの補助保育者の援助が書かれている。この園は大学附設であるため，4年生が実習を兼（か）ねて入園直後の混乱期に20人ほど毎日手伝いに来てくれている。

そこでその学生をA（所持品の始末（しまつ）や身支度（みじたく）），B（個別援助），C（遊び）の3グループに分け，役割を明確にして子どもとかかわってもらうように書いてある。環境設定は，週日案で考えられていて，この時期には，どのクラスも同じように，新入園児が園生活に安定できるような設定になっている。そして，活字（かつじ）で印刷されたところがほとんどであるが，それはどのクラスでも3歳児が初めての幼稚園生活に安定して参加するために，園に来てからの靴（くつ）の履き替えや所持品の始末，身支度などを順を追って，また安心して遊びだせるように一つ一つ丁寧（ていねい）に書いてあるからである。

教材を書く欄には，担任の手書きのメモで特に配慮（はいりょ）を要する子どもへの援助を補助の保育者にもわかるように，書き込んである。この朝の当園直後の時間帯には，教材よりもこうした個別援助を書く欄として使われている。降園前のクラスの集まりの時間には，この欄には当日読む紙芝居や絵本などの教材の名前が上がるだろう。

❷　6月中旬以降　(例：7月最終日　終業式の日の日案)

ところが，6月中旬第Ⅱ期からは，(p.113）のように書式が変わり，環境設定が先に来て，子どもの活動，担任の援助，フリーの動き，教材

B　幼稚園　　週日案〈表〉

3　歳児　　　　組　　4月　12日　～　　4月　15日　　　　　　3歳児　学年のねらい：のびのび集団生活を楽しむ

予想される《子どもの姿》	《反省・考察》	《期のねらい》
《生　活》 • 目に入る遊具にひかれ，喜んで遊びはじめる。 しかし，母親がいないことに不安になる子，母親となかなか離れられない子などがいる。 リュック，帽子を片付けずに，リュックを背負ったまま遊びはじめる。 • 外へ上履きのまま出たり，外履きで室内に入ったりする。 《遊　び》 • 室内では，家庭でも遊び慣れた遊具で遊ぶ。 • 園庭では小砂場，砂場や固定遊具の他に自然物に目をとめ，手にする。 • 小動物や小さな虫に興味をもつ。 《人間関係》 • 身近な保育者の顔を覚える。傍らにいようとしたり，目で追ったりしている。所在がわかると安心する。 • ボランティアの学生が側にいることに安心し，一緒に遊ぶことができる。 • 降園時に保護者の迎えを喜ぶ	（一週間の保育が終わったら振り返りを書く）	生　活　　園生活，文化を知る（園での身支度など） 遊　び　　自分の好きなことや遊びを見つける 人間関係　新しい場所で安心して過ごす 先生と親しんで話す，遊ぶ 集まりの活動の楽しさを知る 《週のねらい》《環境設定》《援　助》 〈生活〉　園の生活に触れ，できることから行う （排泄）• 保育者と一緒にトイレに行ってみる ★言えない子の方が多いと考えて保育者が声をかけていく パンツの上げ下ろし⇨手洗い⇨タオル （身支度）• 自分のマークを知る • 上履き⇦⇨外履きに履きかえる 手伝ってもらいながらやりかたを知る 〈遊　び〉　楽しいと思える遊びに出会う （室内） ままごと　絵描き ブロック　絵本 線路　粘土 （戸外） 小砂場　カメ 砂場　インコ 固定遊具 〈人間関係〉 • 保護者と離れて過ごす ⇨「楽しかった」という思いを積み重ねていく • 保育者に親しみをもつ ⇨困っていることを読み取り対応する • ゆるやかな集まりの活動に触れる ⇨体操，歌，手遊び，紙芝居，絵本など ※詳細は日案に 《個　人》 〈A組〉　○○○○○ 〈B組〉 〈C組〉　○○　○○ 〈D組〉　○　○○○ 〈E組〉

B　幼稚園　　週日案〈裏〉

	4月11日（月）	4月12日（火） 全園児登園	4月13日（水）	4月14日（木）	4月15日（金）
ねらい		・保育者や友達に親しみ，喜んで登園する ・新しい園生活のしかたを知る	→	→	→
指導のポイント		全学年 11：30 降園 →	→	年少組のみ 11：30 降園 →	→
1日の流れ	新入園児入園式の代休 10：00～ フリーⓉとの打ち合わせ	★年長児，学生に手伝ってもらいながら身支度する 片付ける　10：20 年長児の歌を聴く　10：35 降園の準備をする　10：40 出席ノートにシールを貼る　10：50 「さようなら」の挨拶をする　11：00 バスコース 靴の履き替え　11：05 歩きコース 歌・紙芝居 etc　11：25 歩きコース　11：30 降園　11：40	外へ出る　9：30 10：10 入室　10：35 降園準備　10：40 身支度　10：50 紙芝居・手遊び 靴の履き替え　11：05 バスコース外へ　11：10 歩きコース降園　11：30 11：40	外へ出る　9：30 10：10 入室　10：30 降園準備　~10：40 バスコース外へ　11：10 歩きコース降園 11：30	外へ出る　9：30 10：10 入室　10：30 降園準備　～10：40 （カラー帽子 上ばき袋 持ち帰り） バスコース外へ　11：10 歩きコース降園 11：30
預り保育					
持ち帰り				手紙	カラー帽子　上履き　手紙
放課後	年長保護者会 保護者会打ち合わせ	年中組保護者会	年少組保護者会⇨連絡網作成 個人面談の手紙作成	連絡網印刷	個人面談の流れ打ち合わせ
欠　席					
振り返り					

フリー教員配属表

A 組	B 組	C 組	D 組	E 組
K Ⓣ H Ⓣ	T Ⓣ	M Ⓣ W Ⓣ	U Ⓣ F Ⓣ	S Ⓣ

A組（オレンジ）	B組（きいろ）	C組（きみどり）	D組（あお）	E組（ぼたん）
○○○ ○○○	○○○ ○○○	○○○ ○○○	○○○ ○○○	○○○ ○○○
○○ ○○○	○○ ○○○	○○ ○○○	○○ ○○○	○○ ○○○
○○○ ○○○	○○○ ○○○	○○○ ○○○	○○○ ○○○	○○○ ○○○
○○○ ○○○	○○○ ○○○	○○○ ○○○	○○○ ○○○	○○○ ○○○
○○○ ○○○	○○○ ○○○	○○○ ○○○	○○○ ○○○	○○○ ○○○
○○○ ○○○	○○○ ○○○	○○○ ○○○	○○○ ○○○	○○○ ○○○
○○○○ ○○	○○○○ ○○	○○○○ ○○	○○○○ ○○	○○○○ ○○
○○ ○○○	○○ ○○○	○○ ○○○	○○ ○○○	○○ ○○○
○○○ ○○○	○○○ ○○○	○○○ ○○○	○○○ ○○○	○○○ ○○○
○○○ ○○○	○○○ ○○○	○○○ ○○○	○○○ ○○○	○○○ ○○○
○○○ ○○○	○○○ ○○○	○○○ ○○○	○○○ ○○○	○○○ ○○○
○○ ○○○	○○ ○○○	○○ ○○○	○○ ○○○	○○ ○○○
○○○○ ○○	○○○○ ○○	○○○○ ○○	○○○○ ○○	○○○○ ○○
○○○ ○○○	○○○ ○○○	○○○ ○○○	○○○ ○○○	○○○ ○○○
○○○ ○○○	○○○ ○○○	○○○ ○○○	○○○ ○○○	○○○ ○○○
○○ ○○○	○○ ○○○	○○ ○○○	○○ ○○○	○○ ○○○
○○○ ○○○	○○○ ○○○	○○○ ○○○	○○○ ○○○	○○○ ○○○
○○○○ ○○	○○○○ ○○	○○○○ ○○	○○○○ ○○	○○○○ ○○
○○ ○○○	○○○ ○○○	○○○ ○○○	○○○ ○○○	○○○ ○○○
	○○○ ○○○	○○○ ○○○		○○ ○○○

B　幼稚園　　日　案　（4月）

4月　14日（木）

時　程	子どもの活動	保育者の援助　担任	フリー　Ⓕ	学　生	環境の構成	教　材
9：00	◎歩き，早バスコース登園 朝の支度を行う ①靴を上履きにはきかえる ②タオルを掛ける ③コップを袋ごとテーブルに置く ④かえ靴を出す ⑤カバンをロッカーに置く ⑥帽子をロッカーに掛ける （フック下） • 室内にて好きな遊びを見つけて遊ぶ	• 笑顔で受け入れる • 子どもの名前を呼びながら声を掛けていく（身近な存在となれるように） • 支度の手順を伝えながら一緒に行う 後バス登園後様子をみながら戸外へ	• マークが見つけられずにいる子などに声を掛ける • タオル，コップからの順番ごと声かけ援助 • 戸外へでられない子の補助　Ⓨ Ⓜ	A…保育室入口で笑顔で挨拶する B…粘土，絵描き • 支度せずに遊びにくる子には，支度が終わってから遊ぼうと伝える C…レゴ，ままごと • 支度せずに遊びにくる子には，支度が終わってから遊ぼうと伝える	• 子ども一人ひとりが所持品の始末ができるように，マーク（名前）・身支度ボードを表示しておく • 室内にコーナーを設定し，子ども一人ひとりが好きなところで遊べるようにする	• タオル　コップから必ずやる (泣) Ⓨ Ⓐ 一緒にいると少し落ち着く Ⓜ 姉がいると安心
9：30	◎戸外遊び • カラー帽子をかぶり戸外へでる	• 子どもと一緒に戸外へでる • 靴の左右を確認する • 遊びの見つからない子どもには，保育者が一緒に遊んだり，友だちの遊んでいる様子を見せたりして，いろいろな遊びに興味が持てるように接していく	• 椅子を並べてから戸外へ出る（片付け後の集まりで椅子を使用）	A…砂場 • 子どもの動きを見て，大小の砂場に分かれる • 砂に触れることを楽しいと感じられるように B…遊び（小グループ） • 友だち，大人と遊ぶことを楽しいと思えるように C…すべり台に必ず1人つく • 1人以外は，その他園庭の子どもと遊ぶ	できるだけⒻがつければ	Ⓗ Ⓘ Ⓜ 椅子に座っていられないところあり Ⓨ Ⓐ トイレ（おむつ）
10：30	◎片付け • 使ったものを元の場所に戻す • 手洗い，排泄	• 片付けの仕方を伝えながら，一緒に片づけをする • 保育室に戻り，手洗い，排泄をするように伝える	• 遊んでいる子に声を掛け室内へ トイレチェック（シートに記入）	• 一緒に遊んでいた子を保育室まで連れて行く		

2枚目に続く

●赤字はクラス別内容，担任の手書き。黒字は学年共通，パソコンで作成。　●白抜き文字は子ども（個人）を表す。

B　幼稚園　　日　案　(７月)

７月　19日（火）

時　程	環境の構成	子どもの活動	保育者の援助　担任　Ⓣ	フリー	教　材
9：00	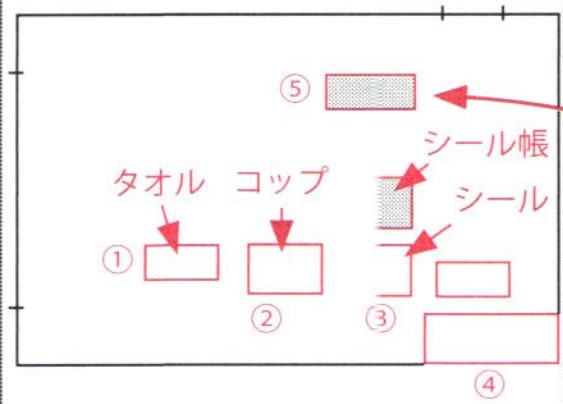	◎歩き，早バスコース登園 朝の支度を行う 置き靴 子どもたちの目に入る場所に置いておく • 室内にて好きな遊びを見つけて遊ぶ	• 支度の手順を伝えながら一緒に行う（できるところは自分で行えるように見守る）	• 困っている子，支度せずに遊んでいる子に声を掛ける • 支度を終えた子と一緒に遊ぶ	〈三尺ささげ〉 ゆでる➡Ⓗ先生 食べるクラス➡Ａ組，Ｄ組，Ｅ組 各クラス長いもの１本と他に約⅓の長さにカットしてください。
9：30	※テーブルに置き靴を並べ，子どもが自分でしまう（朝の支度時） 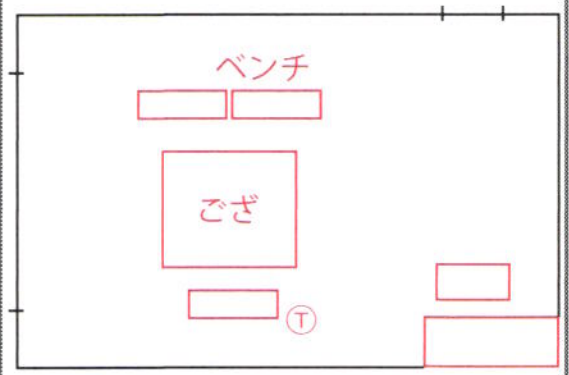	◎片付けをする 排泄をする 〈登園後〉 • 外履きの替え靴リュックへ ※手紙袋は㊎であずかる 〈早バス〉 戸外遊びに出るなら 10：10 入室 10：10 片付け		ⓉⓀ Ⓨ Ⓗ ズボン，パンツを１人で上げ下げできるように少しサポート	終業式のうた
9：50	〈降園準備後〉	◎後バス登園 • 朝の支度をする➡室内遊び➡ ◎終業式　10：30～10：50（ホール移動） ➡ おへやに戻ったら排泄，手洗い	排泄➡クラスの集い➡移動 （丸くなる）（１本列で）	降園準備 Ⓚ Ⓣ Ⓒ Ⓓ Ⓔ ゆっくりなこどもたちをサポートする	バスごっこ（１番のみ） 持ちかえり • 置き靴 • 着替え袋 • カラー帽子 • 上履き • 絵本袋 入れる
11：15	早バスコース　降園				
11：30	歩きコース　降園	➡ ※丸くなって床に座る			
11：55	遅バスコース　降園	➡ 三尺ささげ　を食べる	ささげの話をする ささげを配る	Ⓗ先生 １番コースバス添乗	
	※降園時，子どもたちは１人ずつ担任とタッチをする	◎降園準備 ➡ ➡ ※いつもと同じだが気持ち早めになるように	絵本袋に（カラー帽，上履き，着替え袋）の３点を入れることを伝える		

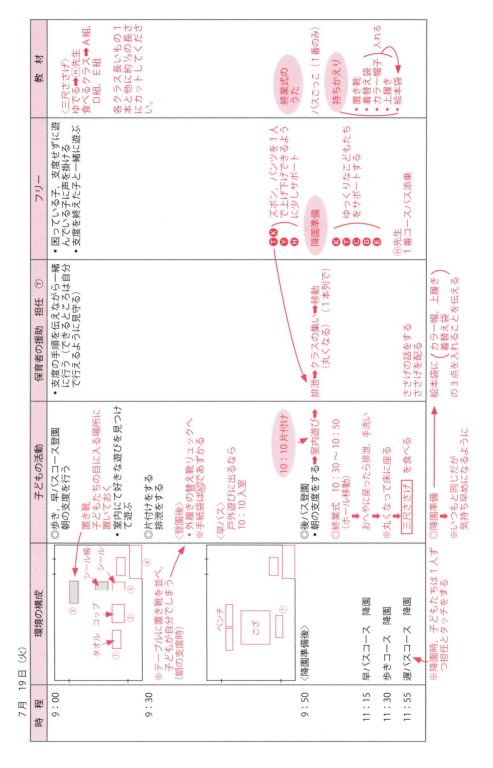

という順になる。そして，学年共通の活字印刷部分が減って，そのクラス独自の担任の手書きのメモ（赤字の部分）が多くなる。

すなわち，これは，子どもたちが園生活に安定し，各々のクラスで担任と子どもの生活が進み，そのクラスの個性が出てきたからであろう。子どもの様子から，環境設定や活動の組み方に各クラスの独自性が出てきたのである。そして，個別に援助が必要な子どもについては，フリーの保育者に援助して欲しい内容がメモされている。この日は，終業式もあり，半日保育で忙（いそが）しいけれども，園庭で育ったインゲンも食べることが予定され，また，１学期最後の日なので，持ち帰る品が多く，忘れないようにするために書きだしてあるメモもみられる。

❷ C幼稚園の週日案と日案

❶（p.116,117）は，C幼稚園の３歳児二人担任制の週日案である。これは，主担任が作成しているが，２学期以降は副担任の今年新卒採用の保育者も交代で作成する予定である。B４判の表裏で構成される。表には，ここでも学年のねらいと期のねらいをいつも意識するために，それらを週日案の書式に予（あらかじ）め印刷してある。

そして，まず，①先週の子どもの姿を振り返り，それと学年，期のねらいを照合して，②今週のねらいと内容を考えて書いてある。それと③予定された活動や行事を書く欄があり，非常勤講師の指導（音楽や体育）の日や保育者から提案したい活動などが書かれる。④環境設定，予想される子どもの姿，援助の欄には子どもの先週からの遊びの続きとしてのコーナーや意図的に提案する活動などを援助と共に書いてある。

裏は，振り返りを書く欄であり，主担任と副担任それぞれが毎日書き，週末に１週間の振り返りを二人で書いている。

❷（p.115）は日案である。ここもまず，昨日の子どもの姿から始まり，週日案と照らし合わせながら，本日のねらいと内容が書かれる。そして，環境設定，予想される子どもの姿のところには，その時々の環境設定の図が描かれている。室内の動かせないもの（ピアノや棚，ロッカーなど）は，予め図として印刷してあり，そこに活動ごとに設定が書き入れるような工夫がしてある。援助のポイントには，担任，副担任，そしてこの日は実習生がいたため，実習生の動きも書き入れてある。保育が終わった後は，赤字で実際の保育の中で変更した箇所（かしょ）を書き入れていく。毎日の保育後に記録として，この日案と週日案での振り返り，そして子どもの個人記録を書いていく。

C幼稚園　３歳児　日案

９月21日（火）　ちょうちょグループ　　　担任：Ⓞ　副担任：Ⓜ　実習生：Ⓐ

昨日の子どもの姿	本日のねらいと内容
• 久しぶりのはさみということで，ジュースづくりは楽しんでいたが，使うときの約束を覚えているものの，忘れて使っている姿もある。 • 連休明けということもあり，友達関係は落ちついている。	台風のため風雨が強い予報あり • 室内での安全な過ごし方を知る ⇨はさみや製作を行うだけでなく，ダンスなど体も動かせるようにコーナーを作る。

時間	環境設定　予想される子どもの姿	援助のポイント	備考
9：00	〈登　園〉 身支度➡遊び 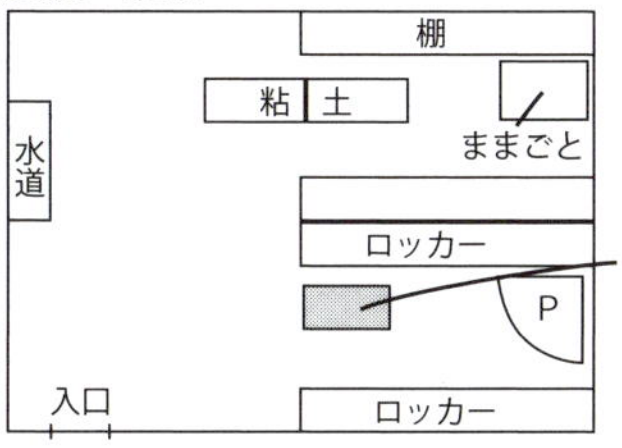 はさみ：昨日していないⒸⓊがすると，他の子たちも「やりたい」と参加 はさみコーナー	Ⓜ：別れぎわに泣くので支える 時間が長いので (副) トラブルに注意！ (実) ケガのないように (副) がついて安全確認 経験していない子をチェックする 切ったものを入れるビニール袋には名前を書く	台風が近づき風雨が強い予想 室内で安全に過ごす Ⓜ：母に家の様子を聞く 身支度 Ⓕ：遅れないようまわりを見るよう促す
9：35	〈片付け〉		
9：45	〈集まり〉　トイレ➡ホールへ移動 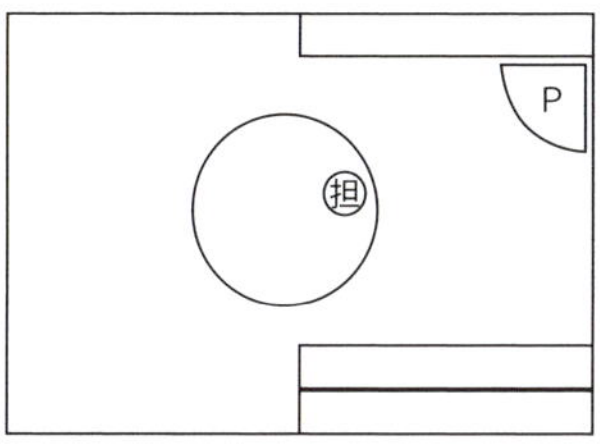 ◎台風のことを話す	☆雨の様子によって２，３人ずつカサに入れていく（園舎が別なので） (担) ホール玄関 (副)(実)）カサ	
10：10	〈体育遊び〉　ホールにて（体育講師）		
10：50	〈ダンス，ゲームなど〉		
11：45	〈弁　当〉　弁当後のコーナー設定 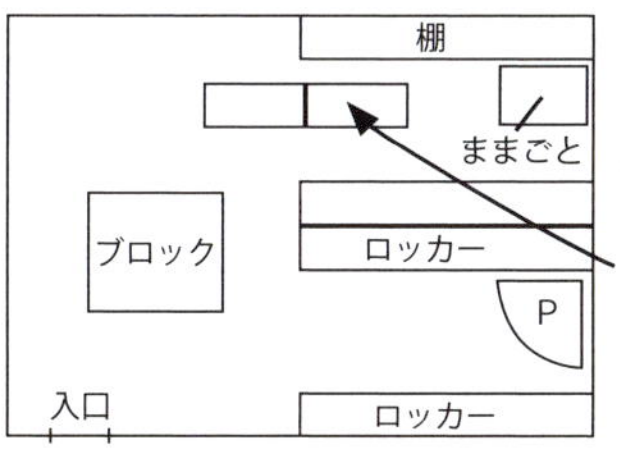 絵本 ➡ 遊び はさみ 隣のグループが出していなかったので明日以降に… 台風上陸のため13：00降園（昼食後すぐ帰りの会）	(担) 弁当片付け （弁当箱をハンカチで包み，結ぶに挑戦） (副) はさみの使い方約束を確認 (実) 他の遊びのコーナー	
13：15 13：25	〈片付け〉 〈お帰り〉 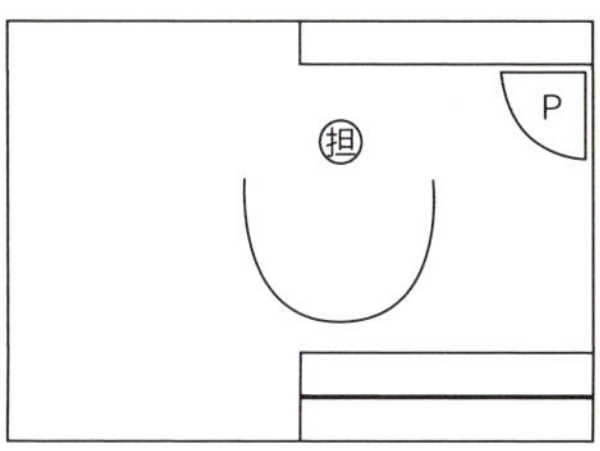 絵本 『どんぐりむらの　−　』 ♪くだものれっしゃ 子ども達の振り返り（どんなことして遊んだ？明日，やりたいことは？）		レインコート，長靴などを身につけ，お迎えの方を雨の中で待たせず，手渡す
13：45	〈降　園〉		

●赤字は保育後，振り返りの時に記入。　●白抜き文字は子ども（個人）を表す。

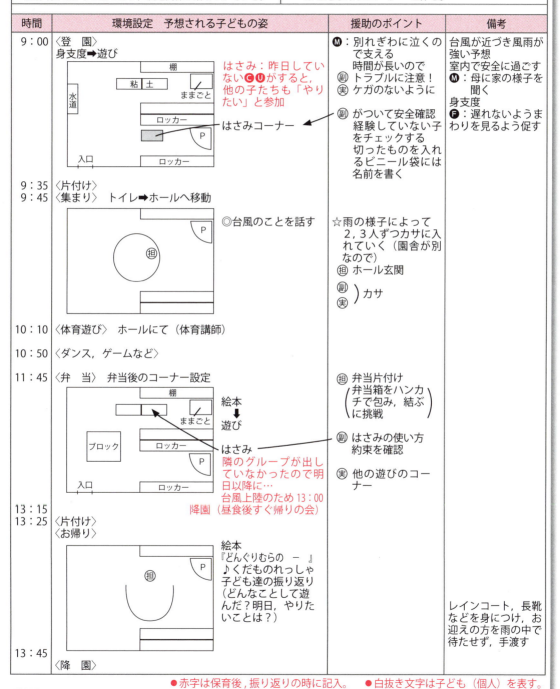

C幼稚園　週日案〈表〉　3歳児

2011年　9月　19日（月）　～　9月　24日（土）　年少組　ちょうちょグループ　担任：Ⓞ　副担任：Ⓜ　実習生：Ⓐ

学年のねらい	先週の子どもの姿から今週へ向けて	今週のねらいと内容
• 園生活で安心して自分を出す • 身近な保育者と親しみ，身近な友達と喜んで遊ぶ • 園での基本的生活習慣を身に付け，自分でしようとする **2期のねらい** 様々な経験を重ねる中で，友だちや保育者と親しむ	• 友だちと積極的に関わって遊ぶ姿が多く見られる。(「一緒に遊ぼう」「一緒にお支度しよう」）反面 “一緒がいい” という思いが強すぎて，他の友だちに対して強い口調になっていたり，固執しすぎてしまったりしているため，先週から引き続き，友だちとの関わり方を伝えていく。 • ダンスを思い切り楽しむ姿，見ている姿があるので，無理なく誘っていく。	• 友だちとの関わり方を知り，考えようとする →先週後半から引き続き，個人的にまたは全体に向けて「自分が言われたらうれしい言葉かな」ということを伝え，考えていく。ゲームや小グループを通して新しい友だちとの出会いを楽しみにできるようにする。 • ダンスを踊ることを楽しむと共にペンギンへの興味を深めていく。 →朝，帰りに♪ペンギンパラダイスを流すが，自由に踊ることができる時と細かい動きの確認を行っていく時をつくる。

	9月19日（月）	9月20日（火）	9月21日（水）	9月22日（木）	9月23日（金）	9月24日（土）
予定された活動行事	敬老の日	音楽遊び　9：30～10：10 ジュースづくり　はさみ 紙テープ 紹介 ♪にんげんていいな	体育遊び 空　10：00～10：30 全体 10：35～11：00 （小グループ紹介） 次週へ…	1日責任実習 上履き，スモック，赤白帽子持ち帰り	秋分の日	
保育後の事務仕事		㊟リーダー会報告 運動会BGM決め ㊡反省会 運動会小物づくり	お店屋さん作品決め 写真掲示準備 → ㊡カンファレンス →	全体そうじ		

予想される活動

（食後）

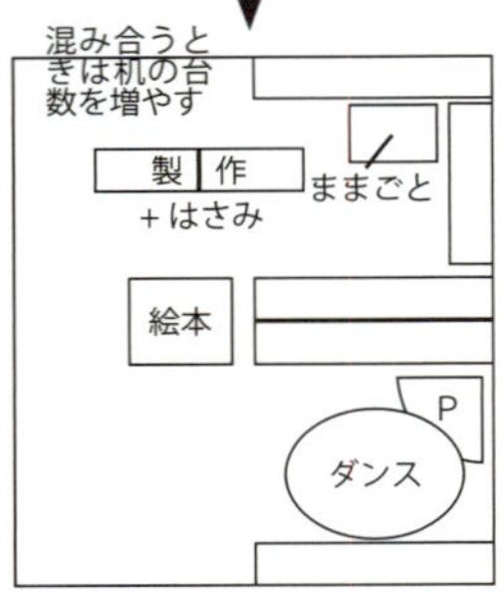

☆はさみ，紙テープ
• 折り紙をちぎってジュースをつくる姿が見られたり，園庭で色水づくりを楽しむ姿があったりしたため，室内遊びでジュースづくりごっこができるようにする。
①はさみの使い方を全体で確認する
• 持ち運ぶ時は刃の方を持つ，走らない
• 使う時は座って使う
• 使わない時は刃を閉じて置く
• 刃を人に向けない
②食後の製作コーナーに出す
必ず保育者がつく

☆2人組づくりゲーム
• ねらいにもあるように，いろいろな友だちと触れ合う機会をつくること，「手をつなごう」と自分から声をかけられるようにということで，先週から引き続き “手をつなごうゲーム” を行う。（＋ピアノの音を聴いて考えて動くこと）
• Ⓗは1人になってしまうことのないように配慮しつつ，慣れてきたら少しずつゲーム性をもたせていく。

※アサガオのしぼんだもの，ゴーヤの葉 etc とっていいものかどうか伝えていく
↓
色水づくり

☆外遊び
お店やさんごっこ，おうちごっこ，病院ごっこなど
（気温，体調によっては年長組との水遊び）。
自分で，また友だちとの遊びをみつけ，楽しんでいるので特にコーナーなどは出さない。それぞれの遊びの様子を見る。

個人への援助

Ⓕ
→引き続き，母子分化が難しい原因を見極めながら，身支度を一緒に行ったり，自分でできるようにしたりと様子を見ていく。また，1日の様子やどのように援助していくかなどを母にも必ず伝えるようにし，連携をとっていく。

Ⓜ
→少しずつ友だちとの関わりが見られ始めているので，そこを盛り上げていく。

Ⓚ
→友だちが好きで一緒にいたい思いとライバル意識とが見られるので，口調を特に気を付けてみて，声をかけていく。

Ⓨ
→甘えたい気持ちが強く，涙を流す姿がある。言葉で何がしたいと伝えられるように促す。友との関わりも見ていく。

今週の振り返り　　C幼稚園　　3歳児　週日案〈裏〉　　Ⓣ保育者

	月　日（　）	9月　20日（火）	9月　21日（水）	9月　22日（木）	9月23日（金）	9月24日（土）
欠席		Ⓡ（熱） Ⓜ（登園したくない） Ⓛ（熱）	Ⓡ（熱） Ⓑ（咳）	Ⓡ（熱）		
一日の振り返り		担任🄾　久々のはさみということだったが，使いたいという意欲が高まっているところでの活動だったためⓉの様子をよく見て集中し取り組んでいた。引き続き遊びの中に出していくが，必ずⓉがつくようにすると同時に使うことでできる作品も紹介し空き箱製作とも組み合わせていきたい。	台風の接近に伴い，13：00降園へと急遽変更になった．弁当の時に伝えたことでⒽが焦ってしまうような結果となってしまったので，今度は個人的にもフォローしながら伝えていきたい。 窓から風雨の様子を見ることができ，“台風上陸”という体験をすることができた。	実習生の1日責任実習ということで，私自身が客観的に子どもたちを見ることができたが，普段の生活として行っている支度やトイレといった習慣となっていることを伝え忘れてしまっていても「トイレは？」など気付いて自分たちで取り組んでいた姿を見て，先週からもあるように自立，	そして自分で考えるということにつながっていることがうれしく，成長を感じることができた。 また，台風の後ということで“たいふうのおとしもの”として実，葉といった自然物を拾って集めることを楽しむことができた。	
		副担任🄼　H先生の音楽遊びがあり，ホールでの活動を楽しんでいた。また，久しぶりにはさみを使い，楽しみながら持ち方，使い方を子ども同士で伝え合う姿があった。まだ切り方が不安な部分があるので，注意して見たい。	台風が来ていたが，ホールで体育遊びを行い，走ることやダンスを楽しんでいる姿があった。ホールにいくまでに，Ⓕの身支度が進まない場面もあったが最終的には自分で終えられたので，これからどう自分で進めていけるか考えて，関わっていくようにしたい。	外遊びの中でⒿとⓈのトラブルがあり，解決はしたがお互いを気にかけている姿が多い。トラブルが増えてくると思うので，あそびの時間に目を配り，ケガのないように見ていきたい。		
	担任🄾 • 3日間ではあったものの，季節の変わり目や普段と違うリズムということもあって，体調を崩していたり，疲れが見られたりと体力的にも気持ちの面でも不安定な姿が多く見られた。イライラしているせいか口調が強くなっていたり，必要以上に友だちのことが気になって言いすぎてしまったりすることもあったので，“引き続きお互いが楽しく過ごすには？”ということを子どもたちと一緒に考える機会を多くつくっていく。 • 友だち同士の結びつきが強くなり，イメージを伝え合えるようになったこと，さらに意欲的にあそぶようになったことでごっこ遊びが盛り上がっているように感じる。保育者が入りすぎないように全体を見守りながら，次の遊びへと発展するようなアイデア（ex. はさみでの製作，音楽を流す etc.）を提案し，自分が考える楽しさを味わうことができるようにしていく。			副担任🄼 • 連休にはさまれた3日間，また台風もあり気持ちの面で落ちつきがなく，子どもとの関わり方が，これで良かったのか…と思い返す場面が多い。子ども同士の関わりが増え，トラブルも目立つことがあるので，来週は少し落ちついて遊びの姿を広く見ていくようにしたい。 • ⒿⓈのトラブルもあるが，口調のきつい姿や「ダメ」と否定を強くしている様子も目立つ。お互いの気持ちを考えられるように間に入って解決していけるようにしたい。また，手が出る場合も考えて，特に室内の遊びでは，子どもが遊びに集中できるように中に入り関わりたい。 • 身支度で，順番を考え“どれからやれば早いかな？”と個々で進めている姿が見られる。身支度ではⓀの遅れが目立つので，🄾先生と話し合いながら本人のやらなきゃという気持ちが出てくるようにしていきたい。		

2　指導計画の作成の手順と実践・評価

さて，前述した指導計画はどのようにして作成されるのだろうか。例として明日の日案の書き方を考えてみよう。

今日の保育を終え，子どもたちが帰り，さて明日はどのような保育をしようとかと日案を考える時がきた。今日の続きが明日である。今日の子どもの姿を思い浮かべながら，どのように遊んでいたか，ねらいはどのように達成されたか，また，し残した（達成されなかった）ことは何か，明日はどのような遊びに発展するだろうかと考える。明日はこんな気持ちですごしたいな（ねらい）ということと，こんなことをしよう（内容）ということを明らかにしてから，ではそんな一日を暮らすためにはどんな環境設定（デザイン）をしたらよいだろうと考えよう。テーブルや椅子の位置は？本棚には何を？外では何をして遊んでたっけ？ 何を置いてあげたらもっと楽しくなるかしら？次に，子どもが遊ぶ様子をシミュレーションしてみて，こんな援助をしよう，こんなふうに素材を出そうと考えておく。このとき，方位磁石（教育課程）やルートマップ（長期の指導計画）を思い出して，この方向でいいのかな，足りないところはないかなと考えて見よう。もし，子どもたちの中からこの時期必要なことがまだ出ていないようだったら，保育者の方から提案してもいいのである。保育者から提案する，投げかける活動も必要である。しかし，あくまで，子どもが主体になるように，環境を用意することが重要である。

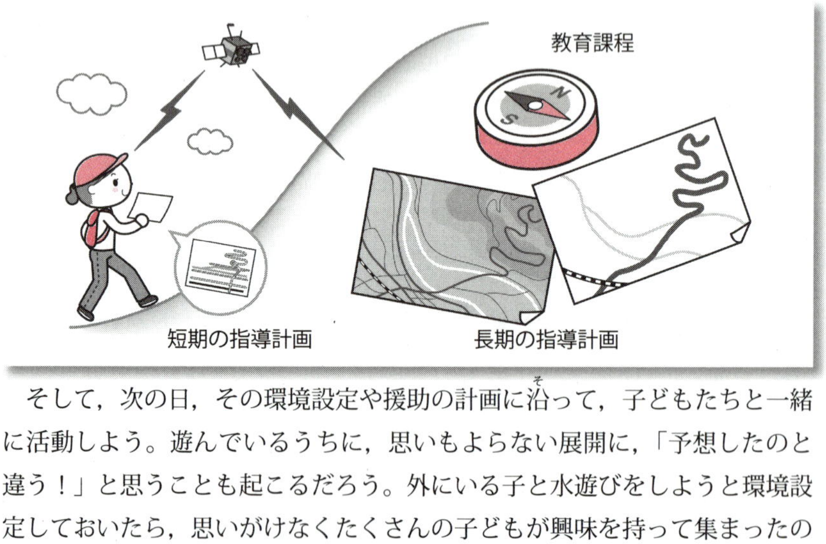

そして，次の日，その環境設定や援助の計画に沿（そ）って，子どもたちと一緒に活動しよう。遊んでいるうちに，思いもよらない展開に，「予想したのと違う！」と思うことも起こるだろう。外にいる子と水遊びをしようと環境設定しておいたら，思いがけなくたくさんの子どもが興味を持って集まったので，じょうろや水鉄砲が足りなくなったなどということもあるだろう。その時は，カップを持ってきて代用したり，急遽（きゅうきょ）テーブルを出して，色水コーナー

を追加したりするなど，その場に応じて環境の再構成をすることになる。指導計画はあくまで仮説であって，その通りにしなければならないというものではない。この計画に縛(しば)られてしまうと子どもの姿が見えなくなる。さらに，実践のさなかには，けんかをしてる子どもの仲裁(ちゅうさい)やあの子は何をしているのだろうと一人でいる子どもの観察をしたり，時計を見ながら計画を柔軟(じゅうなん)に伸ばしたり縮めたりと，保育者の頭や手足がフル回転して一日の保育が終わる。そして，そのフル回転の中で，この日案という仮説が実践の中でどのように修正されたのかというモニタリングも行っているのである。

つまり，指導計画の作成・実践は，今日の子どもの姿（発達する子どもの姿）を振り返って➡明日のねらい・内容を決める（年間・期などのねらいも見ながら）➡環境の構成➡シミュレーション（子どもの遊びの姿と援助の予想）➡実践（環境の再構成，援助，モニタリング）➡振り返り（アセスメント）という順序で進む。

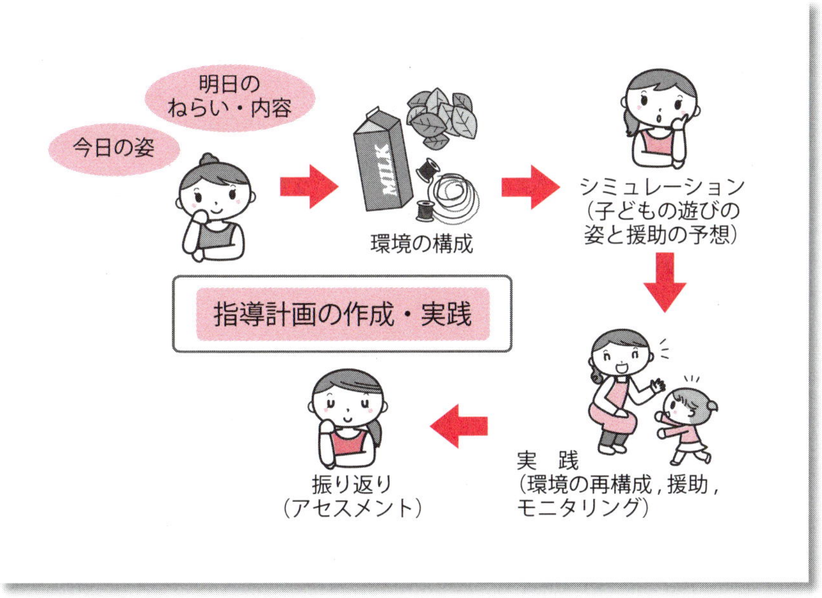

企業などでは Plan（計画）⇨ Do（実行）⇨ Check（評価）⇨ Action（行動）という言葉で表され，これが循環(じゅんかん)する（PDCA サイクル）ことにより，生産性を向上させていくと考えられている。例えば，工場などの生産を計画（プラン）し，プラン通りに行われたかのチェックがあり，プラン通りにいかなかったならば，どこが悪かったかの改良（アクション）をして，プラン通りに運ぶようにする。

企業ではあくまでプラン通りに遂行(すいこう)することが求められるが，保育・教育の世界では，同じ Plan であってもこの Plan どおりにすることが大事ではなく，プランはあくまで仮説であって，保育実践中の生きた子どもの実態に沿（そ）って，柔軟に修正，再構成されるものと考える。

よって，このサイクルは，保育・教育にあっては Do（実行）⇨ Check（評価）⇨ Action（行動）⇨ Plan（計画）と考えるべきである。

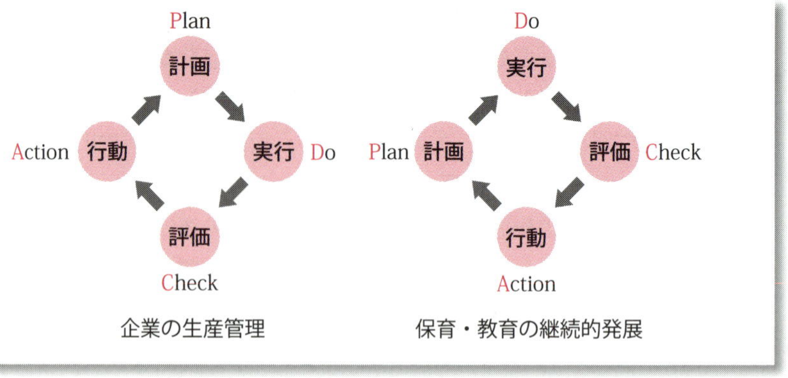

しかし，ここで重要なことはプランがあくまで仮説であっても，そのプランが子どもをよく見ずに適当に作られたものであったなら，そこから展開される Do，すなわち保育実践はその場しのぎであり，行き当たりばったりになるだろう。Do から始まるという意味は，企業の工場のように何が何でも Plan 通りに進めることがよいのではないという意味であり，子どもをよく見て，保育者のねらいも含めた指導計画 P を作っておくことは大事なことである。（このことについては，第 12 章の 2 p.152 を参照のこと。）

3 振り返り ／モニタリングとアセスメント／

1 日の保育が終わった後，むしろここからが大切であり，**振り返り**（反省と評価）をしなくてはならない。反省というと，「今日は手遊びの導入がうまくできなかった」とか，「○○ちゃんの気持ちがつかめなかった」などと保育者自身のできなかったことを書くことが多いように思うが，それはそれで自分の反省ノートでもつければよい。また気になる子どものことばかり書くこともあるが，それは子どもの個人記録に書けばよい。

ここでは，今日につながる明日の指導計画を書くために，指導計画自体を振り返る必要がある。ねらいや内容は，この時期の子どもたちの発達に即したものだっただろうか。長期の指導計画との整合性はあるだろうか。環境の構成は子どもの活動を誘発（ゆうはつ）し，活発化させただろうか。自分自身の援助は適切だっただろうか。このようにまず，自分の立てたねらいや内容，環境設定，援助の仕方を振り返り，よかったこと，うまくいかなかったこと，そしてそれはなぜなのかを考える必要がある。

次に，クラス全体の動きはどうだったろうか，クラス内の小グループの動きは？そろそろグループで何かまとまったことをしてもよい時期？などクラス全体の動きをダイナミックにとらえて書こう。そして最後に一人一人の個人記録をつけよう。その上で，明日の保育のために，次の日の指導計画を考えるのである。

このように指導計画は振り返りがあってこそ生きてくるものである。「今月の保育のねらい」を毎月のクラスだよりに書いて，おしまいにするのではない。ねらいというものは，そのプロセスにおいて，どのように達成されているのかをモニタリング（実践中に経過を捉えておく）して，活動後にはどのくらい達成されたかをアセスメント（振り返り）することが必要である。

日本語で反省と評価というと，とかく情緒的なうまくいかなかった「反省」，できた，できないの「評価」になるので，あえて，英語で，モニタリングとアセスメントという言葉を使ってみた。これがなければ計画もただ絵に描いた餅（もち）である。指導計画を生かして使い，余裕を持って，楽しい保育を展開したいものである。そして，この振り返りを書き入れた週案，日案を並べてみると，子どもたちが経験したことの足跡，つまり学びの軌跡（きせき）が見えてくるのである。

4　記録のとり方と評価（振り返り）についての新しい動向

評価（振り返り）については，第 12 章で述べるが，前述した週日案や日案，又は別にクラスの保育日誌をつけたりしてクラス全体のことを，また個人記録で子ども一人一人のことを振り返ることが多い。しかし，これらは，保育者がその人の視点で，保育後に思い出して書いたものである。いわば，保育者の一方的な思い出し記録による評価（振り返り）である。そのことから，昨今では，例えばレッジョ・エミリアの保育実践で見られるようなドキュメンテーションの手法が記録として用いられることもある。それは，保育中に，まさに子どもとの活動中に，写真，ビデオ，録音，筆記などによって記録を取ることである。それは，後から子どもも保育者も保護者も見ることができる。たとえば，写真を見ながら「この時はどう思っていたのか」，「この時は，傍で見ているだけだったけど，どうしてやってみようと思ったか」「ここは皆で何を話してたんだっけ？」など子どもの気持ちや意見も聞くことができる。保育者集団で見てみると，1 枚の写真でも保育者によって見方が違ったりして，解釈（かいしゃく）は幾通（いくとお）りもあることを思い知らされる。写真をいくつか時系列（じけいれつ）に並べてみると，子どもたちの成長が見えてきたりする。これこそまさに「学びの軌跡」が見えるといえよう。このドキュメンテーションという手法を使うことで，保育者だけでなく，子どもも保護者も子どもの育ちの振り返り（評価）に参加することができ，それぞれの立場からの多様な意見が聞けて，さらに学びが深まるのではないだろうか。

さらに，ポートフォリオという方法も最近紹介された。ポートフォリオというのは，「紙ばさみ」という意味である。たとえば一人一人のポケット式クリアファイルを用意して，この中にその子どもの書いたものや，つぶやいた言葉をメモしたもの，保護者からの手紙，活動中の写真などを入れていく。これも，子ども自身，保護者，保育者が参加しての子どもの成長を振り返ることができる。たとえば，この時期には一人でブロックで遊んでいたのに，このころから○○ちゃんと頻繁に遊ぶようになったとか，鏡文字を書いていたのに，このあたりから変わってきたなど３者が共有して，子どもの成長を捉えることができる。

これらの記録のとり方は，従来のように保育者一人の視点で評価（振り返り）をするのではなく，子どもも保護者も参加しての「子どもの学びの軌跡」を捉えるのに役立つだろう。

さらに昨今では，子どもの評価については，「ラーニングストーリー」の手法も紹介されている（大宮，2010)。子どもの評価を「○○ができる，できない」といったチェック項目で捉えるのではなく，「子どもが何かを真剣にやっている」ところを「子どもの視点でみる」ことによって得られる学びのプロセスそのものを捉えていく手法である。

指導計画は，計画と実践と振り返りのサイクルの中で考えられるものである。よって，その振り返りの手法も最新の知見を得て，常に改善していくことが望まれる。

（松村）

第10章 全体的な計画（保育課程）を編成し，指導計画を作成する

1　全体的な計画（保育課程）（0歳児～2歳児）を作成する

全体的な計画（保育課程）とは，園全体の理念，方針，目標を示したものである。

D保育園では，園としての全体的な計画（保育課程）（p.50）をもとにして0歳児から2歳児の保育課程をつくってきている（p.124参照）。

第1部第4章 p.46～，第7章 p.83～を参考にして作成していく。

はじめに，年齢ごとに保育の目標を検討（けんとう）して記述する。次に，発達過程に対応する保育の内容をまとめていく。保育の内容については，生命の保持，情緒（じょうちょ）の安定，健康，人間関係，環境，言葉，表現を踏（ふ）まえて表現している。

食育，保健，安全対策・事故防止，保護者・地域などへの支援，研修の各項目ごとに整理している。

0歳児～2歳児の全体的な計画（保育課程）

子どもの保育の目標	
0歳児	母から生まれた小さな命。自らが持っている生きようとする力を保育者の見守りと成長の手助けの中で引き出し，人との信頼関係の芽生えを育み保護者とともに育て合うことを大切にする。
1歳児	人，物，自然，空間等の新しい発見をし，見たり，聞いた,、触ったりと全てのものに興味を持つ子ども達を保育者はゆったりと見守り，一人一人に寄り添い，自分でやってみようとする気持ちや自分はこうしたいという気持ちを引き出し，その気持ちを大切に育てる。
2歳児	仲間との生活の中でおこる気持ちのぶつかり合いを通して相手にも同じ思いがあることや，友達とのかかわり方がわかるようその子自身の存在を認め，一人一人丁寧に寄り添う。また，基本的な生活習慣の土台を築き，生きる力を大切に育てる。

子どもの保育の内容
（＊保育士の援助の中に，一人一人の子どもに合わせた養護的関わりと教育的意図をもった働きかけが同時に存在している。）

発達過程		0歳児	1歳児	2歳児
養護	生命の保持 情緒の安定	• 快適な環境のもと家庭と連携をとりながら，一人一人の生活リズムを整え心身ともに安定してすごす。 • 子ども一人一人の欲求を満たし情緒の安定を図っていく。 • 安全な環境の中で一人一人の成長に合った遊びを通して全身運動を行うことで感覚の働きを豊かにする。 • 保育者との関わりを基盤として人との信頼関係が芽ばえる。 • 保育者の話しかけ等から発語が促されたり声を出し応えようとしたりする。 • 土や水などの素材に触れ全身で感触を楽しみ感性を育む。	• 快適な環境のもと家庭と連携をとりながら，一人一人の生活リズムを整え心身ともに安定してすごす。 • 身の回りの簡単なことを自分でしようとする気持ちが芽生える。 • 子ども一人一人の欲求を受け止め情緒の安定を図り，受け止めてもらえる心地よさを知る。 • 安全な環境の中で手指や全身を伸び伸びと動かし一人一人の成長に合ったいろいろな遊びを楽しむ。 • 保育者との関わりを基盤として人との信頼関係を築いていく。 • 保育者や友達に関心を持ち真似をしたりして自ら関わろうとする。 • 日常の話かけややりとり、言葉を使った遊びの中で言葉や動作で気持ちを表そうとする。 • 身の回りの物に対する興味や好奇心を持ち，見る，聞く，触れることによって感性を豊かにする。	• 快適な環境のもと家庭と連携をとりながら一人一人の生活リズムを整え心身ともに安定してすごす。 • 安心できる保育者との関係のもとで，食事，排泄，着脱など自分でしようとする気持ちが芽生え大人に援助してもらいながら，自分でできたことに喜びを感じる。 • 個々の気持ちを受容し共感しながら信頼関係を築き受け止めてもらえる心地よさを知る。 • 友達と一緒にいる喜びを味わい生活や遊びの中に順番を待つなどの生活のルールがあることを知る。 • 安全な環境の中で手指や全身を伸び伸びと動かし，一人一人の成長に合ったいろいろな遊びを楽しむ。 • いろいろな遊びに興味を示し自分で考え，工夫してやってみようとする気持ちを見守り大切に育てる。 • 生活や遊びの中で簡単な言葉でのやり取りを楽しんだり，自分の気持ちを言葉で表そうとする。 • 身の回りの物に対する興味や好奇心を持ち見る，聞く，触れることによって感性を豊かにする。 • 保育者や友達と遊ぶ中で面白いと思ったものを模倣したり自分なりのイメージをふくらませ楽しんで遊ぶ。
教育	健康 人間関係 環境 言葉 表現			
食育		子どもの成長に合わせた授乳や子どものペースに合わせた離乳を進めスムーズな乳児食への移行を助け食べることへの意欲を育てる。	こぼしながらも手づかみ，スプーンやフォークで自分で食べようとする意欲や食べることの喜びを感じられるよう援助する。	友達と一緒に楽しんで意欲的に食べる気持ちを育て，食前食後の挨拶をしたり最後まで椅子に座って食べるというような食事のマナーを身につける。
		子どもの「食」に対しての興味が保護者の関心につながり，保護者が「食」に対しての積極的な関わり方をしていくようになることをねらいとする。		
保健		月１回の発育測定　日常の視診（健康，発達状態，心身の状態，養育状況などの把握）　年２回内科，歯科検診　年１回ぎょうちゅう検査 ０歳児担当職員，調理担当職員の毎月の検便　施設内外の設備、用具などの清掃及び消毒 感染予防に対しての環境，衛生管理及び保護者への連絡など		
安全対策・事故防止		施設内外の設備，用具，遊具などの安全管理，自主点検（月１回） 毎月の避難訓練（火災，地震，消火訓練，防犯訓練年２回　通報を含めた総合訓練年２回） 消防点検年２回		
保護者、地域などへの支援		園だより　各ルームごとによる通信の発行　食育通信　保健だより　懇談会　卒園児集う会 保護者参加の行事へのお誘い 相談事業・子育て情報誌　実習生，職場体験，ボランティアの受け入れ		
研修		国内，外の研修		

D保育園

2　全体的な計画（保育課程）の具体化＝指導計画の作成

ここでは，指導計画を作成する（0 歳児から 2 歳児）ために，ポイントとなることを整理しておく。第 1 部 理論編の該当（がいとう）箇所を参照しながら，指導計画の作成について説明しておく。

1　0 歳児～2 歳児，指導計画の作成に向けて

● 0 歳児の指導計画作成のポイント

0 歳児は，一人一人の状態や月齢により発達の差が著しい。食事，排泄，睡眠などの生理的欲求も違う。生活リズムの安定をめざして，家庭との連携にも意識的に取り組めるようにする。個々の発達をおさえた個人別の指導計画が必要になる。そして，一日の流れをおさえた計画（日課・デイリープログラム）も作成していく。月齢による違いに応じた計画を立案するようにしたい。健康，安全面での配慮も必要である。

☞第 1 部第 7 章　p.83 ～ 94

● 1 歳児の指導計画作成のポイント

1 歳児は，0 歳児と同様に，一人一人の個人差があるが，園生活に慣れるにしたがい，生活リズムは徐々に安定していく。この点を踏まえ，1 歳児の発達過程をおさえた指導計画を作成していく。歩行の完成，言葉の獲得，手を使うことなど，運動面や精神面の発達に応じた保育を展開できるようにしたい。子ども一人一人の願いや要求は，すぐにはつかみにくい面があるが，楽しく遊びや経験を広げるために，指導計画には具体性が必要である。

☞第 1 部第 7 章　p.83 ～ 94

● 2 歳児の指導計画作成のポイント

2 歳児期の発達過程をおさえて指導計画を作成していく。一年間の全体を見通しながら，2 歳児期後半への目標，ねらいを明確にしながら検討していきたい。運動機能の発達，言葉を使うよろこび，自己主張をすることなどの特徴を踏まえていきたい。遊びや生活の中で，友達との関係を広げていくこと，基本的生活習慣の自立にむけた目標についても記述しておきたい。

☞第 1 部第 7 章　p.83 ～ 94

2　年，月，週，日課などの指導計画（0 歳児～2 歳児）

0 歳児から 2 歳児の場合，作成のポイントをおさえながら，年，月，週，日課などの指導計画がつくられていく。

■ 年間保育計画例（０歳児　Ｆ保育園）（p.126，127）

Ｆ保育園０歳児の年間指導計画では，年間目標を５点もち，期ごとのねらいを示した。領域ごとに，ねらいを示し，配慮すべき点を具体化している。

2010 年度　　年間保育計画（　海　）組　　担　当（　　　　）

					配慮点
年間目標	• よく食べ，よく眠り，健康に過ごす。 • 笑ったり，泣いたり，怒ったり，自分の要求や欲求をあらわす。 • うつぶせ，寝返り，バイバイ，つかまり立ちをしっかり行い，丈夫な体を作る。 • 大人との安定した関わりの中で安心して過ごす。 • 家庭との信頼関係を築く。				• 家庭と連携し，24 時間の生活リズムを安定させ，個々のリズムに配慮しながら無理なく過ごせるようにする。 • 子どもの気持ちに寄り添い，状況にあった言葉かけをしていく。 • 赤ちゃん体操をしっかり行い，広い場所で体を積極的に動かす。 • 関わる大人をできるだけ固定し，安定した関係を築く。 • 子どもの様子を丁寧に伝え，保護者の思いを受け止め，寄り添っていく。 • 産休明け児が落ち着いて過ごせるように配慮する。
	1期	2期	3期	4期	
期のねらい	• 新しい環境に慣れる。 • 健康に過ごす。 • 家庭との信頼関係を築く。	• 水あそびを楽しむ。 • 沐浴をして気持ちよく過ごす。	• 外あそびで体をたくさん動かす。 • 秋の自然に親しむ。 • 体調に留意して過ごす。	• 大人とまねっこあそびを楽しむ。 • 室内で体を動かして遊ぶ。 • 体調に留意して過ごす。	配慮点
健康	• 離乳食になれる。 • 生活リズムを整える。 • 清潔に気持ちよく過ごす。 • 薄着で過ごす。 • 外気浴をする。 • 赤ちゃん体操をする。 • 一定時間眠る。	• 沐浴をする。 • 清潔に気持ちよく過ごす。 • 薄着で過ごす。 • 外気浴をする。 • 赤ちゃん体操をする。 • 一定時間眠る。	• 体調に留意して過ごす。 • 清潔に気持ちよく過ごす。 • 薄着で過ごす。 • 外気浴をする。 • 赤ちゃん体操をする。 • 一定時間眠る。	• 体調に留意して過ごす。 • 清潔に気持ちよく過ごす。 • 薄着で過ごす。 • 外気浴をする。 • 一定時間眠る。	• 家庭と連携して無理のないように離乳食を進めていく。 • 家庭との連携を密にして落ち着いて眠れるようにする。 • 便・湿疹・体調の変化に十分注意する。 • 適時オムツ交換をする。 • 乾燥，湿疹など肌のトラブルに注意する。 • 体調・気候により衣類の調節をする。 • 眠る場所を一定にし，安心して眠れるようにする。
環境	• 新しい環境に慣れる。 • 一人あそびを十分に楽しむ。 • 体をたくさん動かして遊ぶ。	• 水あそびを楽しむ。 • 一人あそびを十分に楽しむ。 • 体をたくさん動かして遊ぶ。	• 外あそびを十分にする。 • 秋の自然に親しむ。 • 一人遊びを十分に楽しむ。 • 体をたくさん動かして遊ぶ。	• 大人とまねっこあそびを楽しむ。 • 一人あそびを十分に楽しむ。 • 体をたくさん動かして遊ぶ。 • 大人や友達と関わって遊びを広げていく。	• 一人ひとりが遊びこめるよう環境設定に配慮する。 • つまずき・転倒などのケガに気をつける。 • 大人がまねっこのモデルを豊かに表現する。 • 押したり，噛んだり等の行動は未然に防ぐようにし，いけないことを伝えていく。
表現	• わらべうたを楽しむ。 • 大人のまねをして楽しむ。	• わらべうたを楽しむ。 • 大人のまねをして楽しむ。	• わらべうたを楽しむ。 • 大人のまねをして楽しむ。 • なぐり描きを経験する。	• わらべうたを楽しむ。 • 大人のまねをして楽しむ。 • なぐり描きを経験する。 • リズムあそびを楽しむ。	〈わらべうた〉 • はじめは直接子どもの身体に触れず，人形や布を使い，見せて，うたっていく。 • 子どもたちのあそびの中に自然に入れていく。 〈なぐり描き〉 • 紙の大きさに留意し，しっかり固定する。 • 一人ひとりが自由に描けるよう配慮する。
言語	• 絵本（絵カード）を楽しむ。	• 絵本（絵カード）を楽しむ。	• 絵本（絵カード）を楽しむ。	• 絵本（絵カード）を楽しむ。 • 短い紙芝居を楽しむ。	• 一人一人への言葉かけを大切にしていく。 • 気持ちに沿った言葉かけをしていく。 • 子どもが発した声や言葉を受け止めて言葉で返していく。
人間関係	• 新しい大人に慣れる。 • 大人と安定した関係を築き，安心して過ごす。	• 大人との安定した関係を土台にお友だちへの関心を持つ。	• 大人との安定した関係を土台にお友だちへ関心を広げていく。	• 大人との安定した関係を土台にお友だちへの関心を強めていく。	• できるだけ関わる大人を固定する。 • お友だちへ関心が向くように働きかける。 • 大人と１対１のあそびからお友だちとも遊ぶ機会を多くもつ。
クラス運営 家庭の配慮	• 家庭との信頼関係を築く。 • 家庭と連携して生活リズムを整える。 • 保護者会，家庭訪問，面談で子どもたちの様子を伝えていく。	• 家庭との信頼関係を築く。 • 家庭と連携して生活リズムを整える。	• 家庭との信頼関係を築く。 • 家庭と連携して生活リズムを整える。 • 保護者会で子どもたちの様子を伝えていく。	• 家庭との信頼関係を築く。 • 家庭と連携して生活リズムを整える。 • 保護者会で子どもたちの様子を伝えていく。	• 子どもの様子を丁寧に伝えていく。 • 保護者の話を丁寧に聞き，思いを受けとめ寄り添っていく。

F 保育園の年間指導計画（0 歳児）では，遊びを期ごとに示している。遊具，遊び（ごっこ），全身運動，指先，わらべうた，描画，絵本など具体的に書かれている。

	1 期	2 期	3 期	4 期
遊具	•つるし遊具　•握り玩具　•カラカラ　•歯がため　•ホース　•起き上がりこぼし　•オルゴール　•薄布　•つまみ玩具　•重ねコップ　•小型自動車　•ミルク缶　•缶落とし　•穴落とし　•布ボール　•絵　•カード　•棒ビーズ	1 期に加えて •おままごと　•スカート　•エプロン　•手提げかばん　•Ｂブロック	2 期に加えて •型はめパズル　•型落とし　•マジック　•画用紙	3 期に加えて •小麦粉粘土
遊び（ごっこ）	•おままごと　•おでかけごっこ　•お買い物ごっこ　•砂あそび		•おおかみごっこ　•かくれんぼ　•追いかけあそび	
全身運動	•すべり台　•ボールプール　•カラーボール　•赤ちゃん体操	•水あそび　•ボールプール　•すべり台　•八つ車　•赤ちゃん体操	•ボールプール　•八つ車　•すべり台　•キングブロック　•赤ちゃん体操	•ボールプール　•すべり台　•八つ車　•キングブロック　•エバーマット
指先	•つまみ玩具　•重ねコップ　•穴落とし　•ストロー落とし　•握り玩具	1 期と同じ	2 期に加えて •型はめパズル　•型落とし	
わらべうた	•ジージーバー　•ちゅっちゅっこっこ　•にぎりぱっちり　•ぎっちょ　•ねんねこせ　•ココハトーチヤン　•トーキョート　•あめこんこん　•おちょうず　•トッチンカツチン　•うえからしたから　•オフネガ　•うまはとしとし	•ポーズ　•ささにたんざく　•ももや　•このこどこのこ　•いっちくたっちく　•どんぶかっか	•せんべせんべ　•おつきさん　•かれっこやいて　•ぎっこばっこ　•こっちのたんぽ	•カクカクカクレンボ
描画	•足型スタンプ　•手型スタンプ	•足型スタンプ　•手型スタンプ	•足型スタンプ　•手型スタンプ　•なぐり描き　•スタンピング	•足型スタンプ　•手型スタンプ　•なぐり描き　•スタンピング　•シール貼り
絵本	•いないいないばあ　•絵カード	•絵カード　•いないいないばあ　•のせてのせて　•おつきさまこんばんは	•絵カード　•いないいないばあ　•のせてのせて　•おつきさまこんばんは	•絵カード　•ノンタンシリーズ　•いないいないばあ　•簡単な紙芝居　•のせてのせて　•おつきさまこんばんは
その他				

月ごとの指導計画例（0歳児　G保育園）

0歳児の場合，1か月の保育で，重視する内容を明確にしている。

健康（食事，睡眠，排泄，健康），環境・遊び，人間関係・言語，表現（音楽・描画）の項目を設定し，目標と留意点を示している。評価欄は，職員会議を経て記録していく。

2010年11月　　0歳　　　（月案）

		目　標	留意点	評　価
全　体		●天気の良い日は戸外に出て，秋の自然に親しんで遊ぶ。 ●大人と一緒に簡単なまねっこ遊びを楽しむ。	●子どもの体調に気をつけて無理のないようにすごす。	●11月は天気に恵まれ，戸外で遊ぶことがたくさんできた。周辺散歩だけでなく，西久保公園や横山公園など散歩にも行き，どんぐり拾いや落ち葉かけなど自然に親しんで遊ぶことができた。12月も室内だけでなく，天気の良い日は戸外で遊ぶようにしていく。
健康	食　事	●手づかみ食べやスプーンで食べる練習をしていく。 ●大きい子はスプーンをしっかり持って食べる。 ●食事の前後に大人と一緒に挨拶をする。 ●小さい子は口を大きくあけ，よく噛んで食べる。	●個々に応じて無理なくすすめる。	●ほとんどの子がスプーンを持ち続けられるよになり，自分ですくおうとするようになった。（さなこ以外）また，月齢の大きい子は自分ですくって口に運べるようになってきた。月齢の小さい子も手に持って食べる姿がでてきた。引き続き自分で食べられるよう大人が促していく。
	睡　眠 排　泄 健　康	●一定時間，安定して眠る ●体調に留意して健康にすごす。 ●薄着ですごす。	●床暖房を入れたので，床で眠っている子は床暖のないサンルームで眠るようにする。 ●手洗い，水分補給をきちんと行う。	●さなこ以外は，ほぼ食後の1回寝になり，まとめて眠れるようになった。 ●寒くなり，鼻水，咳はどの子もひどいが，熱をだしたりすることは少なかった。引き続き風邪などに注意し，手洗い，水分補給とこまめに行っていく。
環　境 遊　び		●天気の良い日は戸外に出て秋の自然に親しんで遊ぶ。 ●大人と一緒に簡単まねっこ遊びを楽しむ。 ●大きい子は，大人と手をつないで歩く経験をしていく。	●体調が悪そうな時は，無理せず室内ですごす。 ●大人が簡単な模倣をしてみせる。	●暖かい日が多く，お庭や公園など戸外でたくさん遊ぶことができ，どんぐりや落ち葉，木の実など秋の自然に親しんで遊んだ。子ども達が外が大好きになり，大きい子は大人と手をつないで歩く経験もできた。室内でもおままごとなどまねっこ遊びを大人が間に入りながら楽しんだ。
人間関係 言　語		●要求を身振りや手振りで伝えようとする。 ●大人との関係を土台に友達にも関心をもつ。	●子どものまなざしに丁寧に応える。 ●友達にも関心が広がるよう，大人が促していく。	●月齢の大きい子は「イヤ」「カシテ」など言葉らしいものができた。月齢の小さい子も身振り手振りで気持ちを伝えようとする。また，「〜しようね」などの大人の言葉がけをだいぶわかるようになってきた。引き続き，子ども達のまなざしに応えながら子ども達にわかりやすい言葉がけをしていく。
表　現 （音楽・描画）		●わらべ歌を楽しむ。 ●いろいろな素材に触れて楽しむ。 （絵の具，なぐり描き，小麦粉粘土）	●子どもが興味をもてるように働きかける。	●わらべうたは聞いているだけでなく，大人のマネをしたり，仕草で歌いたい歌を要求するようになった。子ども達が楽しめるよう，引き続き季節の歌を歌っていく。 ●外遊びが多く，小麦粉粘土はできなかったが，絵の具やなぐり描きは経験できた。はじめてのことも興味をもって取り組んでいた。

日課例（0歳児　H保育園　月齢別の生活，睡眠を中心に）

0歳児は，月齢により配慮（はいりょ）しなければならないことがある。そして，一日をどのように過ごすかについても詳細な計画が必要になる。月齢ごとの日課や留意点，家庭と連携が示されている。

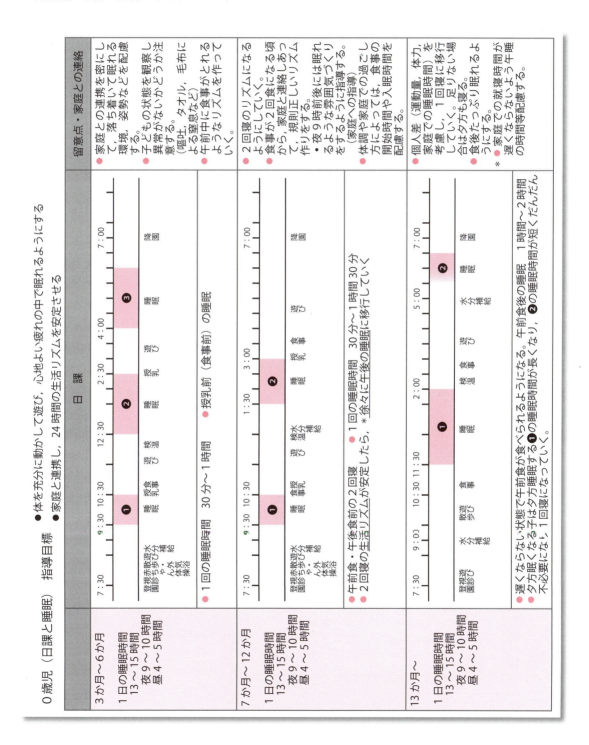

0歳児（日課と睡眠）　指導目標
- ●体を充分に動かして遊び，心地よい疲れの中で眠れるようにする
- ●家庭と連携し，24時間の生活リズムを安定させる

	日　課	留意点・家庭との連絡
3か月～6か月 1日の睡眠時間 13～15時間 夜9～10時間 昼4～5時間	7:30 登園 視診 赤ちゃん体操 散歩・外気浴 遊び 水分補給／9:30 ❶睡眠／10:30 授乳 食事 遊び 検温／12:30 ❷睡眠／2:30 授乳 遊び／4:00 ❸睡眠／7:00 降園 ● 1回の睡眠時間　30分～1時間　●授乳前（食事前）の睡眠	●家庭との連携を密にして，落ち着いて眠れる環境，姿勢などを配慮する。 ●子どもの状態を観察し異常がないかどうか注意する。（嘔吐，タオル，毛布による窒息など） ●午前中に食事がとれるようなリズムを作っていく。
7か月～12か月 1日の睡眠時間 13～15時間 夜9～10時間 昼4～5時間	7:30 登園 視診 赤ちゃん体操 散歩・外気浴 遊び 水分補給／9:30 ❶睡眠／10:30 授乳 食事 遊び 検温 水分補給／1:30 ❷睡眠 授乳 食事／3:00 遊び／7:00 降園 ●午前食・午後食前の2回寝　● 1回の睡眠時間　30分～1時間30分 ● 2回寝の生活リズムが安定したら，＊徐々に午後の睡眠に移行していく	● 2回寝のリズムになるようにしていく。 ●食事が2回食になる頃から，家庭と連絡しあって，規則正しいリズム作りをする。 ・夜9時前後には眠れるような雰囲気づくりをするように指導する。（家庭への指導） ●体調や家庭での過ごし方によっては，食事の開始時間や入眠時間を配慮する。
13か月～ 1日の睡眠時間 13～15時間 夜9～10時間 昼4～5時間	7:30 登園 視診 遊び／9:00 水分補給／10:30 散歩 遊び 食事／11:30 ❶睡眠／2:00 検温 食事 遊び／5:00 水分補給 ❷睡眠／7:00 降園 ●遅くならない状態で午前食が食べられるようになる。午前食後の睡眠　1時間～2時間 ●夕方眠くなる子は夕方睡眠する❶の睡眠時間が長くなり，❷の睡眠時間が短くだんだん不必要になり，1回寝になっていく。	●個人差（運動量，体力，家庭での睡眠時間）を考慮し，1回寝に移行していく。足りない場合は夕方も寝る。 ●食後たっぷり眠れるようにする。 ＊●家庭での就寝時間が遅くならないよう午睡の時間等配慮する。

■２歳児の指導計画例（Ｊ保育園　月の指導計画，週の指導計画）

●個人別月の指導計画例（２歳児　Ｊ保育園）

２歳児では，必要に応じて個人別の指導計画を作成している。

個人別指導計画例では，育てたいこと，配慮を細かく検討する。実践の振り返りとして，まとめ欄を設けている。

２歳児　（　空　）ルームの月案　個人の月案　（　10　）月

クラスの計画				
今月の歌・手遊び・絵本	《うた》 動物園へ行こう どんぐりころころ 《手遊び》 焼きいも グーチーパー 《絵本》 どうぞのいす だれかしら	月のねらい	• 自分から「トイレに行く」と保育者に伝え，手伝ってもらいながら，トイレで排泄する。 • 自分から着脱してみたり，身の回りの事をやってみようとする。 • ごっこ遊びを通して，友達と一緒に遊ぶ楽しさを知る。	
生活	• 鼻水が出たら保育者に出たことを伝えたり，自分でティッシュを取って拭こうとする。 • 身の回りのことを自分でやりとげようとする。	行事	6日（木）発育測定　25(火)造形あそび 13日（木）お店屋さんごっこ　27日（木）誕生会 17日（月）～21日（金）個人面談 19日（水）冨士屋さんへお買い物 20日（木）防犯訓練	
あそび	• 「お店屋さんごっこ」のごっこ遊びで友達の言葉のやりとりを楽しむ。 • しっぽとりゲームやかくれんぼ，鬼ごっこなど，簡単なルールのある遊びを楽しむ。	健康・安全・食育	《健康》 袖まくりをしてから手を洗い，うがいを自分からできるようになる。 《食育》 食事前や外から室内に入る時，うがいや手洗いを自分で気づいてしようとする。	

保護者支援 家庭との連携	評価・反省
• 個人面談の時に子どもの様子を伝え合う。 • 気温の変化に応じ，調節しやすい衣服を用意してもらうように伝えていく。 • 保育士体験 お店屋さんごっこ 誕生会	

名前	保育内容	育てたいこと	配慮	まとめ	
○野○子 H23年10月1日入園 生年月日 20年4月5日 3歳5か月	養護・教育	• 新しい環境や新しい保育者に慣れ，安心して過ごす。 • 友達や保育者と関わる中で，親しみを持ち名前を覚えていく。	• 気持ちを受け止めながら本児に合わせたリズムで無理せず，園生活になじめるよう配慮していく。 • 安心できる環境をつくる。興味をもち楽しく遊べるものを用意する。	全身運動	
				手・指	
				自我 感情 社会性	
				言語	
				認識	
				食事 排泄 睡眠	
				身辺自立	

2歳児　　（　空　）ルームの月案　個人の月案　　（　10　）月

名　前			育てたいこと	配　慮	まとめ	
○山○夫 H21 年 4 月 1 日 入園 生年月日 20 年 10 月 1 日 3 歳 0 か月	保育内容	養護・教育	• 自分の好きな遊びなどを通して友達と関わり，相手との折り合いをつける力や，それぞれの場面に必要な言葉を身につける。 • 衣服の着脱，脱いだ服をたたみ，汚れた物袋に入れられるようになる。	• 友達と関わりが持てるよう仲立ちし，会話を楽しむ中で言葉が身につくよう，保育者が伝えていく。 • 他児と一緒に着替えをしたりして，やってみようかな…という気持ちを引き出すようにする。 • 母の体調があまりよくないようなので，連絡ノート，母のことば，本児の様子を注意してみていく。	全身運動 手・指 自我 感情 社会性 言語 認識 食事 排泄 睡眠 身辺自立	

名　前			育てたいこと	配　慮	まとめ	
○川○子 H22 年 4 月 1 日 入園 生年月日 20 年 12 月 30 日 2 歳 10 か月	保育内容	養護・教育	• 生活体験を通して，いろいろなごっこ遊びを楽しむ。 • 食事前や，外から室内に入る時，うがいや手洗いを自分で気づいてしようとする。	• ごっこ遊びの中で，言葉のやりとりや遊びの広がりが出るよう，環境を整えたり，様子をみて，言葉をかけ見守っていく。 • 食事前，室内に入る時，何をしなければいけないのか，くり返し声かけをする。	全身運動 手・指 自我 感情 社会性 言語 認識 食事 排泄 睡眠 身辺自立	

名　前			育てたいこと	配　慮	まとめ	
○岡○雄 H23 年 4 月 1 日 入園 生年月日 21 年 3 月 20 日 2 歳 6 か月	保育内容	養護・教育	• 自分の気持ちを表現したり，受け止めてもらいながら安心してすごす。 • 保育者や友達との会話を楽しむ。 • 興味のある遊びを楽しむ。	• 母から認められている，受けとめられているという経験が少ないので，甘えたいという気持ちを受け止め認めてあげる。特に食事の時は，となりに座り，会話を楽しみながら食べる。 • 表現力や想像が豊かなので，友達や保育者との会話を楽しんだり，保育者と一緒にお話を作ったりして楽しむ。また，自信を持たせるため，手先が器用という良い面を発揮できるような遊びを提供する。	全身運動 手・指 自我 感情 社会性 言語 認識 食事 排泄 睡眠 身辺自立	

●週の指導計画例（2歳児　J保育園）

その月のねがいを確認し，1週ごとに主な活動，ねらい，配慮を記入しておく。事情により内容を変更することもあるので，→で示している。（近藤）

平成23年10月　　　　週　案　　　　（ 空 ）ルーム

ねがい	週		月	火	水	木	金	土
●自分から「トイレに行く」と保育者に伝え，手伝ってもらいながらトイレで排泄する。	第1週	主な活動	3 外あそび	4 お散歩	5 外あそび	6 発育測定	7 外あそび	8
		ねらい	保育者や友達とごっこ遊びを楽しむ	まわりのけしきや草花に目を向け興味をもつ	身体を動かして遊ぶ（鬼ごっこ，しっぽとり）	大きくなった喜びを皆で一緒に味わう	秋の自然にふれて遊ぶ	
		配慮	•おままごとやレストランごっこがすぐできるようにお皿，お茶わん，コップを準備しておく。	•季節の自然物（秋の草花や虫）に目がいくように散歩中に声をかける。	•最初は大人が鬼になり，くり返すうちに子どもと交代する。 •ぶつかったり，ころんだり危険のないよう広いスペースで遊ぶ。	•脱いだ服を各自いすの上に置くことをはじめてするので，わかりやすいように子ども達に説明する。	•園庭の植え込みの中から聞こえる虫の声に耳をかたむけるような声がけをしたり虫さがしに誘ったりする。	
●自分から着がえたり身のまわりの事をやってみようとする。 ●ごっこ遊びを通し友達と一緒に遊ぶ楽しさを知る。	第2週	主な活動	10 体育の日	11 外あそび	12 外あそび	13 お店屋さんごっこ	14 外あそび	15 空ルーム会議
		ねらい		ゆったりとした中で無理なくすごす	保育者や友達とのやりとりを楽しむ	保育者や友達，他ルームの友達と言葉のやりとりを楽しむ	固定遊具で遊ぶ	
		配慮		•連休明けなのでゆったりすごすようにする。 •朝夕の気温差が大きくなるので衣服の調節をする。	•翌日のお店やさんごっこが楽しみになるように，砂遊び落ち葉などで「いらっしゃいませ」「これください」などのやりとりをして遊べるようにする。	•言葉がでない子は保育者が代弁したり簡単な言葉「ください」などを伝え，自分の気持ちを身振りでもよいので伝えられるよう援助し少しでもできたらほめる。	•「遠足にいった」という設定にし，汽車は電車またはバス，すべり台は山，シーソーはあぶない岩場，砂場は湖，芝生でお弁当…など皆でみたて遊びを楽しむ。	
	第3週	主な活動	17 個人面談 ……… 外あそび	18 ……… お散歩	19 ……… 冨士屋さんへおかいもの	20 ……… 防犯訓練	21 ………→ 外あそび	22
		ねらい	砂場でお店屋さんごっこを楽しむ	秋の自然にふれる	お店やさんごっこを思い出し実際に買い物することを楽しむ	保育者の指示をよく聞いて行動する	固定遊具で遊ぶ	
		配慮	•遊びが広がるように，葉っぱ，小枝など，子どもが探せるところにあるかどうか確認をしておく。	•落ち葉や秋の草花（できればススキなど）にふれる機会をつくり，秋がくるとだんだん涼しく，寒くなっていくことを伝える。	•お店やさんごっこの経験を活かし「○○ください」「ありがとう」を言えるように促す。	•訓練の意味と大切さを子ども達に伝える。 •子ども達を安全に素早く避難させるために保育者間の連携をしっかりとる。	•14日と同じみたて遊びをする。14日の様子をみて遊びに広がりがもてるような工夫をする。	
	第4週	主な活動	24 外あそび	25 造形あそび（ごちそうバイキング）	26 縦割保育	27 誕生会	28 外あそび	29
		ねらい	保育者が仲立ちとなり友達とのやりとりを楽しむ	お店やさんごっこの日のバイキングを再現して遊ぶ	グループにわかれて小さい子と一緒に遊ぶ	お友達の誕生日を皆で楽しくお祝いする	ゆったりとした中で無理なくすごす	
		配慮	•大人のかかわり方には，十分配慮する。（先取りした代弁，結果を先に言わないなど）	•子ども達が十分に楽しめるように材料を多めに準備しておく。 •のりを使うので量を教えること。多くとってしまったら量を減らすやり方を伝える。	•グループ毎の活動になるため，けがのないよう注意する。	•時々いすから立ち上がり前にでてしまうことがあるので，ルームで子ども達に約束事を伝えてから参加する。 •楽しい雰囲気の中で参加し，お祝いできるよう働きかける。	•週末の疲れもあるのでゆったりとすごせるようにする。 •気温の変化に応じて衣服の調節をする。	
誕生児 13日，22日	第5週	主な活動	30 外あそび					
		ねらい	大人が仲立ちとなり友達とのやりとりを楽しむ（鬼ごっこ，しっぽとり）					
		配慮	•大人も一緒に鬼ごっこやしっぽとりを楽しみながら，鬼を交代する時などのやりとりを知らせていく。					

第3部　実践・評価

第11章

指導計画の実践

1　指導計画を実践する

ここでは，指導計画を実践する場面について考えていこう。保育実践とのかかわりが深いのは，週，日などの短期的な指導計画である。そこで本章では，短期的な指導計画を中心として保育実践との関係を考察していく。

短期的な指導計画はその日またはその週に保育者が円滑（えんかつ）に保育を進める上で欠かせない。また，ねらいを具体的にして保育者がどのように支援すべきかを保育者の動きとして行動レベルで吟味（ぎんみ）することもできる。一方で，子どもの育ちを視野を広く捉える視点も必要である。子どもが教育課程や全体的な計画に照らしたときどのような様相にあるのかを捉えた上で，「今」の乳幼児にどのようなねらいをたて，どのような支援が必要であるかと考えるのである。短期的な指導計画はそれ自体が単独で存在するのではなく，教育課程や全体的な計画（保育課程），年間計画や月案などの長期的な計画と関連していることを意識している必要がある。日々の積み重ねが「幼児期の終わりまでに育ってほしい姿」を実現する。

具体的な手続きは，子どもの実態を理解し，実態と教育課程や全体的な計画（保育課程）とを考慮してねらいと内容を設定する。保育者は，ねらいを達成するために必要な経験を得られるよう具体的な活動や援助について展開を考えていく。短期的な指導計画に盛り込まれたさまざまな配慮は，実際にはどのような言葉かけや援助によって具現化されるのだろうか。短期的な指導計画を実践する際に留意すべきこと，あらかじめ考えておくべきことについて検討してみよう。

1　保育者の動き，言葉かけを具体化する

日案を例にして考えていく。

幼児教育は，子どもの保育時間全体が教育活動であり，一日が連続して営まれる。保育者は生活や遊びの場面で子どもが望ましい経験ができるよう配慮していく必要がある。生活場面も大切な教育活動場面なのである。食事，排泄，睡眠，清潔など毎日繰り返して獲得していく生活習慣にかかわる内容なども日案の中で保育者はその日のねらいを具体化し，働きかけの留意点を明確にしておくことで子どもの着実な自立や習慣化を支援することができる。また，生活の中で，「育みたい資質・能力」を培(つちか)う機会も多い。「毎日の繰り返し」の中に小さな変化や成長をよみとり，次の課題（ねらい）をスモールステップで設定する。ねらいを達成するために，保育者は何をすべきか。これが環境構成や援助の留意点として示される。ゆえに，日案に示された環境構成や援助の留意点は保育者自身の具体的な行動や言葉かけを想起させるものである必要がある。日案は保育者自身が自分の保育を具体的にイメージし，より充実した実践が行えるようにするためにも重要である。立案した日案を再検討しながら動きや言葉がけをシミュレーションしてみることで，様々な場面や子どもの行動に対して落ち着いて対応できる。

事例 11 －①，②に示すのは日案の一部である。ある場面，ある活動を抜粋して示してある。事例 11 －①は，好きな遊びの片付け場面である。まず日案に書かれている内容を読んで，具体的には自分はどのような援助をしたらよいか考えてみてほしい。日案の下には，援助を具体的に考えるための視点を提供してある。自分の考えと照らし合わせながら実践力を磨いてほしい。

事例 11 －①　**4 歳児学年**

遊びから次の活動へ気持ちを切り換え，自分が遊んだ場所を片付けようとする。

時程	環境構成	予想される幼児の活動	援助の留意点
11：00	• 片付けであることを全体に伝え，雰囲気をつくる。❶ • 子どもたちが片付ける際に動線が交錯しないよう動く場を広くとる。❷	◎片付け • 自分が遊んだ場所は片付ける。 • 片付ける場所がわかり最後までやり遂げる。 以下略	• 片付けの取組に円滑に入れるよう子どもの遊び，遊んでいた場所を把握しておく。❸ • 遊び場の状態に応じて声かけの順番やタイミングをはかる。❹

❶　どうしたら「片付けであることを全体に伝え」ることができるか。たとえば大きな声で片付けであると言う，遊び場をまわって片付けであることを伝える，何人かの子どもに片付けであることを伝えてもらう，などいろいろな方法が考えられる。子どものこれまでの状態を考えて，子どもが片付ける気持ちに切り換えられるようなアピール方法を選択する。

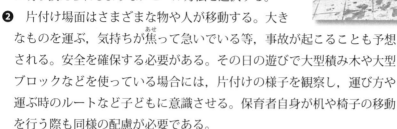

❷　片付け場面はさまざまな物や人が移動する。大きなものを運ぶ，気持ちが焦って急いでいる等，事故が起こることも予想される。安全を確保する必要がある。その日の遊びで大型積み木や大型ブロックなどを使っている場合には，片付けの様子を観察し，運び方や運ぶ時のルートなど子どもに意識させる。保育者自身が机や椅子の移動を行う際も同様の配慮が必要である。

❸　子どもの「もっと遊びを続けたい」「作った作品などをとっておきたい」などの気持ちに配慮することや，遊んだ場所は片付けも自分たちでやるなど自分たちで生活を営むための援助を含む。

❹　片付けに時間がかかると予測できる遊び場（例えばたくさんの紙が散らばっている，子どもたちが泥だらけになっていて着替えが必要，など）を把握しておくことで片付けの声をかける順番や保育者自身がどこでどのように手伝うかを考えていく。また，全員がそろって気持ちよく次の活動に入れるよう，できるだけ片付け終わる時間がそろうように配慮する。また，片付ける気持ちになるまでに時間がかかる子どもや目の前の出来事に注意が向いて片付けに集中できない子どもなど，個人差に配慮して個々への援助も考えておく。

保育者は❶～❹に示したような具体的な行動レベルの援助をそのまま羅列することはせず事例 11 －①のようにまとめて書くことが多い。頭の中では具体的な動きをイメージしながら日案にしているのである。保育観察や実習の際には，日案と照らし合わせながら保育者の援助を観察し，その意味や意図をよみとっていくことで保育方法や保育技術を深く学ぶことができる。さらには，毎日の援助の違いにも注目し，保育者が長期的な見通しも持ちながら子どもの育ちを支援している姿も読み取るべきである。

2　子どもたちの動きを予測し対応を考える

前項と同様，日案の一部を示す。いうまでもなく幼児期には遊びを通してさまざまな体験をし，さまざまなことを学習していく。遊びの中で子どもの経験を読み取り，遊びの充実を図ることも保育者の重要な役割の一つである。

事例 11 －2　**5 歳児学年**

友達とイメージを共有しながら遊びを進める

時程	環境構成	予想される幼児の活動	援助の留意点
9：30	• 昨日の遊びの状況をふまえ遊びの拠点になるような空間を複数用意する。 • 遊びの小道具が作れるよう空き箱やちらしなどは数多く用意しておく。	◎好きな遊び 〈基地ごっこ〉 • 仲間と話し合いながらイメージを共有し基地の形を考えたり役割を話し合ったりする。 • 遊びに必要な小道具を制作する。 以下略	• イメージに食い違いが出た時にはお互いの考えを伝えあえるよう話し合いの雰囲気をつくったり，間に入ってわかりやすく伝えたりする。 • 遊びのイメージが広がるよう手掛かりとなる小道具作りを勧める。素材を紹介し仲間と一緒に作ったり身につけて遊んだりできるようにする。

好きな遊びの場面では複数の場所で複数の遊びが展開される。ここでは基地ごっこを取り上げて考察する。遊びの充実とは幼児が遊びを通して，さまざまな体験を積み重ねることともいえる。毎日の遊びを通して，子どもは「幼児期の終わりまでに育ってほしい姿」に向かって育っていく。遊びの中に面白さを見出し，継続して取り組むことが必要になる。遊びに継続して取り組むためには途中で起こるトラブルや問題を解決すること，遊びのイメージを深めたり友達同士互いにアイディアを出し合って進めたりしていくことが必要となる。保育者は前日の基地ごっこの状態をもとにこの遊びがさらに盛り上がるよう，子どもが楽しく続けられ必要な体験ができるよう遊びそのものへの配慮も考えていく。遊びの仲間の人間関係を把握し，一人一人が表現できる場があるか，良いアイディアを出した子どもの意見が周りの子どもに伝わっているかなどその場の遊びの状況を観察して手立てを考えて働きかけていく。また，素材や場の設定など，環境構成にも留意する。日案の段階で子どもの行動や遊びの状況を多面的にとらえたり，多様な方向性を考えておいたりすることで実際の場での援助がより効果的に作用する。保育者として遊びをよく観察する，理解することは実践する上で大切である。

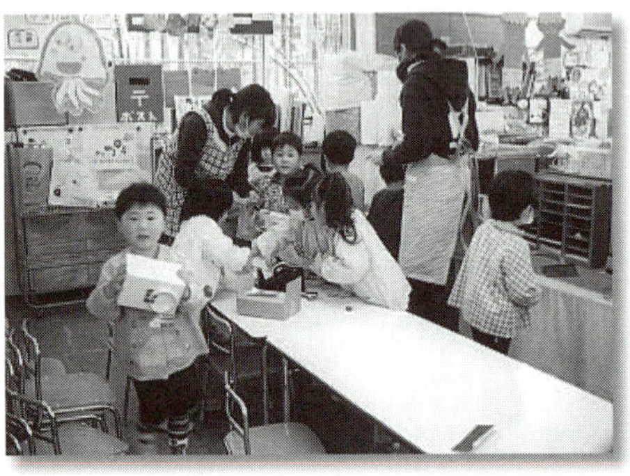

3 環境の再構成

幼稚園教育要領には以下のような記述がある。

> 「環境は，具体的なねらいを達成するために適切なものとなるように構成し，幼児が自らその環境に関わることにより様々な活動を展開しつつ必要な体験を得られるようにすること。その際，幼児の生活する姿や発想を大切にし，常にその環境が適切なものとなるようにすること。」

幼稚園教育要領（平成29年３月告示）：第４指導計画の作成と幼児理解に基づいた評価　２指導計画作成上の基本的事項⑵イ

保育者は，前日の子どもの様子を捉えた上で日案を作成する時に子どもの遊びや行動を予測して環境構成や援助について考えていく。しかし，子どもたちの遊びは変化に富んでおり，計画上予測し得ない事態も起こってくる。保育者は予測しなかったさまざまな事態にその場で対応する必要が出てくる。「仮説」であると述べられているのはそのためである。当日の遊びの状況をみながら臨機に環境を変化させていくことを**環境の再構成**（さいこうせい）という。

記録事例をあげながら考えてみよう。

事例 11 −③　**4 歳児学年**

ここ数日Ａちゃんを中心とした５, ６人で中あてを楽しんでいる。朝の時点で園庭にラインを引いておき，ボールかごをそばに出して登園時に目に入るようにし遊び始めやすい状態にしておいた。Ａちゃんたちが遊びを始めると，次々に今まで参加していなかった幼児が仲間入りをしてきて，10 人ほどになった。コートの中に入っている人数が多くなったので**ラインを引き直して広くした**。内野でのびのびと動けるようになり逃げることを楽しんでいた。

●計画した時点では，Ａを中心とするこれまでのメンバーでの遊びを想定して環境設定をしている。しかし，その日は他の子どもたちの参加により人数が増えるという状況になった。内野のスペースが十分に確保されていない場合，十分な運動量が保障されなかったり，子ども同士がぶつかってころんだりする危険性が出てきたりする。安全に配慮するというだけでなく初めて参加した子どもたちにも楽しかったという満足感を提供したい，痛い思いや嫌な思いをしてその遊びの面白さを感じ取ることができないまま終わりにしてほしくない，など保育者の頭の中にはさまざまな考えが展開される。その基盤には，「みんなで遊ぶことの楽しさ」や「ルールのある遊びの面白さにふれる」というその時期のねらいと内容を踏（ふ）まえた子ども

への配慮が存在する。そこで，保育者は場の広さを変えることで十分なスペースを確保し，人数が増えた遊びが円滑に展開されるようにしたのである。

事例 11 －④　**3 歳児学年**

ままごとコーナーで遊んでいたＡちゃん，Ｂちゃんが園庭に出て固定遊具を楽しんでいる。子どもたちがいなくなったコーナーは遊具や衣装が散らばっている。保育者は，遊具を少し片付け，新しく設定し直した。園庭から戻ってきた別の子どもたちがそのコーナーを使って遊び始めた。

- 子どもは一日の中で複数の遊びを行うことも多い。一つの遊びが終わって次の遊びに移るとその場が「空家」のようになる。誰しもあまりに散らかった場を使おうという気にはなかなかなれないものである。保育者は子どもの遊びの変遷を捉えながら，一日の流れの中で新しい遊びの場を設定していく。この事例でも一旦遊びが終わった場を少し整えることで遊び場の雰囲気を変え，他の子どもたちに動機づけしている。環境を再構成しているのである。違う遊びから移ってきた子どもたちが，その刺激を受けてまたその場を利用して遊び始めている姿が見られる。遊び場を一日の流れの中で理解し，必要に応じて新たに設定することも重要なのである。環境を再構成することによって新しい場の使い方，遊びのイメージのきっかけなどにつなげ，遊びの中で幼児期に育みたい資質・能力が育つように配慮していくのである。

このように，指導計画を作成しておくことで，保育者は予想できたこと，できなかったことの両面をとらえながら落ち着いて状況を判断したり手立てを考えたりすることができる。環境の再構成にあたっても指導計画を踏まえているからこそ適切に対応することができるのである。

2 保育を振り返る

次に，保育実践終了後の**振り返り**について考えていく。振り返りの際に指導計画はどのように機能するのだろうか。

振り返り：第 9 章3振り返り／モニタリングとアセスメント／　p.120

1 指導計画との関連で振り返る意味

経験の浅い保育者ほど，日案を時間をかけて一生懸命書いても予測できない事態が多く発生し，毎日めまぐるしくあたふたと過ごすことになる。こんなことなら指導計画を書くことには意味がないのではないか，と思うかもしれない。

しかし，指導計画を書くことにより「こうなるはず」という予測と食い違いを具体的に意識することができる。自分の幼児理解や保育の組み立て方についてどこがどのように問題なのか，振り返り考察することができる。保育の振り返りの指標となるのが指導計画である。

実際の保育を思い出しながら，指導計画に書かれた内容を比較してみよう。どの場面が予想通りだったか，どの子どもが予想と反する行動をしたかなどである。自分の動きや言葉とその時の子どもの反応を思い出してみよう。あらかじめ考えて書いておいた指導計画を見ながら考えていくとさまざまな場面を思い出しやすくなる。自分の子どものとらえ方はどうだったか，環境の構成や援助は妥当であったかなどの視点からそれぞれ考察していくことで保育についての理解を深め，自分自身の実践力を高めることができる。「仮説」とのずれを徐々に埋めていくことで，次の指導計画がより精密な内容となる。次項からは，代表的な視点ごとに具体的に考察していく。

2 幼児理解を深める

事例 11 －⑤　**新しい活動に抵抗を示すＨちゃん**

実　態

Ｈちゃんは新しい遊びを紹介するたびに仲間入りを拒否する。学級活動では泣き始めて参加できないことも多い。

日案の中の配慮

好きな遊びのときに保育者は子どもたちに「むっくりくまさん」を紹介することにしていた。

保育者をよりどころにしているＨちゃんはおそらく保育者のそばにいるだろうが，参加はしないだろうと予測し日案には「Ｈについては，無理強いはせず様子を見る。」としていた。見ているだけでもよいと考えた。

実践（記録）

保育者が遊びを始めると保育者と一緒に手をつないで参加する。初めは硬い表情だったが，徐々に笑顔も見られた。次々に他の子どもが参加して人数が増えてきても気にする様子はない。保育者が手をつないでいれば安心できる様子だった。

振り返り

すんなり参加してびっくりした。うれしかった。[①]無理強いせずにＨちゃんの気持ちを優先するという保育者の気持ちが通じたのだろうか。歌を歌うときは参加できることが多いＨちゃんは「むっくりくまさん」の歌が気に入ったようである。

新しいことになんでも抵抗を示すわけではなく好きな領域なら参加できるかもしれない。Ｈちゃんの取り組みを観察しながら教材を工夫するとよいかもしれない。[②]

●子どもが予想していなかった行動をした時の考察である。保育者は日案で参加しなくても見ているだけでもよいと考えていた。しかし，子どもは保育者と共に参加することができた。このような「うれしい誤算」も保育ではよくある（下線①）。意外な姿をとらえられたのは，保育者が日案の中でその子どもの行動を予測していたからである。新しい姿を観察し，その姿から理解を深め今後の対応についても考察している。（下線②）このように，日々の保育を通して個々の子どもの発達や特徴，課題を深めていくのである。

事例 11 －⑥　**グループの人間関係を把握する**

■実　態

T，M，K，R の４人グループはいつも行動を共にしている。M が中心となり遊びを決めたり，イメージを出したりしている。おうちごっこを継続している。おとなしい R は追随していくタイプなので，ときどき仲間から置いていかれたり忘れられたりすることがある。

■**日案の中の配慮**

保育者は日案では R に注目し，R がぽつんと一人になっていることがないか気をつけて見守ること，仲間に十分に受け入れられるよう配慮するつもりであった。

■**実践（記録）**

遊びのイメージが変わった。R からおみせやさんのイメージが出てきたことがきっかけであった。おうちごっこのなかでモールを使ったアクセサリー作りをしながら R が「このブレスレットを買いに来てくれるお客さんがいるといいね」とつぶやくように言ったことを M が聞きつけて「そうだ！ここをおみせやさんにして，買いに来てもらおうよ！」と提案したことによる。M の発言なので他児も賛成し，早速準備が始まった。R も自分の意見が取り入れられて誇らしげな様子であった。この様子から注意して見ていると，R はアクセサリーを沢山つくるなど遊びの中で黙々と自分のできることをやっている。また M も以前より周りの子どもの言うことに耳を傾けるようになっている。

■**振り返り**

R の遊びへの取り組みや表現に成長がみてとれた。まだ主張するというところまではいかないが，徐々に仲間の中で安心して自分を表現できるようになってきている。また R に注目してこのグループを観察していたことで，M など周りの子どもの変化にも気づくことができた。M が友だちの言葉や動きを受け止めうまく取り入れながら遊びを進めるようになってきている。このグループの人間関係をさらに観察して，お互いに気持ち良くやり取りをして遊びを発展させていけるよう援助していきたい。

● 「一緒にいる，行動している」というだけで「なかよし」であると判断してしまうのではなく，グループ成員の関係性を把握する努力が必要である。一方的な関係で片方がつらい思いをしていたり，不愉快な言動があっても抗議できないなど，保育者として見逃してはならないこともある。子どもたちのコミュニケーション技能を育てるために人間関係の実態は把握していかなければならない。友達とのかかわりは，協同性，言葉による伝え合い，豊かな感性と表現，道徳性・規範意識の芽生えなど多くのことを育てることにも留意する必要がある。この事例では，保育者が心配していたRに注目して観察していることでグループの変化や成長を捉えている。このように見守り，理解しようとする保育者のまなざしが子どもに安心感を与え，自己表現につながることもある。遊びの中で一人一人に充実感を提供するためにも「今日」は何をみて何に配慮するのかポイントを押さえた保育実践をして積み重ねていくことが重要である。

3　適切な教材選択をする

事例 11 −⑦　子どもの実態と教材の特徴を吟味する

紙を切ることが上手になってきたので，はさみを使用した制作をしてみんなではさみの使い方を経験することにした。渦巻きに書かれた線を切っていきひもをつけてくるくるだこを作ることにした。子どもが切りやすい厚みの紙を使用したところ，ひもをつけた場所から切れやすく何度も修理することになってしまった。

● 計画立案の際，制作する子どもの実態について予測ができており，扱いやすい，また，はさみで切りやすい教材を選択したが，くるくるだことして活動を始めた際には強度が足りなかったという事例である。子どもの動きの大きさや戸外の風の強さなどを予測して考えておく必要があった。同じ教材，教具でも利用する場面や状況でその特徴が異なってくることがよくある。子どもが扱うそれぞれの場面でどうなるのかを考えてみる必要がある。この事例は，まさに保育者の計画した際の予想通りになった場面，予想外のことが起こった場面が一連の活動の中で示されている。両方の場面を振り返りそれぞれの状況を分析しながらどうすべきであったか，次にどのように計画するかを検討することができる。一方で，教材について保育者だけが考えたり，研究したりするだけではなく，子どもと共に考えて試したり工夫したりすることで，子どもの思考力を育てる機会となることも意識し，保育の中で機会を適確に捉えられるよう計画立案の際に考えておくことも必要である。

4　環境構成を検討する

事例 11 －⑧　保育者の忙しい思い

子どもたちから制作の材料が足りない，遊具を出してほしい等様々な要求が次々に出てその対応に終始して一日が終わってしまった。

● 子どもが遊ぶ時にどのような物を必要とするのか，子どもたちが自分自身で遊びを展開する力がどの位なのかについての理解が不十分な場合，このような事態が起こってしまう。物の種類，量や，配置の方法などは子どもたちの遊びのきっかけや遊びの継続に大きな影響を及ぼす。**環境構成**には保育者がこのような点で子どもをどうとらえているかが現れる。実践場面で子どもからの要求が多く出てきたということは，環境構成の点で見直しが必要であることを示唆（しさ）している。子どもが何を必要としていたのか，どのような点で保育者の援助を必要としていたのか，その日の保育を思い返して，次の日の環境構成を変更する。

事例 11 －⑨　時間が足りない

降園時の身支度。タオルやコップを鞄に入れて帽子をかぶり鞄を持って集まりをするまでに日案で考えていた時間の倍もかかってしまった。

●子ども一人一人が帰る支度をするテンポや気持ちの向け方がどうか，個の実態をとらえつつさらに学級全体ではどのようになるのかを予測することは難しい。

学級で活動する時，「何をする時間であるか理解する」「活動の内容を理解する」「活動に参加できる」「最後までやり遂げる」などの様相で保育者は配慮をしていく必要がある。一通り帰りの身支度の方法を理解しているのでできるであろうと考えて時間枠を設定したのだが，子どもたちはその水準に至っていなかった。

時間も大切な環境である。一人一人が充実した気持ちで活動を終える，満足感を持てるということについては，時間の配慮も欠かせない。生活場面においては適切に終えることができるよう，子どもたちの活動の場を広くとり一斉に作業ができるように配慮する，活動の流れに応じてコップかけや集まりの場所を設定するなどの工夫が必要となってくる。子どもたちの動きを思い返しながらスムーズに展開できる方法を吟味し次の日の日案に盛り込むのである。

5　援助を見直す

事例 11 ー⑩　**時間が足りない**

降園時の身支度。タオルやコップを鞄に入れて帽子をかぶり鞄を持って集まりをするまでに日案で考えていた時間の倍もかかってしまった。

●前項の環境構成の点で取り上げた事例 11 ー⑨について，保育者の援助の側面から再度検討してみよう。

実践がうまくいかなかった原因を探る時には，保育者自身の行動の反省も必要である。この事例では，子どもたちが何をすべきであるのか十分に理解できるような配慮ができていたか。一人一人の身支度の時間がどのくらいかかるものなのか，正確に把握して活動展開を考えたか。実践場面で個別に対応する必要のある子どもを把握し，適切に援助できていたか。等の点から振り返る必要がある。同時に，突然着替えが必要になった，トイレに行く子どもについていかねばならない，誰かが泣いている，などの事態が起きた時全体の子どもにはどのような声かけをし，活動の流れを作るのか，といったことも計画立案時に検討しておく必要がある。学級活動場面においては個々の子どもへの配慮と同時に，保育者がその子どもにかかわっている時に他の子どもたちが充実した活動ができるような配慮をしておくことが欠かせない。「みんなでやる」ことの面白さや必要感を育てていくことは集団で生活するための動機づけにもなり，また小学校以降の学習の基盤を育(はぐく)むことでもある。心理的に待たせる，何をやっていたのかよくわからない混乱の時間を過ごした，楽しくなかった，などの経験にならないよう，学級活動を計画する際には細心(さいしん)の注意を払っていきたいものである。

事例 11 −⑪　どう援助すべきか方法を探る

日案では遊びの拠点をたくさん用意して 2，3 人のグループで遊びが展開できるように配慮した。それぞれがお気に入りの場所で遊び始めるが，遊びが続かないグループが出てきた。遊びが続かない原因が何か，保育者はよくわからなかった。そこで，保育者はそれぞれの遊びの状況を観察する，参加して子どものイメージを探るなどしてこれからの援助の方向を探ることにした。

●保育者自身が今後の援助の方向をうまくみつけられないこともある。そのような場合には子どもたちの気持ちや遊びの様子をじっくりと観察して援助の方向を探る必要がある。この事例では遊びの持続に関して保育者が問題意識を持ったが，どうすればよいか明確な方略(ほうりゃく)がみえていない。やみくもに働きかけたり目新しい素材を子どもに提示したりするのではなく，子どもが何を必要としているのか見極(みきわ)めようとしている。
保育者から見て「困る」「気になる」子どもに対する時も同様である。何が「困る」のか，どのような場面で起こるのかなど保育実践を振り返りながら検討する。保育者の問題意識と子どものもつ問題が合致(がっち)しているのかという点においても謙虚(けんきょ)に考えてみることが必要である。また計画で述べられた配慮との関連で子どもの反応や行動を記録しながら考察し，援助の妥当(だとう)性を吟味(ぎんみ)する。子どもの立場に立って援助のあり方を検討するのである。

以上，短期的な指導計画と実践との関連について考察してきた。指導計画は書くこと自体が目的ではなく，保育実践の充実のために必要なのである。また，短期的な計画立案の際には，要領や指針の内容を意識しながら子どもの実態を理解し，教育課程や全体的な計画（保育課程）との関連でも日や週を位置づけて考えることも必要である。形式や量にとらわれすぎず保育者自身がその日の保育実践が充実したものになるよう，また保育のさらなる充実を図るための検討資料となるようなものであるべきである。指導計画は自分のために書く，ということを念頭に置きながら書き方や書く内容についても工夫・改善を重ねてほしい。

（椛島）

第12章 教育課程・指導計画の PDCAサイクル

1 教育課程・全体的な計画（保育課程）の見直し

教育課程・全体的な計画（保育課程）は，一度作成したものがずっと使われるわけではない。幼稚園教育要領や保育所保育指針，幼保連携型認定こども園教育・保育要領の改訂や子どもの実態の変化，保育実践との関連の中で見直しがはかられるものである。ここでは，**教育課程，全体的な計画（保育課程）の再検討**について取り上げ考えていく。

教育課程，全体的な計画（保育課程）の再検討：
第３章5教育・保育実践の振り返りと教育課程の見直し　p.41

1 幼稚園教育要領，保育所保育指針，幼保連携型認定こども園教育・保育要領との関連で

幼稚園は学校であり，法的根拠のある教育機関である。公教育としての性格も持っている。幼稚園は私立の園がとても多く独自性が魅力でもあるが，幼児教育の場として共通に提供すべき教育内容もまた存在する。それが幼稚園教育要領に盛り込まれた内容である。職員間で勉強会を行うなどして，幼児教育の在り方，目標について理解を深めることが必要である。教育課程の見直しの際には，幼稚園教育要領ともすりあわせて検討してみたい。学校としての幼稚園の機能が十分に果たせるか，幼稚園教育要領のねらいおよび内

容，内容の取扱い等をもとに教育課程の目標を整理，修正，補足していく。

保育所保育指針（平成29年3月告示）：1．保育所保育に関する基本原則 (1)保育所の役割イ

また，**保育所保育指針**に「保育所は，その目的を達成するために，保育に関する専門性を有する職員が，家庭との緊密な連携の下に，子どもの状況や発達過程を踏まえ，保育所における環境を通して，養護及び教育を一体的に行うことを特性としている。」とあるように，児童福祉施設としての役割と同時に幼児教育の場としての役割を担っている。2008年度版保育所保育指針の下，作成された保育課程を見直し，2018年度版保育所保育指針に示された全体的な計画として改善していくことが必要である。特に福祉サービスとして保護者からのさまざまなニーズにこたえることが幼稚園よりも求められるだけに，保育の方針と保護者ニーズの間でいかに子どもの最善の利益を守っていくかという点においてその検討は重要になる。

幼保連携型認定こども園においても同様である。子どもの利用形態の多様性に対応するためにも子どもの育ちを適確に支援するための全体的な計画作成が欠かせないだろう。

2018年度版では幼保，認定こども園それぞれの要領，指針に「幼児期に育みたい資質・能力」「**幼児期の終わりまでに育ってほしい姿**」が共通に盛り込まれた。教育課程・全体的な計画（保育課程）の見直しは，幼児教育の場として自分の園がどうあるべきかを改めて問い直すことにもなるだろう。

2 園の方針との関連で

保育理念や教育方針：第1章1保育の基盤となる理想の子ども像（教育・保育目標）は p.12　第1章2理想の子ども像（教育・保育目標）に達成するための道筋 p.13

各園の**保育理念や教育方針**が具現化されているだろうか。

子どもたちの育ちの姿をみたときに，保育理念や教育方針と合致しているだろうか。また理念そのものについて，現代の社会や家庭の要請していることがらを包含しているだろうか。職場も職員が入れ替わったり，管理職が交代したりしたときには創立当初の理念を職員全員で確認したり，再検討する必要がある。改めて理念を話し合い，共通理解することでお互いの保育観を確認し合ったり，子どもや保護者への対応に一貫性が出てきたり保育実践の質を向上させたりすることもできる。日常的な場面では検討や打ち合わせというとそれぞれの学年・学級の日々の対応や運営の検討に終始しがちであるが，ほとんどの子どもはその一年だけを園で過ごすのではなく，就学までの長期間その園で生活することを踏まえ，保育者が互いの保育の理解や長期的な見通しの中で何をどのように育てたいのか，理念をもとに検討することは重要である。このような取組みは保育者各々が保育について保護者など園外に向けて説明する際の資料にもなり，各園の特徴や長所，教育活動を説明していくための視点ともなりうる。

教育課程・全体的な計画（保育課程）には，目標と同時に方法についても「指導の重点」などとして取り上げられていることも多い。目標を達成するため

に教育・保育方法は妥当なものであるのか，問い直す作業も行いたい。たとえば「のびのびと主体的な子ども」という理念でありながら，様々な活動が次々に展開され子どもが自身で選択したり，自分のペースで取り組んだりする余裕のない保育をしていないだろうか。子どもの生活の中に主体性を発揮する場が用意されているのか，保育者のかかわりは主体性を発揮できるように留意して行われているのか，など検討しなければならない。教育方法は目標を達成するためのものであり，多様な方法が考えられることも認識しながらこれまでの保育運営や保育方法を見直す機会に結び付けたい。これは保育者の保育技術や技能を研修する機会にもなる。

3　地域の環境，園の環境との関連で

地域の少子高齢化が進んだ，新たに大きなマンションが建った，近くの山林が開発され自然環境が変化した，など園を取り巻く社会，自然環境も刻々と変化している。地域や家庭生活の中で子どもたちが生活の中で経験できる内容や園で提供できる望ましい経験を分析し，教育課程・全体的な計画（保育課程）を改善する。また地域の教育環境や人材を活用する方法も検討したい。園内だけでなく，近隣についての情報を収集し教育活動に生かすためには，常時保育者自身が園を取り巻く環境に興味，関心を持ち，連携をとる姿勢が必要である。また，様々な公的施設や連携機関の特性や人的資源などについても知り関係を育むことで，保育の中で出てきた問題や子どもについての悩みを解決するための協力者を得ることもできる。地域の実態と教育課程・全体的な計画（保育課程）を関連付けて考察することで，地域の中の園のあり方について問い直していくことができる。

地域の環境，園の環境：
第 1 章5教育課程・全体的な計画（保育課程）を編成する要件　p.14

園児数や，施設設備の状況，自然の変化などから園内の環境についても分析し，教育課程・全体的な計画（保育課程）の目標を達成するための望ましい環境が整っているかを検討する。場合によっては，施設設備のリニューアルや教具教材の工夫が必要になることもあるだろう。教育環境の質を高めるための努力を続けるためにも教育課程・全体的な計画（保育課程）との関連で検討することは効果的である。

4 子どもや保護者の実態との関連で

子どもの実態に変化が見られた時には，目標設定や教育方法の再検討が必要不可欠である。就園後どのような過程を経て修了を迎えるのか，育ちの姿を捉え直す。子どもの実態に照らして重点を置くべき事項は何か，必要な経験内容はどのようなものであるかを検討していく。たとえば，コミュニケーション手段としての言語発達が未熟であると保育者間で共通理解された場合，各学年でその領域に関しての目標を問い直し，援助の際の留意点を考える必要があるだろう。このようなことは，日々の保育と直結している視点であるから職員間でも取りあげやすく討議も具体的に行うことが可能だろう。目の前の子どもの今の姿をどのようにとらえているのか，どのような経験が必要なのかを職員間で討論し共通理解を図ることで教育課程・全体的な計画（保育課程）がより子どもの実態にあったものに改善されていく。2018年度版の要領，指針には「幼児期に育みたい資質・能力」「幼児期の終わりまでに育ってほしい姿」が盛り込まれている。各園で具体的にどのような姿をめざすのか，そのために教育・保育環境を工夫したり，援助方法を検討したりする必要がある。子どもの実態によっては，教育・保育方法を変える必要も出てくるはずである。子どもの実態を捉えて育む先には「育ってほしい姿」があり，保育者間でその姿を共有しながら教育・保育活動を行う必要がある。

幼児教育においては，家庭支援の検討も重要な観点である。保護者の実態や地域環境との関連で子育て支援，家庭支援の視点でも検討する。子どもの健やかな育ちを支えるために，園として家庭に対してどのような支援の在り方ができるのか，子どもの発達を共に支え協働するための方法を考えていく。たとえば，子どもたちの食をめぐる問題を解決しようとすれば，家庭での食生活についても園で把握し，保護者に対する啓蒙活動や保護者との連携，園での食事の内容や様子を伝えるなど様々な取組が考えられる。また，幼稚園で行われている「教育課程に係る教育時間終了後等に行う教育活動（預かり保育）」についても教育課程との関連の中でどのような保育を行うべきであるか，幼児の園生活の連続性が考慮されているか検討が重要であるし，時間や人数，保育者の人数など運営面の妥当性とも関連づけて考察することも必要である。幼稚園型，保育所型の子どもが存在する幼保連携型認定こども園でも同様のことが言えるだろう。子どもを中心におきつつ周囲の大人が協力してその成長を支えるために地域，家庭もまた広義の教育環境としてとらえて教育課程・全体的な計画（保育課程）の中に位置づけておくことで，家庭支援の在り方について検討する視点が生まれ，より緊

カリキュラム・マネジメント：第３章5教育・保育実践の振り返りと教育課程の見直し　p.41

密な保護者との連携が構築されていく。

5　職員研修との関連で

教育課程の再検討を行うことは，先に述べたように園の保育方針や保育方法を検討することにつながる。職員間で教育課程・全体的な計画（保育課程）を見直す作業を行うことを通して，自らの保育を振り返り保育観を問い直す。また，他の保育者の意見ややり方を聞くことでさらに充実した保育実践のために保育技術や技能を磨くことへの必要感も生まれる。様々な視点から子どもについて話し合っていくことで，保育者自身の子どもに対する理解を深めることもできる。保育者それぞれの保育の問題や課題に気づくこともできる。日頃はお互いの保育を観察したり，援助方法について検討したりする機会はなかなかとることができないものであるが，教育課程・全体的な計画（保育課程）について話し合う中で保育そのものについても検討する機会につながる。教育課程・全体的な計画（保育課程）の見直しは保育者の研修としての機能も併せ持つのである。

6　学校評価との関連で

学校においては，学校評価を行い教育活動について地域や保護者などに対して結果を公表しなければならない（学校教育法第 42 ～ 43 条及び学校教育法施行規則第 66 ～ 68 条）。幼稚園も例外ではない。適切な教育活動が行われているかを評価する際にも教育課程は重要な指標（しひょう）となる。教育評価を行う際には園長のリーダーシップの下，その評価観点が設定される。ここでは，教育課程に関連した評価観点例をあげる。建学（けんがく）の精神，教育目標，指導計画，特別支援教育，園行事，異校種との連携，教育・保育組織，施設・設備の状況，その他，である。((財）全日本私立幼稚園幼児教育研究機構編著『幼稚園における学校評価』フレーベル館より）園の実情（じつじょう）に応じて，重点的に評価する内容もあれば，ここに示した以外の観点も出てくるであろう。「やらなければならないこと」として捉えるのではなく，園全体の改善に役立つ，職員の資質向上に役立つための学校評価になるような工夫をしていきたいものである。

保育所においても任意（にんい）ではあるが，児童福祉施設の保育サービスについて第三者評価制度が導入されている。監査（かんさ）との相違は何か，どのような評価機関に依頼するかなど，管理職を中心としながら職員間で共通理解を図っていきたい。評価結果を保育所運営や保育実践の向上に生かしてこそ，評価の意味がある。

2 指導計画の PDCA サイクル

1 保育実践の充実を図るために

PDCA サイクル：第９章２指導計画の作成の手順と実践・評価（p.119），３振り返り（p.120）

保育活動は次のような PDCA サイクルで行われているといえる。指導計画立案（P）→実践（D）→評価・反省（C）→幼児理解の更新（こうしん），保育方法や運営の検討（A）→指導計画立案（P）…と循環している。

実践後に保育を振り返ることは評価・反省にあたる。前章第２節はこの部分と合致（がっち）する。評価・反省を行うことで仮説としての指導計画がどうであったか検証することができる。たとえば，指導計画で考えていた環境構成は，子どもの遊びにどのような影響を及ぼしたのだろうか？子どもが充実した活動や望ましい活動をすることができているのだろうか。この場合の「望ましい」とは，保育者がたてたねらいを達成するための経験のことである。指導計画と実践を関連づけて考察することは，実践を評価する際に保育者の事前のよみとり，予想とのずれを明らかにし子どもの理解を深める。また子どもの発達や経験内容の評価のみならず保育者の環境構成や援助など保育方法の評価の面からの検討も可能である。日々の保育の中で反省・評価を行い新しい視点や取組を検討し改善していくことで保育の充実が可能になる。

2 記録の意味とその活用

保育者は何のために保育記録を残すのだろうか。一つは，その日の出来事や印象に残ったことを忘れないため，つまり備忘録としての役割がある。保育の中で驚いたこと，感動した出来事，子どもの成長を感じた出来事などエピソードで残されることも多い。毎年一年を終えた時には膨大な記録が保育者の手元にあるということが多々ある。これらの記録を書きっぱなしで終わりにするのではなく，どう活用すればよいのだろうか。

記録：第９章４記録のとり方と評価（振り返り）についての新しい動向（p.121）

記録は，保育評価や反省に活用するための資料である。一人一人の成長の道筋を事実としてとらえ振り返ることができるし，その時に経験した内容を

記録しておくことでその子どもの経験の深まりや偏りを明らかにすることができる。より深い子どもの理解や保育方法の改善を図るために検討資料として活用していくべきなのである。書くことで安心するのではなく，使うことを念頭に入れて何を残すのか，どのような書式で残すのか，など園内研修の場などでも検討していきたいものである。

記録を見直すことで長期的な子どもの変化を捉えることもできる。日常の保育では週，月など短期の振り返りが中心になりがちであるが，期，学期，年の子どもの変化を捉え，修了時までに育てたい子どもの姿へ向かって子どもがどのような道筋で，今はどのような状態にいるのかを理解していく。記録と教育課程・全体的な計画（保育課程）と比較しながら保育の方向性の検討，次の担任への引き継ぎなどを行い，園として子どもの成長を保障していく。記録は，教育・保育活動の重要な根拠資料となるものである。

3 短期・長期の見通しの中で

PDCA サイクルは日案，週案などの短期での計画および実践に関するものとそれらの小さな輪が月や学期，期，年といった長期の見通しの中に位置づいた大きなサイクルとが存在する。この大きなサイクルには教育課程の見直し等も含まれる。日々の保育の反省・評価をもとに，期や学期などの節目ごとに長期的な時系列での子どもの変化を捉えて検討することで，教育課程との関連で子どもの育ちの姿を検証する作業を行うことができる。今の子どもがどのような状態で発達の道筋のどのあたりにいるのかという長期的な視野での位置づけを明らかにするのである。その分析結果によっては全体的な保育運営や子どもに提供する経験内容を修正する必要も出てくる。目の前の子どもに明日どうかかわるかという視点からの分析と子どもの成長を保障するためにどのような環境や配慮をすべきであるかという視点からの分析双方が重要である。

年間計画や期の計画は年度の途中で大幅な修正することは困難であるが，短期的な PDCA サイクルのなかで調整していく。また計画自体についても一年の実践を通して評価したことを吟味して次年度に向けて修正，改善を行っていく。

4 指導要録・児童要録

子どもの成長の姿をまとめたものに**幼稚園幼児指導要録**（しどうようろく）がある。幼稚園では一年ごとの姿を，保育所では入所から修了までの姿をまとめて**保育所児童**

保育要録に，認定こども園の場合は**認定こども園子ども要録**，**幼保連携型認定こども園園児指導要録**に記載する。それぞれ子どもの進学先へ送付しなければならない。学籍，入所に関する記録と指導，保育に関する記録がある。指導，保育に関する記録には個々の子どもの成長の道筋と保育者の援助について記載する（様式例を示した）。要録を作成する際に，一人一人の状況を再度見直し，進級児については次年度の重点目標を立てるなど，PDCA の評価，改善，指導計画の流れの中に位置づけたい。

指導要録・保育要録は子どもの行動や発達について評価するだけでなく，保育者の援助との関連で記載するものである。保育者のかかわりが子どもの成長にどのように寄与したのかを評価することである。保育者の保育についても同時に評価するのである。保育者の援助についてまとめておくことで，次年度の担任との引き継ぎの際にも個々の子どもの援助や課題だけでなく援助の留意点を伝えることができる。

子どもの状態をまとめる時には，次の点に留意したい。子どもの問題や短所を取りあげるのではなく，大きな変化や特に成長した点をまとめていく。保育者は，子どもの成長を温かい目で見守り支えることが必要である。

（椛島）

■ **幼稚園幼児指導要録（学籍に関する記録）【様式の参考例】**（幼稚園教育要領の改訂により変更される可能性がある）

区分＼年度	平成　年度	平成　年度	平成　年度	平成　年度
学　級				
整理番号				

幼　児	ふりがな 氏　名		性　別	
		平成　　年　　月　　日生		
	現住所			
保護者	ふりがな 氏　名			
	現住所			

入　園	平成　年　月　日	入園前の 状　況	
転入園	平成　年　月　日		
転･退園	平成　年　月　日	進学先等	
終　了	平成　年　月　日		

幼稚園名 及び所在地	

年次及び入園（転入園）・進級時の幼児の年齢	平成　年度 歳　か月	平成　年度 歳　か月	平成　年度 歳　か月	平成　年度 歳　か月
園　長 氏名　印				
学級担任者 氏名　印				

幼稚園幼児指導要録（指導に関する記録）【様式の参考例】（幼稚園教育要領の改訂により変更される可能性がある）

ふりがな			平成　　年度	平成　　年度	平成　　年度	平成　　年度
氏名		指導の重点等	（学年の重点）	（学年の重点）	（学年の重点）	（学年の重点）
	平成　　年　　月　　日生					
性別			（個人の重点）	（個人の重点）	（個人の重点）	（個人の重点）
ねらい（発達を捉える視点）						
健康	明るく伸び伸びと行動し，充実感を味わう。	指導上参考となる事項				
	自分の体を十分に動かし，進んで運動しようとする。					
	健康，安全な生活に必要な習慣や態度を身に付ける。					
人間関係	園生活を楽しみ，自分の力で行動することの充実感を味わう。					
	身近な人と親しみ，かかわりを深め，愛情や信頼感をもつ。					
	社会生活における望ましい習慣や態度を身に付ける。					
環境	身近な環境に親しみ，自然と触れ合う中で様々な事象に興味や関心をもつ。					
	身近な環境に自分からかかわり，発見を楽しんだり，考えたりし，それを生活に取り入れようとする。					
	身近な事象を見たり，考えたり，扱ったりする中で，物の性質や数量，文字などに対する感覚を豊かにする。					
言葉	自分の気持ちを言葉で表現する楽しさを味わう。					
	人の言葉や話などをよく聞き，自分の経験したことや考えたことを話し，伝え合う喜びを味わう。					
	日常生活に必要な言葉が分かるようになるとともに，絵本や物語などに親しみ，先生や友達と心を通わせる。					
表現	いろいろなものの美しさなどに対する豊かな感性をもつ。					
	感じたことや考えたことを自分なりに表現して楽しむ。					
	生活の中でイメージを豊かにし，様々な表現を楽しむ。					

出欠状況		年度	年度	年度	年度	備考	
	教育日数						
	出席日数						

学年の重点：年度当初に，教育課程に基づき長期の見通しとして設定したものを記入
個人の重点：一年間を振り返って，当該幼児の指導について特に重視してきた点を記入
指導上参考となる事項：

(1)　次の事項について記入すること。

①１年間の指導の過程と幼児の発達の姿について以下の事項を踏まえ記入すること。

- 幼稚園教育要領第２章「ねらい及び内容」に示された各領域のねらいを視点として，当該幼児の発達の実情から向上が著しいと思われるもの。
その際，他の幼児との比較や一定の基準に対する達成度についての評定によって捉えるものではないことに留意すること。
- 幼稚園生活を通して全体的，総合的に捉えた幼児の発達の姿。

②次の年度の指導に必要と考えられる配慮事項等について記入すること。

(2)　幼児の健康の状況等指導上特に留意する必要がある場合等について記入すること。

保育所児童保育要録【様式の参考例】（保育所保育指針の改訂により変更される可能性がある）

<table>
<tr><td>ふりがな</td><td colspan="2"></td><td>性別</td><td rowspan="2">就学先</td><td rowspan="2" colspan="2"></td></tr>
<tr><td rowspan="2">氏　名</td><td rowspan="2" colspan="2"></td><td rowspan="2"></td></tr>
<tr><td>生年月日</td><td colspan="2"></td></tr>
<tr><td>保育所名
及び住所</td><td colspan="2">（保育所名）</td><td colspan="4">（住所）</td></tr>
<tr><td>保育期間</td><td colspan="6">平成　年　月　日 ～ 平成　年　月　日（　月　か月）</td></tr>
<tr><td colspan="7">子どもの育ちに関わる事項</td></tr>
<tr><td colspan="7"></td></tr>
<tr><td colspan="3">養護（生命の保持及び情緒の安定に）関わる事項</td><td colspan="4">（子どもの健康状態等）</td></tr>
<tr><td colspan="3"></td><td colspan="4"></td></tr>
<tr><td>項目</td><td colspan="6">教育（発達援助）に関わる事項</td></tr>
<tr><td rowspan="3">健康</td><td colspan="2">明るく伸び伸びと行動し，充実感を味わう。</td><td rowspan="16" colspan="4"></td></tr>
<tr><td colspan="2">自分の体を十分に動かし，進んで運動しようとする。</td></tr>
<tr><td colspan="2">健康，安全な生活に必要な習慣や態度を身に付ける。</td></tr>
<tr><td rowspan="3">人間関係</td><td colspan="2">園生活を楽しみ，自分の力で行動することの充実感を味わう。</td></tr>
<tr><td colspan="2">身近な人と親しみ，かかわりを深め，愛情や信頼感をもつ。</td></tr>
<tr><td colspan="2">社会生活における望ましい習慣や態度を身に付ける。</td></tr>
<tr><td rowspan="3">環境</td><td colspan="2">身近な環境に親しみ，自然と触れ合う中で様々な事象に興味や関心をもつ。</td></tr>
<tr><td colspan="2">身近な環境に自分からかかわり，発見を楽しんだり，考えたりし，それを生活に取り入れようとする。</td></tr>
<tr><td colspan="2">身近な事象を見たり，考えたり，扱ったりする中で，物の性質や数量，文字などに対する感覚を豊かにする。</td></tr>
<tr><td rowspan="3">言葉</td><td colspan="2">自分の気持ちを言葉で表現する楽しさを味わう。</td></tr>
<tr><td colspan="2">人の言葉や話などをよく聞き，自分の経験したことや考えたことを話し，伝え合う喜びを味わう。</td></tr>
<tr><td colspan="2">日常生活に必要な言葉が分かるようになるとともに，絵本や物語などに親しみ，先生や友達と心を通わせる。</td></tr>
<tr><td rowspan="3">表現</td><td colspan="2">いろいろなものの美しさなどに対する豊かな感性をもつ。</td></tr>
<tr><td colspan="2">感じたことや考えたことを自分なりに表現して楽しむ。</td></tr>
<tr><td colspan="2">生活の中でイメージを豊かにし，様々な表現を楽しむ。</td></tr>
<tr><td>施設長名</td><td colspan="3">印</td><td>担当
保育士名</td><td colspan="2"></td></tr>
</table>

■ 幼保連携型認定こども園園児指導要録（学籍等に関する記録）【様式の参考例】

園　児	ふりがな 氏　名	 平成　年　月　日生	性 別		保護者	ふりがな 氏　名	
	現住所					現　住　所	

入園・ 転入園	平成　年　月　日	入園前の 状　況		園　名 及び所在地	
転・退園	平成　年　月　日				
終　了	平成　年　月　日				

年次及び入園・転入園 ・進級時の幼児の年齢	平成　年度 歳　か月	平成　年度 歳　か月	平成　年度 歳　か月	平成　年度 歳　か月	平成　年度 歳　か月	平成　年度 歳　か月	平成　年度 歳　か月	平成　年度 歳　か月
学　級								
整理番号								
園　長 氏名　印								
担当・学級担任者 氏名　印								

幼保連携型認定こども園園児指導要録（指導等に関する記録）【様式の参考例】

ふりがな			平成　年度	平成　年度	平成　年度	平成　年度	平成　年度	平成　年度	平成　年度	平成　年度
氏名	 平成　年　月　日生	養護								
性別										
園児の育ちに関わる事項		健康状態等（園児の）								

ねらい（発達を捉える視点）			平成　年度	平成　年度	平成　年度	平成　年度
健康	明るく伸び伸びと行動し，充実感を味わう。	指導の重点等	（学年の重点）	（学年の重点）	（学年の重点）	（学年の重点）
	自分の体を十分に動かし，進んで運動しようとする。					
	健康，安全な生活に必要な習慣や態度を身に付ける。		（個人の重点）	（個人の重点）	（個人の重点）	（個人の重点）
人間関係	幼保連携型認定こども園の生活を楽しみ，自分の力で行動することの充実感を味わう。					
	身近な人と親しみ，かかわりを深め，愛情や信頼感を持つ。					
	社会生活における望ましい習慣や態度を身に付ける。	指導上参考となる事項				
環境	身近な環境に親しみ，自然と触れ合う中で様々な事象に興味や関心を持つ。					
	身近な環境に自分からかかわり，発見を楽しんだり，考えたりし，それを生活に取り入れようとする。					
	身近な事象を見たり，考えたり，扱ったりする中で，物の性質や数量，文字などに対する感覚を豊かにする。					
言葉	自分の気持ちを言葉で表現する楽しさを味わう。					
	人の言葉や話などをよく聞き，自分の経験したことや考えたことを話し，伝え合う喜びを味わう。					
	日常生活に必要な言葉が分かるようになるとともに，絵本や物語などに親しみ，先生や友達と心を通わせる。					
表現	いろいろなものの美しさなどに対する豊かな感性をもつ。					
	感じたことや考えたことを自分なりに表現して楽しむ。					
	生活の中でイメージを豊かにし，様々な表現を楽しむ。					

出欠状況		年度	年度	年度	年度	備考				
	教育日数									
	出席日数									

養護：園児の生命の保持及び情緒の安定に関わる事項について記載すること。また，園児の健康状態等について，特に留意する必要がある場合は記載すること。
学年の重点：年度当初に，教育課程に基づき長期の見通しとして設定したものを記入
個人の重点：１年間を振り返って，当該園児の指導について特に重視してきた点を記入
指導上参考となる事項：次の事項について記入すること。
①１年間の指導の過程と幼児の発達の姿について以下の事項を踏まえ記入すること。
・幼保連携型認定こども園教育・保育要領第２章第１「ねらい及び内容」に示された各領域のねらいを視点として，当該幼児の発達の実情から向上が著しいと思われるもの。
その際，他の幼児との比較や一定の基準に対する達成度についての評定によって捉えるものではないことに留意すること。
・園生活を通して全体的，総合的に捉えた園児の発達の姿。
②次の年度の指導に必要と考えられる配慮事項等について記入すること。

教育基本法

（平成18年12月22日　法律第120号）

第1章　教育の目的及び理念

（教育の目的）

第1条　教育は，人格の完成を目指し，平和で民主的な国家及び社会の形成者として必要な資質を備えた心身ともに健康な国民の育成を期して行われなければならない。

（教育の目標）

第2条　教育は，その目的を実現するため，学問の自由を尊重しつつ，次に掲げる目標を達成するよう行われるものとする。

(1)　幅広い知識と教養を身に付け，真理を求める態度を養い，豊かな情操と道徳心を培うとともに，健やかな身体を養うこと。

(2)　個人の価値を尊重して，その能力を伸ばし，創造性を培い，自主及び自律の精神を養うとともに，職業及び生活との関連を重視し，勤労を重んずる態度を養うこと。

(3)　正義と責任，男女の平等，自他の敬愛と協力を重んずるとともに，公共の精神に基づき，主体的に社会の形成に参画し，その発展に寄与する態度を養うこと。

(4)　生命を尊び，自然を大切にし，環境の保全に寄与する態度を養うこと。

(5)　伝統と文化を尊重し，それらをはぐくんできた我が国と郷土を愛するとともに，他国を尊重し，国際社会の平和と発展に寄与する態度を養うこと。

（生涯学習の理念）

第3条　国民一人一人が，自己の人格を磨き，豊かな人生を送ることができるよう，その生涯にわたって，あらゆる機会に，あらゆる場所において学習することができ，その成果を適切に生かすことのできる社会の実現が図られなければならない。

（教育の機会均等）

第4条　すべて国民は，ひとしく，その能力に応じた教育を受ける機会を与えられなければならず，人種，信条，性別，社会的身分，経済的地位又は門地によって，教育上差別されない。

2　国及び地方公共団体は，障害のある者が，その障害の状態に応じ，十分な教育を受けられるよう，教育上必要な支援を講じなければならない。

3　国及び地方公共団体は，能力があるにもかかわらず，経済的理由によって修学が困難な者に対して，奨学の措置を講じなければならない。

第2章　教育の実施に関する基本

（義務教育）

第5条　国民は，その保護する子に，別に法律で定めるところにより，普通教育を受けさせる義務を負う。

2　義務教育として行われる普通教育は，各個人の有する能力を伸ばしつつ社会において自立的に生きる基礎を培い，また，国家及び社会の形成者として必要とされる基本的な資質を養うことを目的として行われるものとする。

3　国及び地方公共団体は，義務教育の機会を保障し，その水準を確保するため，適切な役割分担及び相互の協力の下，その実施に責任を負う。

4　国又は地方公共団体の設置する学校における義務教育については，授業料を徴収しない。

（学校教育）

第6条　法律に定める学校は，公の性質を有するものであって，国，地方公共団体及び法律に定める法人のみが，これを設置することができる。

2　前項の学校においては，教育の目標が達成されるよう，教育を受ける者の心身の発達に応じて，体系的な教育が組織的に行われなければならない。この場合において，教育を受ける者が，学校生活を営む上で必要な規律を重んずるとともに，自ら進んで学習に取り組む意欲を高めることを重視して行われなければならない。

（大学）

第7条　大学は，学術の中心として，高い教養と専門的能力を培うとともに，深く真理を探究して新たな知見を創造し，これらの成果を広く社会に提供することにより，社会の発展に寄与するものとする。

2　大学については，自主性，自律性その他の大学における教育及び研究の特性が尊重されなければならない。

（私立学校）

第8条　私立学校の有する公の性質及び学校教育において果たす重要な役割にかんがみ，国及び地方公共団体は，その自主性を尊重しつつ，助成その他の適当な方法によって私立学校教育の振興に努めなければならない。

（教員）

第9条　法律に定める学校の教員は，自己の崇高な使命を深く自覚し，絶えず研究と修養に励み，その職責の遂行に努めなければならない。

2　前項の教員については，その使命と職責の重要性にかんがみ，その身分は尊重され，待遇の適正が期せられるとともに，養成と研修の充実が図られなければならない。

（家庭教育）

第10条　父母その他の保護者は，子の教育について第一義的責任を有するものであって，生活のために必要な習慣を身に付けさせるとともに，自立心を育成し，心身の調和のとれた発達を図るよう努めるものとする。

2　国及び地方公共団体は，家庭教育の自主性を尊重しつつ，保護者に対する学習の機会及び情報の提供その他の家庭教育を支援するために必要な施策を講ずるよう努めなければならない。

（幼児期の教育）

第11条　幼児期の教育は，生涯にわたる人格形成の基礎を培う重要なものであることにかんがみ，国及び地方公共団体は，幼児の健やかな成長に資する良好な環境の整備その他適当な方法によって，その振興に努めなければならない。

（社会教育）

第12条　個人の要望や社会の要請にこたえ，社会において行われる教育は，国及び地方公共団体によって奨励されなければならない。

2　国及び地方公共団体は，図書館，博物館，公民館その他の社会教育施設の設置，学校の施設の利用，学習の機会及び情報の提供その他の適当な方法によって社会教育の振興に努めなければならない。

（学校，家庭及び地域住民等の相互の連携協力）

第13条　学校，家庭及び地域住民その他の関係者は，教育におけるそれぞれの役割と責任を自覚するとともに，相互の連携及び協力に努めるものとする。

（政治教育）

第14条　良識ある公民として必要な政治的教養は，教育上尊重されなければならない。

2　法律に定める学校は，特定の政党を支持し，又はこれに反対するための政治教育その他政治的活動をしてはならない。

（宗教教育）

第15条　宗教に関する寛容の態度，宗教に関する一般的な教養及び宗教の社会生活における地位は，教育上尊重されなければならない。

2　国及び地方公共団体が設置する学校は，特定の宗教のための宗教教育その他宗教的活動をしてはならない。

第3章　教育行政

（教育行政）

第16条　教育は，不当な支配に服することなく，この法律及び他の法律の定めるところにより行われるべきものであり，教育行政は，国と地方公共団体との適切な役割分担及び相互の協力の下，公正かつ適正に行われなければならない。

2　国は，全国的な教育の機会均等と教育水準の維持向上を図るため，教育に関する施策を総合的に策定し，実施しなければならない。

3　地方公共団体は，その地域における教育の振興を図るため，その実情に応じた教育に関する施策を策定し，実施しなければならない。

4　国及び地方公共団体は，教育が円滑かつ継続的に実施されるよう，必要な財政上の措置を講じなければならない。

（教育振興基本計画）

第17条　政府は，教育の振興に関する施策の総合的かつ計画的な推進を図るため，教育の振興に関する施策についての基本的な方針及び講ずべき施策その他必要な事項について，基本的な計画を定め，これを国会に報告するとともに，公表しなければならない。

2　地方公共団体は，前項の計画を参酌し，その地域の実情に応じ，当該地方公共団体における教育の振興のための施策に関する基本的な計画を定めるよう努めなければならない。

第4章　法令の制定

第18条　この法律に規定する諸条項を実施するため，必要な法令が制定されなければならない。

附　則　抄

（施行期日）

1　この法律は，公布の日から施行する。

学校教育法（抄）

（昭和22年3月31日　法律第26号）
最終改正：平成28年5月20日　法律第47号

第1章　総　則

第1条　この法律で，学校とは，幼稚園，小学校，中学校，高等学校，中等教育学校，特別支援学校，大学及び高等専門学校とする。

第3章　幼稚園

第22条　幼稚園は，義務教育及びその後の教育の基礎を培うものとして，幼児を保育し，幼児の健やかな成長のために適当な環境を与えて，その心身の発達を助長することを目的とする。

第23条　幼稚園における教育は，前条に規定する目的を実現するため，次に掲げる目標を達成するよう行われるものとする。

(1)　健康，安全で幸福な生活のために必要な基本的な習慣を養い，身体諸機能の調和的発達を図ること。

(2)　集団生活を通じて，喜んでこれに参加する態度を養うとともに家族や身近な人への信頼感を深め，自主，自律及び協同の精神並びに規範意識の芽生えを養うこと。

(3)　身近な社会生活，生命及び自然に対する興味を養い，それらに対する正しい理解と態度及び思考力の芽生えを養うこと。

(4)　日常の会話や，絵本，童話等に親しむことを通じて，言葉の使い方を正しく導くとともに，相手の話を理解しようとする態度を養うこと。

(5)　音楽，身体による表現，造形等に親しむことを通じて，豊かな感性と表現力の芽生えを養うこと。

第24条　幼稚園においては，第22条に規定する目的を実現するための教育を行うほか，幼児期の教育に関する各般の問題につき，保護者及び地域住民その他の関係者からの相談に応じ，必要な情報の提供及び助言を行うなど，家庭及び地域における幼児期の教育の支援に努めるものとする。

第25条　幼稚園の教育課程その他の保育内容に関する事項は，第22条及び第23条の規定に従い，文部科学大臣が定める。

第26条　幼稚園に入園することのできる者は，満3歳から，小学校就学の始期に達するまでの幼児とする。

第27条　幼稚園には，園長，教頭及び教諭を置かなければならない

2　幼稚園には，前項に規定するもののほか，副園長，主幹教諭，指導教諭，養護教諭，栄養教諭，事務職員，養護助教諭その他必要な職員を置くことができる。

3　第一項の規定にかかわらず，副園長を置くときその他特別の事情のあるときは，教頭を置かないことができる。

4　園長は，園務をつかさどり，所属職員を監督する。

5　副園長は，園長を助け，命を受けて園務をつかさどる。

6　教頭は，園長（副園長を置く幼稚園にあつては，園長及び副園長）を助け，園務を整理し，及び必要に応じ幼児の保育をつかさどる。

7　主幹教諭は，園長（副園長を置く幼稚園にあつては，園長及び副園長）及び教頭を助け，命を受けて園務の一部を整理し，並びに幼児の保育をつかさどる。

8　指導教諭は，幼児の保育をつかさどり，並びに教諭その他の職員に対して，保育の改善及び充実のために必要な指導及び助言を行う。

9　教諭は，幼児の保育をつかさどる。

10　特別の事情のあるときは，第1項の規定にかかわらず，教諭に代えて助教諭又は講師を置くことができる。

11　学校の実情に照らし必要があると認めるときは，第7項の規定にかかわらず，園長（副園長を置く幼稚園にあつては，園長及び副園長）及び教頭を助け，命を受けて園務の一部を整理し，並びに幼児の養護又は栄養の指導及び管理をつかさどる主幹教諭を置くことができる。

第28条　第37条第6項，第8項及び第12項から第17項まで並びに第42条から第44条までの規定は，幼稚園に準用する。

第4章　小学校

第29条　小学校は，心身の発達に応じて，義務教育として行われる普通教育のうち基礎的なものを施すことを目的とする

●児童福祉法（抄）

（昭和22年12月12日　法律第164号）
最終改正：平成29年6月23日　法律第71号

（児童福祉の理念）

第１条　全て児童は，児童の権利条約の精神にのっとり，適切に養育されること，その生活を保障されること，愛され，保護されること，その心身の健やかな成長及び発達並びにその自立が図られることその他の福祉を等しく保障される権利を有する。

（児童育成の責任）

第２条　全て国民は，児童が良好な環境において生まれ，かつ，社会のあらゆる分野において，児童の年齢及び発達の程度に応じて，その意見が尊重され，その最善の利益が優先して考慮され，心身ともに健やかに育成されるように努めなければならない。

２．児童の保護者は，児童を心身ともに健やかに育成することについて第一義的責任を負う。

３．国及び地方公共団体は，児童の保護者とともに，児童を心身ともに健やかに育成する責任を負う。

●幼稚園設置基準

（昭和 31 年 12 月 13 日　文部省令第 32 号）
最終改正：平成 26 年 7 月 31 日　文部科学省令第 23 号

第1章　総　則

（趣旨）
第１条　幼稚園設置基準は，学校教育法施行規則（昭和 22 年文部省令第 11 号）に定めるもののほか，この省令の定めるところによる。
（基準の向上）
第２条　この省令で定める設置基準は，幼稚園を設置するのに必要な最低の基準を示すものであるから，幼稚園の設置者は，幼稚園の水準の向上を図ることに努めなければならない。

第2章　編　制

（１学級の幼児数）
第３条　１学級の幼児数は，35 人以下を原則とする。
（学級の編制）
第４条　学級は，学年の初めの日の前日において同じ年齢にある幼児で編制することを原則とする。
（教職員）
第５条　幼稚園には，園長のほか，各学級ごとに少なくとも専任の主幹教諭，指導教諭又は教諭（次項において「教諭等」という。）を１人置かなければならない。
２　特別の事情があるときは，教諭等は，専任の副園長又は教頭が兼ね，又は当該幼稚園の学級数の３分の１の範囲内で，専任の助教諭若しくは講師をもつて代えることができる。
３　専任でない園長を置く幼稚園にあつては，前２項の規定により置く主幹教諭，指導教諭，教諭，助教諭又は講師のほか，副園長，教頭，主幹教諭，指導教諭，教諭，助教諭又は講師を１人置くことを原則とする。
４　幼稚園に置く教員等は，教育上必要と認められる場合は，他の学校の教員等と兼ねることができる。
第６条　幼稚園には，養護をつかさどる主幹教諭，養護教諭又は養護助教諭及び事務職員を置くように努めなければならない。

第3章　施設及び設備

（一般的基準）
第７条　幼稚園の位置は，幼児の教育上適切で，通園の際安全な環境にこれを定めなければならない。
２　幼稚園の施設及び設備は，指導上，保健衛生上，安全上及び管理上適切なものでなければならない。
（園地，園舎及び運動場）
第８条　園舎は，２階建以下を原則とする。園舎を２階建とする場合及び特別の事情があるため園舎を３階建以上とする場合にあつては，保育室，遊戯室及び便所の施設は，第１階に置かなければならない。ただし，園舎が耐火建築物で，幼児の待避上必要な施設を備えるものにあつては，これらの施設を第２階に置くことができる。
２　園舎及び運動場は，同一の敷地内又は隣接する位置に設けることを原則とする。
３　園地，園舎及び運動場の面積は，別に定める。
（施設及び設備等）
第９条　幼稚園には，次の施設及び設備を備えなければならない。ただし，特別の事情があるときは，保育室と遊戯室及び職員室と保健室とは，それぞれ兼用することができる。
⑴　職員室
⑵　保育室
⑶　遊戯室
⑷　保健室
⑸　便所
⑹　飲料水用設備，手洗用設備，足洗用設備
２　保育室の数は，学級数を下つてはならない。
３　飲料水用設備は，手洗用設備又は足洗用設備と区別して備えなければならない。
４　飲料水の水質は，衛生上無害であることが証明されたものでなければならない。
第 10 条　幼稚園には，学級数及び幼児数に応じ，教育上，保健衛生上及び安全上必要な種類及び数の園具及び教具を備えなければならない。
２　前項の園具及び教具は，常に改善し，補充しなければならない。
第 11 条　幼稚園には，次の施設及び設備を備えるように努めなければならない。
⑴　放送聴取設備
⑵　映写設備
⑶　水遊び場
⑷　幼児清浄用設備
⑸　給食施設
⑹　図書室
⑺　会議室
（他の施設及び設備の使用）
第 12 条　幼稚園は，特別の事情があり，かつ，教育上及び安全上支障がない場合は，他の学校等の施設及び設備を使用することができる。

第4章　雑　則

（保育所等との合同活動等に関する特例）

第13条　幼稚園は，次に掲げる場合においては，各学級の幼児と当該幼稚園に在籍しない者を共に保育することができる。

⑴　当該幼稚園及び保育所等（就学前の子どもに関する教育，保育等の総合的な提供の推進に関する法律（平成18年法律第77号。）第2条第5項に規定する保育所等をいう。以下同じ。）のそれぞれの用に供される建物及びその附属設備が一体的に設置されている場合における当該保育等において，満3歳以上の子どもに対し学校教育法第23条各号に掲げる目標が達成されるよう保育を行うに当たり，当該幼稚園との緊密な連携協力体制を確保する必要があると認められる場合

⑵　前号に掲げる場合のほか，経済的社会的条件の変化に伴い幼児の数が減少し，又は幼児が他の幼児と共に活動する機会が減少したことその他の事情により，学校教育法第23条第2号に掲げる目標を達成することが困難であると認められることから，幼児の心身の発達を助長するために特に必要があると認められる場合

2　前項の規定により各学級の幼児と当該幼稚園に在籍しない者を共に保育する場合においては，第3条中「1学級の幼児数」とあるのは「1学級の幼児数（当該幼稚園に在籍しない者であつて当該学級の幼児と共に保育されるものの数を含む。）」と，第5条第4項中「他の学校の教員等」とあるのは「他の学校の教員等又は保育所等の保育士等」と，第10条第1項中「幼児数」とあるのは「幼児数（当該幼稚園に在籍しない者であつて各学級の幼児と共に保育されるものの数を含む。）」と読み替えて，これらの規定を適用する。

別表第1（園舎の面積）

学級数	1学級	2学級以上
面　積	180平方メートル	320＋100×（学級数－2）平方メートル

別表第2　（運動場の面積）

学級数	2学級以下	3学級以上
面　積	330＋30×（学級数－1）平方メートル	400＋80×（学級数－3）平方メートル

児童福祉施設の設備及び運営に関する基準（抄）

（昭和 23 年 12 月 29 日　厚生省令第 63 号）
最終改正：平成 29 年 3 月 31 日　厚生労働省令第 38 号

第５章　保育所

（設備の基準）

第 32 条　保育所の設備の基準は，次のとおりとする。

⑴　乳児又は満２歳に満たない幼児を入所させる保育所には，乳児室又はほふく室，医務室，調理室及び便所を設けること。

⑵　乳児室の面積は，乳児又は前号の幼児一人につき 1.65 平方メートル以上であること。

⑶　ほふく室の面積は，乳児又は第１号の幼児１人につき 3.3 平方メートル以上であること。

⑷　乳児室又はほふく室には，保育に必要な用具を備えること。

⑸　満２歳以上の幼児を入所させる保育所には，保育室又は遊戯室，屋外遊戯場（保育所の付近にある屋外遊戯場に代わるべき場所を含む。次号において同じ。），調理室及び便所を設けること。

⑹　保育室又は遊戯室の面積は，前号の幼児１人につき 1.98 平方メートル以上，屋外遊戯場の面積は，前号の幼児１人につき 3.3 平方メートル以上であること。

⑺　保育室又は遊戯室には，保育に必要な用具を備えること。

⑻　乳児室，ほふく室，保育室又は遊戯室（以下「保育室等」という。）を２階に設ける建物は，次のイ，ロ及びへの要件に，保育室等を３階以上に設ける建物は，次のロからチまでの要件に該当するものであること。

イ　建築基準法（昭和 25 年法律第 201 号）第２条第９号の２に規定する耐火建築物又は同条第９号の３に規定する準耐火建築物（同号ロに該当するものを除く。）であること。

ロ　保育室等が設けられている次の表の上欄に掲げる階に応じ，同表の中欄に掲げる区分ごとに，それぞれ同表の下欄に掲げる施設又は設備が１以上設けられていること。

階	区分	施設又は設備
２階	常用	1　屋内階段 2　屋外階段
	避難用	1　建築基準法施行令（昭和 25 年政令第 338 号）第 123 条第１項各号又は同条第３項各号に規定する構造の屋内階段（ただし，同条第１項の場合においては，当該階段の構造は，建築物の１階から２階までの部分に限り，屋内と階段室とは，バルコニー又は付室を通じて連絡することとし，かつ，同条第３項第３号，第４号及び第 10 号を満たすものとする。） 2　待避上有効なバルコニー 3　建築基準法第２条第７号の２に規定する準耐火構造の屋外傾斜路又はこれに準ずる設備 4　屋外階段
３階	常用	1　建築基準法施行令第 123 条第１項各号又は同条第３項各号に規定する構造の屋内階段 2　屋外階段
	避難用	1　建築基準法施行令第 123 条第１項各号又は同条第３項各号に規定する構造の屋内階段（ただし，同条第１項の場合においては，当該階段の構造は，建築物の１階から３階までの部分に限り，屋内と階段室とは，バルコニー又は付室を通じて連絡することとし，かつ，同条第３項第２号，第４号及び第 10 号を満たすものとする。） 2　建築基準法第２条第７号に規定する耐火構造の屋外傾斜路又はこれに準ずる設備 3　屋外階段
４階以上	常用	1　建築基準法施行令第 123 条第１項各号又は同条第３項各号に規定する構造の屋内階段 2　建築基準法施行令第 123 条第２項各号に規定する構造の屋外階段
	避難用	1　建築基準法施行令第 123 条第１項各号又は同条第３項各号に規定する構造の屋内階段（ただし，同条第１項の場合においては，当該階段の構造は，建築物の１階から保育室等が設けられている階までの部分に限り，屋内と階段室とは，バルコニー又は付室（階段室が同条第３項第２号に規定する構造を有する場合を除き，同号に規定する構造を有するものに限る。）を通じて連絡することとし，かつ，同条第３項第３号，第４号及び第 10 号を満たすものとする。） 2　建築基準法第２条第７号に規定する耐火構造の屋外傾斜路 3　建築基準法施行令第 123 条第２項各号に規定する構造の屋外階段

ハ　ロに掲げる施設及び設備が避難上有効な位置に設けられ，かつ，保育室等の各部分からその１に至る歩行距離が 30 メートル以下となるように設けられていること。

ニ　保育所の調理室（次に掲げる要件のいずれかに該当するものを除く。ニにおいて同じ。）以外の部分と保育所の調理室の部分が建築基準法第２条第７号に規定する耐火構造の床若しくは壁又は建築基準法施行令第 112 条第１項に規定する特定防火設備で区画されていること。この場合において，換気，暖房又は冷房の設備の風道が，当該床若しくは壁を貫通する部分又はこれに近接する部分に防火上有効にダンパーが設けられていること。

⑴スプリンクラー設備その他これに類するもので自動式のものが設けられていること。

⑵調理用器具の種類に応じて有効な自動消火装置が

設けられ，かつ，当該調理室の外部への延焼を防止するために必要な措置が講じられていること。

ホ　保育所の壁及び天井の室内に面する部分の仕上げを不燃材料でしていること。

ヘ　保育室等その他乳幼児が出入し，又は通行する場所に，乳幼児の転落事故を防止する設備が設けられていること。

ト　非常警報器具又は非常警報設備及び消防機関へ火災を通報する設備が設けられていること。

チ　保育所のカーテン，敷物，建具等で可燃性のものについて防炎処理が施されていること。

（保育所の設備の基準の特例）

第 32 条の 2　次の各号に掲げる要件を満たす保育所は，第 11 条第 1 項の規定にかかわらず，当該保育所の満 3 歳以上の幼児に対する食事の提供について，当該保育所外で調理し搬入する方法により行うことができる。この場合において，当該保育所は，当該食事の提供について当該方法によることとしてもなお当該保育所において行うことが必要な調理のための加熱，保存等の調理機能を有する設備を備えるものとする。

(1) 幼児に対する食事の提供の責任が当該保育所にあり，その管理者が，衛生面，栄養面等業務上必要な注意を果たし得るような体制及び調理業務の受託者との契約内容が確保されていること。

(2) 当該保育所又は他の施設，保健所，市町村等の栄養士により，献立等について栄養の観点からの指導が受けられる体制にある等，栄養士による必要な配慮が行われること。

(3) 調理業務の受託者を，当該保育所における給食の趣旨を十分に認識し，衛生面，栄養面等，調理業務を適切に遂行できる能力を有する者とすること。

(4) 幼児の年齢及び発達の段階並びに健康状態に応じた食事の提供や，アレルギー，アトピー等への配慮，必要な栄養素量の給与等，幼児の食事の内容，回数及び時機に適切に応じることができること。

(5) 食を通じた乳幼児の健全育成を図る観点から，乳幼児の発育及び発達の過程に応じて食に関し配慮すべき事項を定めた食育に関する計画に基づき食事を提供するよう努めること。

（職員）

第 33 条　保育所には，保育士（特区法第 12 条の 4 第 5 項に規定する事業実施区域内にある保育所にあつては，保育士又は当該事業実施区域に係る国家戦略特別区域限定保育士。次項において同じ。），嘱託医及び調理員を置かなければならない。ただし，調理業務の全部を委託する施設にあつては，調理員を置かないことができる。

2　保育士の数は，乳児おおむね 3 人につき 1 人以上，満 1 歳以上満 3 歳に満たない幼児おおむね 6 人につき 1 人以上，満 3 歳以上満 4 歳に満たない幼児おおむね 20 人につき 1 人以上，満 4 歳以上の幼児おおむね 30 人につき 1 人以上とする。ただし，保育所 1 につき 2 人を下ることはできない。

（保育時間）

第 34 条　保育所における保育時間は，1 日につき 8 時間を原則とし，その地方における乳幼児の保護者の労働時間その他家庭の状況等を考慮して，保育所の長がこれを定める。

（保育の内容）

第 35 条　保育所における保育は，養護及び教育を一体的に行うことをその特性とし，その内容については，厚生労働大臣が定める指針に従う。

（保護者との連絡）

第 36 条　保育所の長は，常に入所している乳幼児の保護者と密接な連絡をとり，保育の内容等につき，その保護者の理解及び協力を得るよう努めなければならない。

（業務の質の評価等）

第 36 条の 2　保育所は，自らその行う法第 39 条に規定する業務の質の評価を行い，常にその改善を図らなければならない。

2　保育所は，定期的に外部の者による評価を受けて，それらの結果を公表し，常にその改善を図るよう努めなければならない。

第 36 条の 3　削除

幼稚園教育要領

（平成 20 年 3 月　文部科学省告示第 26 号）
最終改正：平成 29 年 3 月 31 日　文部科学省告示第 62 号

目　次

教育は，教育基本法第 1 条に定めるとおり，人格の完成を目指し，平和で民主的な国家及び社会の形成者として必要な資質を備えた心身ともに健康な国民の育成を期すという目的のもと，同法第 2 条に掲げる次の目標を達成するよう行われなければならない。

1　幅広い知識と教養を身に付け，真理を求める態度を養い，豊かな情操と道徳心を培うとともに，健やかな身体を養うこと。

2　個人の価値を尊重して，その能力を伸ばし，創造性を培い，自主及び自律の精神を養うとともに，職業及び生活との関連を重視し，勤労を重んずる態度を養うこと。

3　正義と責任，男女の平等，自他の敬愛と協力を重んずるとともに，公共の精神に基づき，主体的に社会の形成に参画し，その発展に寄与する態度を養うこと。

4　生命を尊び，自然を大切にし，環境の保全に寄与する態度を養うこと。

5　伝統と文化を尊重し，それらをはぐくんできた我が国と郷土を愛するとともに，他国を尊重し，国際社会の平和と発展に寄与する態度を養うこと。

また，幼児期の教育については，同法第 11 条に掲げるとおり，生涯にわたる人格形成の基礎を培う重要なものであることにかんがみ，国及び地方公共団体は，幼児の健やかな成長に資する良好な環境の整備その他適当な方法によって，その振興に努めなければならないこととされている。

これからの幼稚園には，学校教育の始まりとして，こうした教育の目的及び目標の達成を目指しつつ，一人一人の幼児が，将来，自分のよさや可能性を認識するとともに，あらゆる他者を価値のある存在として尊重し，多様な人々と協働しながら様々な社会的変化を乗り越え，豊かな人生を切り拓き，持続可能な社会のひら創り手となることができるようにするための基礎を培うことが求められる。このために必要な教育の在り方を具体化するのが，各幼稚園において教育の内容等を組織的かつ計画的に組み立てた教育課程である。

教育課程を通して，これからの時代に求められる教育を実現していくためには，よりよい学校教育を通してよりよい社会を創るという理念を学校と社会とが共有し，それぞれの幼稚園において，幼児期にふさわしい生活をどのように展開し，どのような資質・能力を育むようにするのかを教育課程において明確にしながら，社会との連携及び協働によりその実現を図っていくという，社会に開かれた教育課程の実現が重要となる。

幼稚園教育要領とは，こうした理念の実現に向けて必要となる教育課程の基準を大綱的に定めるものである。幼稚園教育要領が果たす役割の一つは，公の性質を有する幼稚園における教育水準を全国的に確保することである。また，各幼稚園がその特色を生かして創意工夫を重ね，長年にわたり積み重ねられてきた教育実践や学術研究の蓄積を生かしながら，幼児や地域の現状や課題を捉え，家庭や地域社会と協力して，幼稚園教育要領を踏まえた教育活動の更なる充実を図っていくことも重要である。

幼児の自発的な活動としての遊びを生み出すために必要な環境を整え，一人一人の資質・能力を育んでいくことは，教職員をはじめとする幼稚園関係者はもとより，家庭や地域の人々も含め，様々な立場から幼児や幼稚園に関わる全ての大人に期待される役割である。家庭との緊密な連携の下，小学校以降の教育や生涯にわたる学習とのつながりを見通しながら，幼児の自発的な活動としての遊びを通しての総合的な指導をする際に広く活用されるものとなることを期待して，ここに幼稚園教育要領を定める。

第 1 章　総　則

第 1　幼稚園教育の基本

幼児期の教育は，生涯にわたる人格形成の基礎を培う重要なものであり，幼稚園教育は，学校教育法に規定する目的及び目標を達成するため，幼児期の特性を踏まえ，環境を通して行うものであることを基本とする。

このため教師は，幼児との信頼関係を十分に築き，幼児が身近な環境に主体的に関わり，環境との関わり方や意味に気付き，これらを取り込もうとして，試行錯誤したり，考えたりするようになる幼児期の教育における見方・考え方を生かし，幼児と共によりよい教育環境を創造するように努めるものとする。これらを踏まえ，次に示す事項を重視して教育を行わなければならない。

1 幼児は安定した情緒の下で自己を十分に発揮することにより発達に必要な体験を得ていくものであることを考慮して，幼児の主体的な活動を促し，幼児期にふさわしい生活が展開されるようにすること。

2 幼児の自発的な活動としての遊びは，心身の調和のとれた発達の基礎を培う重要な学習であることを考慮して，遊びを通しての指導を中心として第２章に示すねらいが総合的に達成されるようにすること。

3 幼児の発達は，心身の諸側面が相互に関連し合い，多様な経過をたどって成し遂げられていくものであること，また，幼児の生活経験がそれぞれ異なることなどを考慮して，幼児一人一人の特性に応じ，発達の課題に即した指導を行うようにすること。

その際，教師は，幼児の主体的な活動が確保されるよう幼児一人一人の行動の理解と予想に基づき，計画的に環境を構成しなければならない。この場合において，教師は，幼児と人やものとの関わりが重要であることを踏まえ，教材を工夫し，物的・空間的環境を構成しなければならない。また，幼児一人一人の活動の場面に応じて，様々な役割を果たし，その活動を豊かにしなければならない。

第２ 幼稚園教育において育みたい資質・能力及び「幼児期の終わりまでに育ってほしい姿」

1 幼稚園においては，生きる力の基礎を育むため，この章の第１に示す幼稚園教育の基本を踏まえ，次に掲げる資質・能力を一体的に育むよう努めるものとする。

(1)豊かな体験を通じて，感じたり，気付いたり，分かったり，できるようになったりする「知識及び技能の基礎」

(2)気付いたことや，できるようになったことなどを使い，考えたり，試したり，工夫したり，表現したりする「思考力，判断力，表現力等の基礎」

(3)心情，意欲，態度が育つ中で，よりよい生活を営もうとする「学びに向かう力，人間性等」

2 １に示す資質・能力は，第２章に示すねらい及び内容に基づく活動全体によって育むものである。

3 次に示す「幼児期の終わりまでに育ってほしい姿」は，第２章に示すねらい及び内容に基づく活動全体を通して資質・能力が育まれている幼児の幼稚園修了時の具体的な姿であり，教師が指導を行う際に考慮するものである。

(1)健康な心と体

幼稚園生活の中で，充実感をもって自分のやりたいことに向かって心と体を十分に働かせ，見通しをもって行動し，自ら健康で安全な生活をつくり出すようになる。

(2)自立心

身近な環境に主体的に関わり様々な活動を楽しむ中で，しなければならないことを自覚し，自分の力で行うために考えたり，工夫したりしながら，諦めずにやり遂げることで達成感を味わい，自信をもって行動するようになる。

(3)協同性

友達と関わる中で，互いの思いや考えなどを共有し，共通の目的の実現に向けて，考えたり，工夫したり，協力したりし，充実感をもってやり遂げるようになる。

(4)道徳性・規範意識の芽生え

友達と様々な体験を重ねる中で，してよいことや悪いことが分かり，自分の行動を振り返ったり，友達の気持ちに共感したりし，相手の立場に立って行動するようになる。また，きまりを守る必要性が分かり，自分の気持ちを調整し，友達と折り合いを付けながら，きまりをつくったり，守ったりするようになる。

(5)社会生活との関わり

家族を大切にしようとする気持ちをもつとともに，地域の身近な人と触れ合う中で，人との様々な関わり方に気付き，相手の気持ちを考えて関わり，自分が役に立つ喜びを感じ，地域に親しみをもつようになる。また，幼稚園内外の様々な環境に関わる中で，遊びや生活に必要な情報を取り入れ，情報に基づき判断したり，情報を伝え合ったり，活用したりするなど，情報を役立てながら活動するようになるとともに，公共の施設を大切に利用するなどして，社会とのつながりなどを意識するようになる。

(6)思考力の芽生え

身近な事象に積極的に関わる中で，物の性質や仕組みなどを感じ取ったり，気付いたりし，考えたり，予想したり，工夫したりするなど，多様な関わりを楽しむようになる。また，友達の様々な考えに触れる中で，自分と異なる考えがあることに気付き，自ら判断したり，考え直したりするなど，新しい考えを生み出す喜びを味わいながら，自分の考えをよりよいものにするようになる。

(7)自然との関わり・生命尊重

自然に触れて感動する体験を通して，自然の変化などを感じ取り，好奇心や探究心をもって考え言葉などで表現しながら，身近な事象への関心が高まるとともに，自然への愛情や畏敬の念をもつようになる。また，身近な動植物に心を動かされる中で，生命の不思議さや尊さに気付き，身近な動植物への接し方を考え，命あるものとしていたわり，大切にする気持ちをもって関わるようになる。

⑻数量や図形，標識や文字などへの関心・感覚

遊びや生活の中で，数量や図形，標識や文字などに親しむ体験を重ねたり，標識や文字の役割に気付いたりし，自らの必要感に基づきこれらを活用し，興味や関心，感覚をもつようになる。

⑼言葉による伝え合い

先生や友達と心を通わせる中で，絵本や物語などに親しみながら，豊かな言葉や表現を身に付け，経験したことや考えたことなどを言葉で伝えたり，相手の話を注意して聞いたりし，言葉による伝え合いを楽しむようになる。

⑽豊かな感性と表現

心を動かす出来事などに触れ感性を働かせる中で，様々な素材の特徴や表現の仕方などに気付き，感じたことや考えたことを自分で表現したり，友達同士で表現する過程を楽しんだりし，表現する喜びを味わい，意欲をもつようになる。

第３　教育課程の役割と編成等

１　教育課程の役割

各幼稚園においては，教育基本法及び学校教育法その他の法令並びにこの幼稚園教育要領の示すところに従い，創意工夫を生かし，幼児の心身の発達と幼稚園及び地域の実態に即応した適切な教育課程を編成するものとする。

また，各幼稚園においては，６に示す全体的な計画にも留意しながら，「幼児期の終わりまでに育ってほしい姿」を踏まえ教育課程を編成すること，教育課程の実施状況を評価してその改善を図っていくこと，教育課程の実施に必要な人的又は物的な体制を確保するとともにその改善を図っていくことなどを通して，教育課程に基づき組織的かつ計画的に各幼稚園の教育活動の質の向上を図っていくこと（以下「カリキュラム・マネジメント」という。）に努めるものとする。

２　各幼稚園の教育目標と教育課程の編成

教育課程の編成に当たっては，幼稚園教育において育みたい資質・能力を踏まえつつ，各幼稚園の教育目標を明確にするとともに，教育課程の編成についての基本的な方針が家庭や地域とも共有されるよう努めるものとする。

３　教育課程の編成上の基本的事項

⑴幼稚園生活の全体を通して第２章に示すねらいが総合的に達成されるよう，教育課程に係る教育期間や幼児の生活経験や発達の過程などを考慮して具体的なねらいと内容を組織するものとする。この場合においては，特に，自我が芽生え，他者の存在を意識し，自己を抑制しようとする気持ちが生まれる幼児期の発達の特性を踏まえ，入園から修了に至るまでの長期的な視野をもって充実した生活が展開できるように配慮するものとする。

⑵幼稚園の毎学年の教育課程に係る教育週数は，特別の事情のある場合を除き，39 週を下ってはならない。

⑶幼稚園の１日の教育課程に係る教育時間は，４時間を標準とする。ただし，幼児の心身の発達の程度や季節などに適切に配慮するものとする。

４　教育課程の編成上の留意事項

教育課程の編成に当たっては，次の事項に留意するものとする。

⑴幼児の生活は，入園当初の一人一人の遊びや教師との触れ合いを通して幼稚園生活に親しみ，安定していく時期から，他の幼児との関わりの中で幼児の主体的な活動が深まり，幼児が互いに必要な存在であることを認識するようになり，やがて幼児同士や学級全体で目的をもって協同して幼稚園生活を展開し，深めていく時期などに至るまでの過程を様々に経ながら広げられていくものであることを考慮し，活動がそれぞれの時期にふさわしく展開されるようにすること。

⑵入園当初，特に，３歳児の入園については，家庭との連携を緊密にし，生活のリズムや安全面に十分配慮すること。また，満３歳児については，学年の途中から入園することを考慮し，幼児が安心して幼稚園生活を過ごすことができるよう配慮すること。

⑶幼稚園生活が幼児にとって安全なものとなるよう，教職員による協力体制の下，幼児の主体的な活動を大切にしつつ，園庭や園舎などの環境の配慮や指導の工夫を行うこと。

５　小学校教育との接続に当たっての留意事項

⑴幼稚園においては，幼稚園教育が，小学校以降の生活や学習の基盤の育成につながることに配慮し，幼児期にふさわしい生活を通して，創造的な思考や主体的な生活態度などの基礎を培うようにするものとする。

⑵幼稚園教育において育まれた資質・能力を踏まえ，小学校教育が円滑に行われるよう，小学校の教師との意見交換や合同の研究の機会などを設け，「幼児期の終わりまでに育ってほしい姿」を共有するなど連携を図り，幼稚園教育と小学校教育との円滑な接続を図るよう努めるものとする。

６　全体的な計画の作成

各幼稚園においては，教育課程を中心に，第３章に示す教育課程に係る教育時間の終了後等に行う教育活動の計画，学校保健計画，学校安全計画などとを関連させ，一体的に教育活動が展開されるよう全体的な計画を作成するものとする。

第4 指導計画の作成と幼児理解に基づいた評価

1 指導計画の考え方

幼稚園教育は，幼児が自ら意欲をもって環境と関わることによりつくり出される具体的な活動を通して，その目標の達成を図るものである。幼稚園においてはこのことを踏まえ，幼児期にふさわしい生活が展開され，適切な指導が行われるよう，それぞれの幼稚園の教育課程に基づき，調和のとれた組織的，発展的な指導計画を作成し，幼児の活動に沿った柔軟な指導を行わなければならない。

2 指導計画の作成上の基本的事項

⑴指導計画は，幼児の発達に即して一人一人の幼児が幼児期にふさわしい生活を展開し，必要な体験を得られるようにするために，具体的に作成するものとする。

⑵指導計画の作成に当たっては，次に示すところにより，具体的なねらい及び内容を明確に設定し，適切な環境を構成することなどにより活動が選択・展開されるようにするものとする。

ア 具体的なねらい及び内容は，幼稚園生活における幼児の発達の過程を見通し，幼児の生活の連続性，季節の変化などを考慮して，幼児の興味や関心，発達の実情などに応じて設定すること。

イ 環境は，具体的なねらいを達成するために適切なものとなるように構成し，幼児が自らその環境に関わることにより様々な活動を展開しつつ必要な体験を得られるようにすること。その際，幼児の生活する姿や発想を大切にし，常にその環境が適切なものとなるようにすること。

ウ 幼児の行う具体的な活動は，生活の流れの中で様々に変化するものであることに留意し，幼児が望ましい方向に向かって自ら活動を展開していくことができるよう必要な援助をすること。

その際，幼児の実態及び幼児を取り巻く状況の変化などに即して指導の過程についての評価を適切に行い，常に指導計画の改善を図るものとする。

3 指導計画の作成上の留意事項

指導計画の作成に当たっては，次の事項に留意するものとする。

⑴長期的に発達を見通した年，学期，月などにわたる長期の指導計画やこれとの関連を保ちながらより具体的な幼児の生活に即した週，日などの短期の指導計画を作成し，適切な指導が行われるようにすること。特に，週，日などの短期の指導計画については，幼児の生活のリズムに配慮し，幼児の意識や興味の連続性のある活動が相互に関連して幼稚園生活の自然な流れの中に組み込まれるようにすること。

⑵幼児が様々な人やものとの関わりを通して，多様な体験をし，心身の調和のとれた発達を促すようにしていくこと。その際，幼児の発達に即して主体的・対話的で深い学びが実現するようにするとともに，心を動かされる体験が次の活動を生み出すことを考慮し，一つ一つの体験が相互に結び付き，幼稚園生活が充実するようにすること。

⑶言語に関する能力の発達と思考力等の発達が関連していることを踏まえ，幼稚園生活全体を通して，幼児の発達を踏まえた言語環境を整え，言語活動の充実を図ること。

⑷幼児が次の活動への期待や意欲をもつことができるよう，幼児の実態を踏まえながら，教師や他の幼児と共に遊びや生活の中で見通しをもったり，振り返ったりするよう工夫すること。

⑸行事の指導に当たっては，幼稚園生活の自然の流れの中で生活に変化や潤いを与え，幼児が主体的に楽しく活動できるようにすること。なお，それぞれの行事についてはその教育的価値を十分検討し，適切なものを精選し，幼児の負担にならないようにすること。

⑹幼児期は直接的な体験が重要であることを踏まえ，視聴覚教材やコンピュータなど情報機器を活用する際には，幼稚園生活では得難い体験を補完するなど，幼児の体験との関連を考慮すること。

⑺幼児の主体的な活動を促すためには，教師が多様な関わりをもつことが重要であることを踏まえ，教師は，理解者，共同作業者など様々な役割を果たし，幼児の発達に必要な豊かな体験が得られるよう，活動の場面に応じて，適切な指導を行うようにすること。

⑻幼児の行う活動は，個人，グループ，学級全体などで多様に展開されるものであることを踏まえ，幼稚園全体の教師による協力体制を作りながら，一人一人の幼児が興味や欲求を十分に満足させるよう適切な援助を行うようにすること。

4 幼児理解に基づいた評価の実施

幼児一人一人の発達の理解に基づいた評価の実施に当たっては，次の事項に配慮するものとする。

⑴指導の過程を振り返りながら幼児の理解を進め，幼児一人一人のよさや可能性などを把握し，指導の改善に生かすようにすること。その際，他の幼児との比較や一定の基準に対する達成度についての評定によって捉えるものではないことに留意すること。

⑵評価の妥当性や信頼性が高められるよう創意工夫を行い，組織的かつ計画的な取組を推進するとともに，次年度又は小学校等にその内容が適切に引き継がれるようにすること。

第5 特別な配慮を必要とする幼児への指導

1 障害のある幼児などへの指導

障害のある幼児などへの指導に当たっては，集団の中で生活することを通して全体的な発達を促していくことに配慮し，特別支援学校などの助言又は援助を活用しつつ，個々の幼児の障害の状態などに応じた指導内容や指導方法の工夫を組織的かつ計画的に行うものとする。また，家庭，地域及び医療や福祉，保健等の業務を行う関係機関との連携を図り，長期的な視点で幼児への教育的支援を行うために，個別の教育支援計画を作成し活用することに努めるとともに，個々の幼児の実態を的確に把握し，個別の指導計画を作成し活用することに努めるものとする。

2　海外から帰国した幼児や生活に必要な日本語の習得に困難のある幼児の幼稚園生活への適応

海外から帰国した幼児や生活に必要な日本語の習得に困難のある幼児については，安心して自己を発揮できるよう配慮するなど個々の幼児の実態に応じ，指導内容や指導方法の工夫を組織的かつ計画的に行うものとする。

第6　幼稚園運営上の留意事項

1　各幼稚園においては，園長の方針の下に，園務分掌に基づき教職員が適切に役割を分担しつつ，相互に連携しながら，教育課程や指導の改善を図るものとする。また，各幼稚園が行う学校評価については，教育課程の編成，実施，改善が教育活動や幼稚園運営の中核となることを踏まえ，カリキュラム・マネジメントと関連付けながら実施するよう留意するものとする。

2　幼児の生活は，家庭を基盤として地域社会を通じて次第に広がりをもつものであることに留意し，家庭との連携を十分に図るなど，幼稚園における生活が家庭や地域社会と連続性を保ちつつ展開されるようにするものとする。その際，地域の自然，高齢者や異年齢の子供などを含む人材，行事や公共施設などの地域の資源を積極的に活用し，幼児が豊かな生活体験を得られるように工夫するものとする。また，家庭との連携に当たっては，保護者との情報交換の機会を設けたり，保護者と幼児との活動の機会を設けたりなどすることを通じて，保護者の幼児期の教育に関する理解が深まるよう配慮するものとする。

3　地域や幼稚園の実態等により，幼稚園間に加え，保育所，幼保連携型認定こども園，小学校，中学校，高等学校及び特別支援学校などとの間の連携や交流を図るものとする。特に，幼稚園教育と小学校教育の円滑な接続のため，幼稚園の幼児と小学校の児童との交流の機会を積極的に設けるようにするものとする。また，障害のある幼児児童生徒との交流及び共同学習の機会を設け，共に尊重し合いながら協働して生活していく態度を育むよう努めるものとする。

第7　教育課程に係る教育時間終了後等に行う教育活動など

幼稚園は，第3章に示す教育課程に係る教育時間の終了後等に行う教育活動について，学校教育法に規定する目的及び目標並びにこの章の第1に示す幼稚園教育の基本を踏まえ実施するものとする。また，幼稚園の目的の達成に資するため，幼児の生活全体が豊かなものとなるよう家庭や地域における幼児期の教育の支援に努めるものとする。

第2章　ねらい及び内容

この章に示すねらいは，幼稚園教育において育みたい資質・能力を幼児の生活する姿から捉えたものであり，内容は，ねらいを達成するために指導する事項である。各領域は，これらを幼児の発達の側面から，心身の健康に関する領域「健康」，人との関わりに関する領域「人間関係」，身近な環境との関わりに関する領域「環境」，言葉の獲得に関する領域「言葉」及び感性と表現に関する領域「表現」としてまとめ，示したものである。内容の取扱いは，幼児の発達を踏まえた指導を行うに当たって留意すべき事項である。

各領域に示すねらいは，幼稚園における生活の全体を通じ，幼児が様々な体験を積み重ねる中で相互に関連をもちながら次第に達成に向かうものであること，内容は，幼児が環境に関わって展開する具体的な活動を通して総合的に指導されるものであることに留意しなければならない。

また，「幼児期の終わりまでに育ってほしい姿」が，ねらい及び内容に基づく活動全体を通して資質・能力が育まれている幼児の幼稚園修了時の具体的な姿であることを踏まえ，指導を行う際に考慮するものとする。

なお，特に必要な場合には，各領域に示すねらいの趣旨に基づいて適切な，具体的な内容を工夫し，それを加えても差し支えないが，その場合には，それが第1章の第1に示す幼稚園教育の基本を逸脱しないよう慎重に配慮する必要がある。

健康　[健康な心と体を育て，自ら健康で安全な生活をつくり出す力を養う。]

1　ねらい

(1)明るく伸び伸びと行動し，充実感を味わう。
(2)自分の体を十分に動かし，進んで運動しようとする。
(3)健康，安全な生活に必要な習慣や態度を身に付け，見通しをもって行動する。

2　内　容

(1)先生や友達と触れ合い，安定感をもって行動する。
(2)いろいろな遊びの中で十分に体を動かす。
(3)進んで戸外で遊ぶ。
(4)様々な活動に親しみ，楽しんで取り組む。
(5)先生や友達と食べることを楽しみ，食べ物への興味や関心をもつ。
⑹健康な生活のリズムを身に付ける。
⑺身の回りを清潔にし，衣服の着脱，食事，排泄（せつ）などの生活に必要な活動を自分でする。
⑻幼稚園における生活の仕方を知り，自分たちで生活の場を整えながら見通しをもって行動する。
⑼自分の健康に関心をもち，病気の予防などに必要な活動を進んで行う。
⑽危険な場所，危険な遊び方，災害時などの行動の仕方が分かり，安全に気を付けて行動する。

3 内容の取扱い

上記の取扱いに当たっては，次の事項に留意する必要がある。

⑴心と体の健康は，相互に密接な関連があるものであることを踏まえ，幼児が教師や他の幼児との温かい触れ合いの中で自己の存在感や充実感を味わうことなどを基盤として，しなやかな心と体の発達を促すこと。特に，十分に体を動かす気持ちよさを体験し，自ら体を動かそうとする意欲が育つようにすること。
⑵様々な遊びの中で，幼児が興味や関心，能力に応じて全身を使って活動することにより，体を動かす楽しさを味わい，自分の体を大切にしようとする気持ちが育つようにすること。その際，多様な動きを経験する中で，体の動きを調整するようにすること。
⑶自然の中で伸び伸びと体を動かして遊ぶことにより，体の諸機能の発達が促されることに留意し，幼児の興味や関心が戸外にも向くようにすること。その際，幼児の動線に配慮した園庭や遊具の配置などを工夫すること。
⑷健康な心と体を育てるためには食育を通じた望ましい食習慣の形成が大切であることを踏まえ，幼児の食生活の実情に配慮し，和やかな雰囲気の中で教師や他の幼児と食べる喜びや楽しさを味わったり，様々な食べ物への興味や関心をもったりするなどし，食の大切さに気付き，進んで食べようとする気持ちが育つようにすること。
⑸基本的な生活習慣の形成に当たっては，家庭での生活経験に配慮し，幼児の自立心を育て，幼児が他の幼児と関わりながら主体的な活動を展開する中で，生活に必要な習慣を身に付け，次第に見通しをもって行動できるようにすること。
⑹安全に関する指導に当たっては，情緒の安定を図り，遊びを通して安全についての構えを身に付け，危険な場所や事物などが分かり，安全についての理解を深めるようにすること。また，交通安全の習慣を身に付けるようにするとともに，避難訓練などを通して，災害などの緊急時に適切な行動がとれるようにすること。

人間関係 ［他の人々と親しみ，支え合って生活するために，自立心を育て，人と関わる力を養う。］

1 ねらい

⑴幼稚園生活を楽しみ，自分の力で行動することの充実感を味わう。
⑵身近な人と親しみ，関わりを深め，工夫したり，協力したりして一緒に活動する楽しさを味わい，愛情や信頼感をもつ。
⑶社会生活における望ましい習慣や態度を身に付ける。

2 内 容

⑴先生や友達と共に過ごすことの喜びを味わう。
⑵自分で考え，自分で行動する。
⑶自分でできることは自分でする。
⑷いろいろな遊びを楽しみながら物事をやり遂げようとする気持ちをもつ。
⑸友達と積極的に関わりながら喜びや悲しみを共感し合う。
⑹自分の思ったことを相手に伝え，相手の思っていることに気付く。
⑺友達のよさに気付き，一緒に活動する楽しさを味わう。
⑻友達と楽しく活動する中で，共通の目的を見いだし，工夫したり，協力したりなどする。
⑼よいことや悪いことがあることに気付き，考えながら行動する。
⑽友達との関わりを深め，思いやりをもつ。
⑾友達と楽しく生活する中できまりの大切さに気付き，守ろうとする。
⑿ 共同の遊具や用具を大切にし，皆で使う。
⒀ 高齢者をはじめ地域の人々などの自分の生活に関係の深いいろいろな人に親しみをもつ。

3 内容の取扱い

上記の取扱いに当たっては，次の事項に留意する必要がある。

⑴教師との信頼関係に支えられて自分自身の生活を確立していくことが人と関わる基盤となることを考慮し，幼児が自ら周囲に働き掛けることにより多様な感情を体験し，試行錯誤しながら諦めずにやり遂げることの達成感や，前向きな見通しをもって自分の力で行うことの充実感を味わうことができるよう，幼児の行動を見守りながら適切な援助を行うようにすること。
⑵一人一人を生かした集団を形成しながら人と関わる力を育てていくようにすること。その際，集団の生活の中で，幼児が自己を発揮し，教師や他の幼児に認められる体験をし，自分のよさや特徴に気付き，自信をもって行動できるようにすること。
⑶幼児が互いに関わりを深め，協同して遊ぶようになるため，自ら行動する力を育てるようにするとともに，他の幼児と試行錯誤しながら活動を展開する楽しさや

共通の目的が実現する喜びを味わうことができるようにすること。
(4)道徳性の芽生えを培うに当たっては，基本的な生活習慣の形成を図るとともに，幼児が他の幼児との関わりの中で他人の存在に気付き，相手を尊重する気持ちをもって行動できるようにし，また，自然や身近な動植物に親しむことなどを通して豊かな心情が育つようにすること。特に，人に対する信頼感や思いやりの気持ちは，葛藤やつまずきをも体験し，それらを乗り越えることにより次第に芽生えてくることに配慮すること。
(5)集団の生活を通して，幼児が人との関わりを深め，規範意識の芽生えが培われることを考慮し，幼児が教師との信頼関係に支えられて自己を発揮する中で，互いに思いを主張し，折り合いを付ける体験をし，きまりの必要性などに気付き，自分の気持ちを調整する力が育つようにすること。
(6)高齢者をはじめ地域の人々などの自分の生活に関係の深いいろいろな人と触れ合い，自分の感情や意志を表現しながら共に楽しみ，共感し合う体験を通して，これらの人々などに親しみをもち，人と関わることの楽しさや人の役に立つ喜びを味わうことができるようにすること。また，生活を通して親や祖父母などの家族の愛情に気付き，家族を大切にしようとする気持ちが育つようにすること。

環　境 ［周囲の様々な環境に好奇心や探究心をもって関わり，それらを生活に取り入れていこうとする力を養う。］

1　ねらい
(1)身近な環境に親しみ，自然と触れ合う中で様々な事象に興味や関心をもつ。
(2)身近な環境に自分から関わり，発見を楽しんだり，考えたりし，それを生活に取り入れようとする。
(3)身近な事象を見たり，考えたり，扱ったりする中で，物の性質や数量，文字などに対する感覚を豊かにする。

2　内　容
(1)自然に触れて生活し，その大きさ，美しさ，不思議さなどに気付く。
(2)生活の中で，様々な物に触れ，その性質や仕組みに興味や関心をもつ。
(3)季節により自然や人間の生活に変化のあることに気付く。
(4)自然などの身近な事象に関心をもち，取り入れて遊ぶ。
(5)身近な動植物に親しみをもって接し，生命の尊さに気付き，いたわったり，大切にしたりする。
(6)日常生活の中で，我が国や地域社会における様々な文化や伝統に親しむ。
(7)身近な物を大切にする。
(8)身近な物や遊具に興味をもって関わり，自分なりに比べたり，関連付けたりしながら考えたり，試したりして工夫して遊ぶ。
(9)日常生活の中で数量や図形などに関心をもつ。
(10)日常生活の中で簡単な標識や文字などに関心をもつ。
(11)生活に関係の深い情報や施設などに興味や関心をもつ。
(12)幼稚園内外の行事において国旗に親しむ。

3　内容の取扱い

上記の取扱いに当たっては，次の事項に留意する必要がある。
(1)幼児が，遊びの中で周囲の環境と関わり，次第に周囲の世界に好奇心を抱き，その意味や操作の仕方に関心をもち，物事の法則性に気付き，自分なりに考えることができるようになる過程を大切にすること。また，他の幼児の考えなどに触れて新しい考えを生み出す喜びや楽しさを味わい，自分の考えをよりよいものにしようとする気持ちが育つようにすること。
(2)幼児期において自然のもつ意味は大きく，自然の大きさ，美しさ，不思議さなどに直接触れる体験を通して，幼児の心が安らぎ，豊かな感情，好奇心，思考力，表現力の基礎が培われることを踏まえ，幼児が自然との関わりを深めることができるよう工夫すること。
(3)身近な事象や動植物に対する感動を伝え合い，共感し合うことなどを通して自分から関わろうとする意欲を育てるとともに，様々な関わり方を通してそれらに対する親しみや畏敬の念，生命を大切にする気持ち，公共心，探究心などが養われるようにすること。
(4)文化や伝統に親しむ際には，正月や節句など我が国の伝統的な行事，国歌，唱歌，わらべうたや我が国の伝統的な遊びに親しんだり，異なる文化に触れる活動に親しんだりすることを通じて，社会とのつながりの意識や国際理解の意識の芽生えなどが養われるようにすること。
(5)数量や文字などに関しては，日常生活の中で幼児自身の必要感に基づく体験を大切にし，数量や文字などに関する興味や関心，感覚が養われるようにすること。

言　葉 ［経験したことや考えたことなどを自分なりの言葉で表現し，相手の話す言葉を聞こうとする意欲や態度を育て，言葉に対する感覚や言葉で表現する力を養う。］

1　ねらい
(1)自分の気持ちを言葉で表現する楽しさを味わう。
(2)人の言葉や話などをよく聞き，自分の経験したことや考えたことを話し，伝え合う喜びを味わう。
(3)日常生活に必要な言葉が分かるようになるとともに，絵本や物語などに親しみ，言葉に対する感覚を豊かにし，先生や友達と心を通わせる。

2　内　容

(1)先生や友達の言葉や話に興味や関心をもち，親しみをもって聞いたり，話したりする。
(2)したり，見たり，聞いたり，感じたり，考えたりなどしたことを自分なりに言葉で表現する。
(3)したいこと，してほしいことを言葉で表現したり，分からないことを尋ねたりする。
(4)人の話を注意して聞き，相手に分かるように話す。
(5)生活の中で必要な言葉が分かり，使う。
(6)親しみをもって日常の挨拶をする。
(7)生活の中で言葉の楽しさや美しさに気付く。
(8)いろいろな体験を通じてイメージや言葉を豊かにする。
(9)絵本や物語などに親しみ，興味をもって聞き，想像をする楽しさを味わう。
(10)日常生活の中で，文字などで伝える楽しさを味わう。

3　内容の取扱い

上記の取扱いに当たっては，次の事項に留意する必要がある。

(1)言葉は，身近な人に親しみをもって接し，自分の感情や意志などを伝え，それに相手が応答し，その言葉を聞くことを通して次第に獲得されていくものであることを考慮して，幼児が教師や他の幼児と関わることにより心を動かされるような体験をし，言葉を交わす喜びを味わえるようにすること。
(2)幼児が自分の思いを言葉で伝えるとともに，教師や他の幼児などの話を興味をもって注意して聞くことを通して次第に話を理解するようになっていき，言葉による伝え合いができるようにすること。
(3)絵本や物語などで，その内容と自分の経験とを結び付けたり，想像を巡らせたりするなど，楽しみを十分に味わうことによって，次第に豊かなイメージをもち，言葉に対する感覚が養われるようにすること。
(4)幼児が生活の中で，言葉の響きやリズム，新しい言葉や表現などに触れ，これらを使う楽しさを味わえるようにすること。その際，絵本や物語に親しんだり，言葉遊びなどをしたりすることを通して，言葉が豊かになるようにすること。
(5)幼児が日常生活の中で，文字などを使いながら思ったことや考えたことを伝える喜びや楽しさを味わい，文字に対する興味や関心をもつようにすること。

表　現　〔感じたことや考えたことを自分なりに表現することを通して，豊かな感性や表現する力を養い，創造性を豊かにする。〕

1　ねらい

(1)いろいろなものの美しさなどに対する豊かな感性をもつ。
(2)感じたことや考えたことを自分なりに表現して楽しむ。
(3)生活の中でイメージを豊かにし，様々な表現を楽しむ。

2　内　容

(1)生活の中で様々な音，形，色，手触り，動きなどに気付いたり，感じたりするなどして楽しむ。
(2)生活の中で美しいものや心を動かす出来事に触れ，イメージを豊かにする。
(3)様々な出来事の中で，感動したことを伝え合う楽しさを味わう。
(4)感じたこと，考えたことなどを音や動きなどで表現したり，自由にかいたり，つくったりなどする。
(5)いろいろな素材に親しみ，工夫して遊ぶ。
(6)音楽に親しみ，歌を歌ったり，簡単なリズム楽器を使ったりなどする楽しさを味わう。
(7)かいたり，つくったりすることを楽しみ，遊びに使ったり，飾ったりなどする。
(8) 自分のイメージを動きや言葉などで表現したり，演じて遊んだりするなどの楽しさを味わう。

3　内容の取扱い

上記の取扱いに当たっては，次の事項に留意する必要がある。

(1)豊かな感性は，身近な環境と十分に関わる中で美しいもの，優れたもの，心を動かす出来事などに出会い，そこから得た感動を他の幼児や教師と共有し，様々に表現することなどを通して養われるようにすること。その際，風の音や雨の音，身近にある草や花の形や色など自然の中にある音，形，色などに気付くようにすること。
(2)幼児の自己表現は素朴な形で行われることが多いので，教師はそのような表現を受容し，幼児自身の表現しようとする意欲を受け止めて，幼児が生活の中で幼児らしい様々な表現を楽しむことができるようにすること。
(3)生活経験や発達に応じ，自ら様々な表現を楽しみ，表現する意欲を十分に発揮させることができるように，遊具や用具などを整えたり，様々な素材や表現の仕方に親しんだり，他の幼児の表現に触れられるよう配慮したりし，表現する過程を大切にして自己表現を楽しめるように工夫すること。

第3章　教育課程に係る教育時間の終了後等に行う教育活動などの留意事項

1　地域の実態や保護者の要請により，教育課程に係る教育時間の終了後等に希望する者を対象に行う教育活動については，幼児の心身の負担に配慮するものとする。また，次の点にも留意するものとする。

(1)教育課程に基づく活動を考慮し，幼児期にふさわしい無理のないものとなるようにすること。その際，教育課程に基づく活動を担当する教師と緊密な連携を図るようにすること。

⑵家庭や地域での幼児の生活も考慮し，教育課程に係る教育時間の終了後等に行う教育活動の計画を作成するようにすること。その際，地域の人々と連携するなど，地域の様々な資源を活用しつつ，多様な体験ができるようにすること。

⑶家庭との緊密な連携を図るようにすること。その際，情報交換の機会を設けたりするなど，保護者が，幼稚園と共に幼児を育てるという意識が高まるようにすること。

⑷地域の実態や保護者の事情とともに幼児の生活のリズムを踏まえつつ，例えば実施日数や時間などについて，弾力的な運用に配慮すること。

⑸適切な責任体制と指導体制を整備した上で行うようにすること。

2　幼稚園の運営に当たっては，子育ての支援のために保護者や地域の人々に機能や施設を開放して，園内体制の整備や関係機関との連携及び協力に配慮しつつ，幼児期の教育に関する相談に応じたり，情報を提供したり，幼児と保護者との登園を受け入れたり，保護者同士の交流の機会を提供したりするなど，幼稚園と家庭が一体となって幼児と関わる取組を進め，地域における幼児期の教育のセンターとしての役割を果たすよう努めるものとする。その際，心理や保健の専門家，地域の子育て経験者等と連携・協働しながら取り組むよう配慮するものとする。

保育所保育指針（抄）

（平成 29 年 3 月 31 日　厚生労働省告示第 117 号）

第1章　総　則

この指針は，児童福祉施設の設備及び運営に関する基準（昭和23年厚生省令第63号。以下「設備運営基準」という。）第 35 条の規定に基づき，保育所における保育の内容に関する事項及びこれに関連する運営に関する事項を定めるものである。各保育所は，この指針において規定される保育の内容に係る基本原則に関する事項等を踏まえ，各保育所の実情に応じて創意工夫を図り，保育所の機能及び質の向上に努めなければならない。

1　保育所保育に関する基本原則

⑴保育所の役割

ア保育所は，児童福祉法（昭和 22 年法律第 164 号）第 39 条の規定に基づき，保育を必要とする子どもの保育を行い，その健全な心身の発達を図ることを目的とする児童福祉施設であり，入所する子どもの最善の利益を考慮し，その福祉を積極的に増進することに最もふさわしい生活の場でなければならない。

イ保育所は，その目的を達成するために，保育に関する専門性を有する職員が，家庭との緊密な連携の下に，子どもの状況や発達過程を踏まえ，保育所における環境を通して，養護及び教育を一体的に行うことを特性としている。

ウ保育所は，入所する子どもを保育するとともに，家庭や地域の様々な社会資源との連携を図りながら，入所する子どもの保護者に対する支援及び地域の子育て家庭に対する支援等を行う役割を担うものである。

エ保育所における保育士は，児童福祉法第 18 条の 4 の規定を踏まえ，保育所の役割及び機能が適切に発揮されるように，倫理観に裏付けられた専門的知識，技術及び判断をもって，子どもを保育するとともに，子どもの保護者に対する保育に関する指導を行うものであり，その職責を遂行するための専門性の向上に絶えず努めなければならない。

⑵保育の目標

ア保育所は，子どもが生涯にわたる人間形成にとって極めて重要な時期に，その生活時間の大半を過ごす場である。このため，保育所の保育は，子どもが現在を最も良く生き，望ましい未来をつくり出す力の基礎を培うために，次の目標を目指して行わなければならない。

㈠十分に養護の行き届いた環境の下に，くつろいだ雰囲気の中で子どもの様々な欲求を満たし，生命の保持及び情緒の安定を図ること。

(イ)健康，安全など生活に必要な基本的な習慣や態度を養い，心身の健康の基礎を培うこと。

(ウ)人との関わりの中で，人に対する愛情と信頼感，そして人権を大切にする心を育てるとともに，自主，自立及び協調の態度を養い，道徳性の芽生えを培うこと。

(エ)生命，自然及び社会の事象についての興味や関心を育て，それらに対する豊かな心情や思考力の芽生えを培うこと。

(オ)生活の中で，言葉への興味や関心を育て，話したり，聞いたり，相手の話を理解しようとするなど，言葉の豊かさを養うこと。

(カ)様々な体験を通して，豊かな感性や表現力を育み，創造性の芽生えを培うこと。

イ保育所は，入所する子どもの保護者に対し，その意向を受け止め，子どもと保護者の安定した関係に配慮し，保育所の特性や保育士等の専門性を生かして，その援助に当たらなければならない。

⑶保育の方法

保育の目標を達成するために，保育士等は，次の事項に留意して保育しなければならない。

ア一人一人の子どもの状況や家庭及び地域社会での生活の実態を把握するとともに，子どもが安心感と信頼感をもって活動できるよう，子どもの主体としての思いや願いを受け止めること。

イ子どもの生活のリズムを大切にし，健康，安全で情緒の安定した生活ができる環境や，自己を十分に発揮できる環境を整えること。

ウ子どもの発達について理解し，一人一人の発達過程に応じて保育すること。その際，子どもの個人差に十分配慮すること。

エ子ども相互の関係づくりや互いに尊重する心を大切にし，集団における活動を効果あるものにするよう援助すること。

オ子どもが自発的・意欲的に関われるような環境を構成し，子どもの主体的な活動や子ども相互の関わりを大切にすること。特に，乳幼児期にふさわしい体験が得られるように，生活や遊びを通して総合的に保育すること。

カ一人一人の保護者の状況やその意向を理解，受容し，それぞれの親子関係や家庭生活等に配慮しながら，様々な機会をとらえ，適切に援助すること。

⑷保育の環境

保育の環境には，保育士等や子どもなどの人的環境，施設や遊具などの物的環境，更には自然や社会の事象などがある。保育所は，こうした人，物，場などの環境が相互に関連し合い，子どもの生活が豊かなものとなるよう，次の事項に留意しつつ，計画的に環境を構成し，工夫して保育しなければならない。

ア子ども自らが環境に関わり，自発的に活動し，様々な経験を積んでいくことができるよう配慮すること。

イ子どもの活動が豊かに展開されるよう，保育所の設備や環境を整え，保育所の保健的環境や安全の確保などに努めること。

ウ保育室は，温かな親しみとくつろぎの場となるとともに，生き生きと活動できる場となるように配慮すること。

エ子どもが人と関わる力を育てていくため，子ども自らが周囲の子どもや大人と関わっていくことができる環境を整えること。

⑸保育所の社会的責任

ア保育所は，子どもの人権に十分配慮するとともに，子ども一人一人の人格を尊重して保育を行わなければならない。

イ保育所は，地域社会との交流や連携を図り，保護者や地域社会に，当該保育所が行う保育の内容を適切に説明するよう努めなければならない。

ウ保育所は，入所する子ども等の個人情報を適切に取り扱うとともに，保護者の苦情などに対し，その解決を図るよう努めなければならない。

2　養護に関する基本的事項

⑴養護の理念

保育における養護とは，子どもの生命の保持及び情緒の安定を図るために保育士等が行う援助や関わりであり，保育所における保育は，養護及び教育を一体的に行うことをその特性とするものである。保育所における保育全体を通じて，養護に関するねらい及び内容を踏まえた保育が展開されなければならない。

⑵養護に関わるねらい及び内容

ア生命の保持

㋐ねらい

①一人一人の子どもが，快適に生活できるようにする。

②一人一人の子どもが，健康で安全に過ごせるようにする。

③一人一人の子どもの生理的欲求が，十分に満たされるようにする。

④一人一人の子どもの健康増進が，積極的に図られるようにする。

㋑内　容

①一人一人の子どもの平常の健康状態や発育及び発達状態を的確に把握し，異常を感じる場合は，速やかに適切に対応する。

②家庭との連携を密にし，嘱託医等との連携を図りながら，子どもの疾病や事故防止に関する認識を深め，保健的で安全な保育環境の維持及び向上に努める。

③清潔で安全な環境を整え，適切な援助や応答的な関わりを通して子どもの生理的欲求を満たしていく。また，家庭と協力しながら，子どもの発達過程等に応じた適切な生活のリズムがつくられていくようにする。

④子どもの発達過程等に応じて，適度な運動と休息を取ることができるようにする。また，食事，排泄，衣類の着脱，身の回りを清潔にすることなどについて，子どもが意欲的せつに生活できるよう適切に援助する。

イ情緒の安定

㋐ねらい

①一人一人の子どもが，安定感をもって過ごせるようにする。

②一人一人の子どもが，自分の気持ちを安心して表すことができるようにする。

③一人一人の子どもが，周囲から主体として受け止められ，主体として育ち，自分を肯定する気持ちが育まれていくようにする。

④一人一人の子どもがくつろいで共に過ごし，心身の疲れが癒されるようにする。

㋑内　容

①一人一人の子どもの置かれている状態や発達過程などを的確に把握し，子どもの欲求を適切に満たしながら，応答的な触れ合いや言葉がけを行う。

②一人一人の子どもの気持ちを受容し，共感しながら，子どもとの継続的な信頼関係を築いていく。

③保育士等との信頼関係を基盤に，一人一人の子どもが主体的に活動し，自発性や探索意欲などを高めるとともに，自分への自信をもつことができるよう成長の過程を見守り，適切に働きかける。

④一人一人の子どもの生活のリズム，発達過程，保育時間などに応じて，活動内容のバランスや調和を図りながら，適切な食事や休息が取れるようにする。

3　保育の計画及び評価

⑴全体的な計画の作成

ア保育所は，1の⑵に示した保育の目標を達成するために，各保育所の保育の方針や目標に基づき，子どもの発達過程を踏まえて，保育の内容が組織的・計画的に構成され，保育所の生活の全体を通して，総合的に展開されるよう，全体的な計画を作成しなければならない。

イ全体的な計画は，子どもや家庭の状況，地域の実態，保育時間などを考慮し，子どもの育ちに関する長期的見通しをもって適切に作成されなければならない。

ウ全体的な計画は，保育所保育の全体像を包括的に示すものとし，これに基づく指導計画，保健計画，食育計画等を通じて，各保育所が創意工夫して保育できるよう，作成されなければならない。

⑵指導計画の作成

ア保育所は，全体的な計画に基づき，具体的な保育が適切に展開されるよう，子どもの生活や発達を見通した長期的な指導計画と，それに関連しながら，より具体的な子どもの日々の生活に即した短期的な指導計画を作成しなければならない。

イ指導計画の作成に当たっては，第２章及びその他の関連する章に示された事項のほか，子ども一人一人の発達過程や状況を十分に踏まえるとともに，次の事項に留意しなければならない。

㈠３歳未満児については，一人一人の子どもの生育歴，心身の発達，活動の実態等に即して，個別的な計画を作成すること。

㈡３歳以上児については，個の成長と，子ども相互の関係や協同的な活動が促されるよう配慮すること。

㈢異年齢で構成される組やグループでの保育においては，一人一人の子どもの生活や経験，発達過程などを把握し，適切な援助や環境構成ができるよう配慮すること。

ウ指導計画においては，保育所の生活における子どもの発達過程を見通し，生活の連続性，季節の変化などを考慮し，子どもの実態に即した具体的なねらい及び内容を設定すること。また，具体的なねらいが達成されるよう，子どもの生活する姿や発想を大切にして適切な環境を構成し，子どもが主体的に活動できるようにすること。

エ一日の生活のリズムや在園時間が異なる子どもが共に過ごすことを踏まえ，活動と休息，緊張感と解放感等の調和を図るよう配慮すること。

オ午睡は生活のリズムを構成する重要な要素であり，安心して眠ることのできる安全な睡眠環境を確保するとともに，在園時間が異なることや，睡眠時間は子どもの発達の状況や個人によって差があることから，一律とならないよう配慮すること。

カ長時間にわたる保育については，子どもの発達過程，生活のリズム及び心身の状態に十分配慮して，保育の内容や方法，職員の協力体制，家庭との連携などを指導計画に位置付けること。

キ障害のある子どもの保育については，一人一人の子どもの発達過程や障害の状態を把握し，適切な環境の下で，障害のある子どもが他の子どもとの生活を通して共に成長できるよう，指導計画の中に位置付けること。また，子どもの状況に応じた保育を実施する観点から，家庭や関係機関と連携した支援のための計画を個別に作成するなど適切な対応を図ること。

⑶指導計画の展開

指導計画に基づく保育の実施に当たっては，次の事項に留意しなければならない。

ア施設長，保育士など，全職員による適切な役割分担と協力体制を整えること。

イ子どもが行う具体的な活動は，生活の中で様々に変化することに留意して，子どもが望ましい方向に向かって自ら活動を展開できるよう必要な援助を行うこと。

ウ子どもの主体的な活動を促すためには，保育士等が多様な関わりをもつことが重要であることを踏まえ，子どもの情緒の安定や発達に必要な豊かな体験が得られるよう援助すること。

エ保育士等は，子どもの実態や子どもを取り巻く状況の変化などに即して保育の過程を記録するとともに，これらを踏まえ，指導計画に基づく保育の内容の見直しを行い，改善を図ること。

⑷保育内容等の評価

ア保育士等の自己評価

㈠保育士等は，保育の計画や保育の記録を通して，自らの保育実践を振り返り，自己評価することを通して，その専門性の向上や保育実践の改善に努めなければならない。

㈡保育士等による自己評価に当たっては，子どもの活動内容やその結果だけでなく，子どもの心の育ちや意欲，取り組む過程などにも十分配慮するよう留意すること。

㈢保育士等は，自己評価における自らの保育実践の振り返りや職員相互の話し合い等を通じて，専門性の向上及び保育の質の向上のための課題を明確にするとともに，保育所全体の保育の内容に関する認識を深めること。

イ保育所の自己評価

㈠保育所は，保育の質の向上を図るため，保育の計画の展開や保育士等の自己評価を踏まえ，当該保育所の保育の内容等について，自ら評価を行い，その結果を公表するよう努めなければならない。

㈡保育所が自己評価を行うに当たっては，地域の実情や保育所の実態に即して，適切に評価の観点や項目等を設定し，全職員による共通理解をもって取り組むよう留意すること。

㈢設備運営基準第 36 条の趣旨を踏まえ，保育の内容等の評価に関し，保護者及び地域住民等の意見を聴くことが望ましいこと。

(5)評価を踏まえた計画の改善

ア保育所は，評価の結果を踏まえ，当該保育所の保育の内容等の改善を図ること。

イ保育の計画に基づく保育，保育の内容の評価及びこれに基づく改善という一連の取組により，保育の質の向上が図られるよう，全職員が共通理解をもって取り組むことに留意すること。

4　幼児教育を行う施設として共有すべき事項

(1)育みたい資質・能力

ア保育所においては，生涯にわたる生きる力の基礎を培うため，1の(2)に示す保育の目標を踏まえ，次に掲げる資質・能力を一体的に育むよう努めるものとする。

(ア)豊かな体験を通じて，感じたり，気付いたり，分かったり，できるようになったりする「知識及び技能の基礎」

(イ)気付いたことや，できるようになったことなどを使い，考えたり，試したり，工夫したり，表現したりする「思考力，判断力，表現力等の基礎」

(ウ)心情，意欲，態度が育つ中で，よりよい生活を営もうとする「学びに向かう力，人間性等」

イアに示す資質・能力は，第2章に示すねらい及び内容に基づく保育活動全体によって育むものである。

(2)幼児期の終わりまでに育ってほしい姿

次に示す「幼児期の終わりまでに育ってほしい姿」は，第2章に示すねらい及び内容に基づく保育活動全体を通して資質・能力が育まれている子どもの小学校就学時の具体的な姿であり，保育士等が指導を行う際に考慮するものである。

※以下に示される「幼児期の終わりまでに育ってほしい姿」（ア　健康な心と体〜コ　豊かな感性と表現）は，幼稚園教育要領の「第1章総則　第2」の3(1)〜(10)にほぼ準じるため，紙福の都合で省略する。

第2章　保育の内容

この章に示す「ねらい」は，第1章の1の(2)に示された保育の目標をより具体化したものであり，子どもが保育所において，安定した生活を送り，充実した活動ができるように，保育を通じて育みたい資質・能力を，子どもの生活する姿から捉えたものである。また，「内容」は，「ねらい」を達成するために，子どもの生活やその状況に応じて保育士等が適切に行う事項と，保育士等が援助して子どもが環境に関わって経験する事項を示したものである。

保育における「養護」とは，子どもの生命の保持及び情緒の安定を図るために保育士等が行う援助や関わりであり，「教育」とは，子どもが健やかに成長し，その活動がより豊かに展開されるための発達の援助である。本章では，保育士等が，「ねらい」及び「内容」を具体的に把握するため，主に教育に関わる側面からの視点を示しているが，実際の保育においては，養護と教育が一体となって展開されることに留意する必要がある。

1　乳児保育に関わるねらい及び内容

(1)基本的事項

ア乳児期の発達については，視覚，聴覚などの感覚や，座る，はう，歩くなどの運動機能が著しく発達し，特定の大人との応答的な関わりを通じて，情緒的な絆(きずな)が形成されるといった特徴がある。これらの発達の特徴を踏まえて，乳児保育は，愛情豊かに，応答的に行われることが特に必要である。

イ本項においては，この時期の発達の特徴を踏まえ，乳児保育の「ねらい」及び「内容」については，身体的発達に関する視点「健やかに伸び伸びと育つ」，社会的発達に関する視点「身近な人と気持ちが通じ合う」及び精神的発達に関する視点「身近なものと関わり感性が育つ」としてまとめ，示している。

ウ本項の各視点において示す保育の内容は，第1章の2に示された養護における「生命の保持」及び「情緒の安定」に関わる保育の内容と，一体となって展開されるものであることに留意が必要である。

(2)ねらい及び内容

ア健やかに伸び伸びと育つ健康な心と体を育て，自ら健康で安全な生活をつくり出す力の基盤を培う。

(ア)ねらい

①身体感覚が育ち，快適な環境に心地よさを感じる。

②伸び伸びと体を動かし，はう，歩くなどの運動をしようとする。

③食事，睡眠等の生活のリズムの感覚が芽生える。

(イ)内　容

①保育士等の愛情豊かな受容の下で，生理的・心理的欲求を満たし，心地よく生活をする。

②一人一人の発育に応じて，はう，立つ，歩くなど，十分に体を動かす。

③個人差に応じて授乳を行い，離乳を進めていく中で，様々な食品に少しずつ慣れ，食べることを楽しむ。

④一人一人の生活のリズムに応じて，安全な環境の下で十分に午睡をする。

⑤おむつ交換や衣服の着脱などを通じて，清潔になることの心地よさを感じる。

(ウ)内容の取扱い

上記の取扱いに当たっては，次の事項に留意する必要がある。

①心と体の健康は，相互に密接な関連があるもので

あることを踏まえ，温かい触れ合いの中で，心と体の発達を促すこと。特に，寝返り，お座り，はいはい，つかまり立ち，伝い歩きなど，発育に応じて，遊びの中で体を動かす機会を十分に確保し，自ら体を動かそうとする意欲が育つようにすること。

②健康な心と体を育てるためには望ましい食習慣の形成が重要であることを踏まえ，離乳食が完了期へと徐々に移行する中で，様々な食品に慣れるようにするとともに，和やかな雰囲気の中で食べる喜びや楽しさを味わい，進んで食べようとする気持ちが育つようにすること。なお，食物アレルギーのある子どもへの対応については，嘱託医等の指示や協力の下に適切に対応すること。

イ身近な人と気持ちが通じ合う受容的・応答的な関わりの下で，何かを伝えようとする意欲や身近な大人との信頼関係を育て，人と関わる力の基盤を培う。

(ア)ねらい

①安心できる関係の下で，身近な人と共に過ごす喜びを感じる。

②体の動きや表情，発声等により，保育士等と気持ちを通わせようとする。

③身近な人と親しみ，関わりを深め，愛情や信頼感が芽生える。

(イ)内　容

①子どもからの働きかけを踏まえた，応答的な触れ合いや言葉がけによって，欲求が満たされ，安定感をもって過ごす。

②体の動きや表情，発声，喃(なん)語等を優しく受け止めてもらい，保育士等とのやり取りを楽しむ。

③生活や遊びの中で，自分の身近な人の存在に気付き，親しみの気持ちを表す。

④保育士等による語りかけや歌いかけ，発声や喃(なん)語等への応答を通じて，言葉の理解や発語の意欲が育つ。

⑤温かく，受容的な関わりを通じて，自分を肯定する気持ちが芽生える。

(ウ)内容の取扱い

上記の取扱いに当たっては，次の事項に留意する必要がある。

①保育士等との信頼関係に支えられて生活を確立していくことが人と関わる基盤となることを考慮して，子どもの多様な感情を受け止め，温かく受容的・応答的に関わり，一人一人に応じた適切な援助を行うようにすること。

②身近な人に親しみをもって接し，自分の感情などを表し，それに相手が応答する言葉を聞くことを通して，次第に言葉が獲得されていくことを考慮して，楽しい雰囲気の中での保育士等との関わり合いを大切にし，ゆっくりと優しく話しかけるなど，積極的に言葉のやり取りを楽しむことができるようにすること。

ウ身近なものと関わり感性が育つ身近な環境に興味や好奇心をもって関わり，感じたことや考えたことを表現する力の基盤を培う。

(ア)ねらい

①身の回りのものに親しみ，様々なものに興味や関心をもつ。

②見る，触れる，探索するなど，身近な環境に自分から関わろうとする。

③身体の諸感覚による認識が豊かになり，表情や手足，体の動き等で表現する。

(イ)内　容

①身近な生活用具，玩具や絵本などが用意された中で，身の回りのものに対する興味や好奇心をもつ。

②生活や遊びの中で様々なものに触れ，音，形，色，手触りなどに気付き，感覚の働きを豊かにする。

③保育士等と一緒に様々な色彩や形のものや絵本などを見る。

④玩具や身の回りのものを，つまむ，つかむ，たたく，引っ張るなど，手や指を使って遊ぶ。

⑤保育士等のあやし遊びに機嫌よく応じたり，歌やリズムに合わせて手足や体を動かして楽しんだりする。

(ウ)内容の取扱い

上記の取扱いに当たっては，次の事項に留意する必要がある。

①玩具などは，音質，形，色，大きさなど子どもの発達状態に応じて適切なものを選び，その時々の子どもの興味や関心を踏まえるなど，遊びを通して感覚の発達が促されるものとなるように工夫すること。なお，安全な環境の下で，子どもが探索意欲を満たして自由に遊べるよう，身の回りのものについては，常に十分な点検を行うこと。

②乳児期においては，表情，発声，体の動きなどで，感情を表現することが多いことから，これらの表現しようとする意欲を積極的に受け止めて，子どもが様々な活動を楽しむことを通して表現が豊かになるようにすること。

(3)保育の実施に関わる配慮事項

ア乳児は疾病への抵抗力が弱く，心身の機能の未熟さに伴う疾病の発生が多いことから，一人一人の発育及び発達状態や健康状態についての適切な判断に基づく保健的な対応を行うこと。

イ一人一人の子どもの生育歴の違いに留意しつつ，欲求を適切に満たし，特定の保育士が応答的に関わるように努めること。

ウ乳児保育に関わる職員間の連携や嘱託医との連携を図り，第３章に示す事項を踏まえ，適切に対応すること。栄養士及び看護師等が配置されている場合は，その専門性を生かした対応を図ること。

エ保護者との信頼関係を築きながら保育を進めるとともに，保護者からの相談に応じ，保護者への支援に努めていくこと。

オ担当の保育士が替わる場合には，子どものそれまでの生育歴や発達過程に留意し，職員間で協力して対応すること。

2　１歳以上３歳未満児の保育に関わるねらい及び内容

(1)基本的事項

アこの時期においては，歩き始めから，歩く，走る，跳ぶなどへと，基本的な運動機能が次第に発達し，排泄（せつ）の自立のための身体的機能も整うようになる。つまむ，めくるなどの指先の機能も発達し，食事，衣類の着脱なども，保育士等の援助の下で自分で行うようになる。発声も明瞭になり，語彙も増加し，自分の意思や欲求を言葉で表出できるようになる。このように自分でできることが増えてくる時期であることから，保育士等は，子どもの生活の安定を図りながら，自分でしようとする気持ちを尊重し，温かく見守るとともに，愛情豊かに，応答的に関わることが必要である。

イ本項においては，この時期の発達の特徴を踏まえ，保育の「ねらい」及び「内容」について，心身の健康に関する領域「健康」，人との関わりに関する領域「人間関係」，身近な環境との関わりに関する領域「環境」，言葉の獲得に関する領域「言葉」及び感性と表現に関する領域「表現」としてまとめ，示している。

ウ本項の各領域において示す保育の内容は，第１章の２に示された養護における「生命の保持」及び「情緒の安定」に関わる保育の内容と，一体となって展開されるものであることに留意が必要である。

(2)ねらい及び内容

ア健　康　健康な心と体を育て，自ら健康で安全な生活をつくり出す力を養う。

(ア)ねらい

①明るく伸び伸びと生活し，自分から体を動かすことを楽しむ。

②自分の体を十分に動かし，様々な動きをしようとする。

③健康，安全な生活に必要な習慣に気付き，自分でしてみようとする気持ちが育つ。

(イ)内　容

①保育士等の愛情豊かな受容の下で，安定感をもって生活をする。

②食事や午睡，遊びと休息など，保育所における生活のリズムが形成される。

③走る，跳ぶ，登る，押す，引っ張るなど全身を使う遊びを楽しむ。

④様々な食品や調理形態に慣れ，ゆったりとした雰囲気の中で食事や間食を楽しむ。

⑤身の回りを清潔に保つ心地よさを感じ，その習慣が少しずつ身に付く。

⑥保育士等の助けを借りながら，衣類の着脱を自分でしようとする。

⑦便器での排泄に慣れ，自分で排泄（せつ）ができるようになる。

(ウ)内容の取扱い

上記の取扱いに当たっては，次の事項に留意する必要がある。

①心と体の健康は，相互に密接な関連があるものであることを踏まえ，子どもの気持ちに配慮した温かい触れ合いの中で，心と体の発達を促すこと。特に，一人一人の発育に応じて，体を動かす機会を十分に確保し，自ら体を動かそうとする意欲が育つようにすること。

②健康な心と体を育てるためには望ましい食習慣の形成が重要であることを踏まえ，ゆったりとした雰囲気の中で食べる喜びや楽しさを味わい，進んで食べようとする気持ちが育つようにすること。なお，食物アレルギーのある子どもへの対応については，嘱託医等の指示や協力の下に適切に対応すること。

③排泄（せつ）の習慣については，一人一人の排尿間隔等を踏まえ，おむつが汚れていないときに便器に座らせるなどにより，少しずつ慣れさせるようにすること。

④食事，排泄（せつ），睡眠，衣類の着脱，身の回りを清潔にすることなど，生活に必要な基本的な習慣については，一人一人の状態に応じ，落ち着いた雰囲気の中で行うようにし，子どもが自分でしようとする気持ちを尊重すること。また，基本的な生活習慣の形成に当たっては，家庭での生活経験に配慮し，家庭との適切な連携の下で行うようにすること。

イ人間関係　他の人々と親しみ，支え合って生活するために，自立心を育て，人と関わる力を養う。

(ア)ねらい

①保育所での生活を楽しみ，身近な人と関わる心地よさを感じる。

②周囲の子ども等への興味や関心が高まり，関わり

をもとうとする。

③保育所の生活の仕方に慣れ，きまりの大切さに気付く。

(イ)内　容

①保育士等や周囲の子ども等との安定した関係の中で，共に過ごす心地よさを感じる。

②保育士等の受容的・応答的な関わりの中で，欲求を適切に満たし，安定感をもって過ごす。

③身の回りに様々な人がいることに気付き，徐々に他の子どもと関わりをもって遊ぶ。

④保育士等の仲立ちにより，他の子どもとの関わり方を少しずつ身につける。

⑤保育所の生活の仕方に慣れ，きまりがあることや，その大切さに気付く。

⑥生活や遊びの中で，年長児や保育士等の真似をしたり，ごっこ遊びを楽しんだりする。

(ウ)内容の取扱い

上記の取扱いに当たっては，次の事項に留意する必要がある。

①保育士等との信頼関係に支えられて生活を確立するとともに，自分で何かをしようとする気持ちが旺盛になる時期であることに鑑み，そのような子どもの気持ちを尊重し，温かく見守るとともに，愛情豊かに，応答的に関わり，適切な援助を行うようにすること。

②思い通りにいかない場合等の子どもの不安定な感情の表出については，保育士等が受容的に受け止めるとともに，そうした気持ちから立ち直る経験や感情をコントロールすることへの気付き等につなげていけるように援助すること。

③この時期は自己と他者との違いの認識がまだ十分ではないことから，子どもの自我の育ちを見守るとともに，保育士等が仲立ちとなって，自分の気持ちを相手に伝えることや相手の気持ちに気付くことの大切さなど，友達の気持ちや友達との関わり方を丁寧に伝えていくこと。

ウ環　境　周囲の様々な環境に好奇心や探究心をもって関わり，それらを生活に取り入れていこうとする力を養う。

(ア)ねらい

①身近な環境に親しみ，触れ合う中で，様々なものに興味や関心をもつ。

②様々なものに関わる中で，発見を楽しんだり，考えたりしようとする。

③見る，聞く，触るなどの経験を通して，感覚の働きを豊かにする。

(イ)内　容

①安全で活動しやすい環境での探索活動等を通して，見る，聞く，触れる，嗅ぐ，味わうなどの感覚の働きを豊かにする。

②玩具，絵本，遊具などに興味をもち，それらを使った遊びを楽しむ。

③身の回りの物に触れる中で，形，色，大きさ，量などの物の性質や仕組みに気付く。

④自分の物と人の物の区別や，場所的感覚など，環境を捉える感覚が育つ。

⑤身近な生き物に気付き，親しみをもつ。

⑥近隣の生活や季節の行事などに興味や関心をもつ。

(ウ)内容の取扱い

上記の取扱いに当たっては，次の事項に留意する必要がある。

①玩具などは，音質，形，色，大きさなど子どもの発達状態に応じて適切なものを選び，遊びを通して感覚の発達が促されるように工夫すること。

②身近な生き物との関わりについては，子どもが命を感じ，生命の尊さに気付く経験へとつながるものであることから，そうした気付きを促すような関わりとなるようにすること。

③地域の生活や季節の行事などに触れる際には，社会とのつながりや地域社会の文化への気付きにつながるものとなることが望ましいこと。その際，保育所内外の行事や地域の人々との触れ合いなどを通して行うこと等も考慮すること。

エ言　葉　経験したことや考えたことなどを自分なりの言葉で表現し，相手の話す言葉を聞こうとする意欲や態度を育て，言葉に対する感覚や言葉で表現する力を養う。

(ア)ねらい

①言葉遊びや言葉で表現する楽しさを感じる。

②人の言葉や話などを聞き，自分でも思ったことを伝えようとする。

③絵本や物語等に親しむとともに，言葉のやり取りを通じて身近な人と気持ちを通わせる。

(イ)内　容

①保育士等の応答的な関わりや話しかけにより，自ら言葉を使おうとする。

②生活に必要な簡単な言葉に気付き，聞き分ける。

③親しみをもって日常の挨拶に応じる。

④絵本や紙芝居を楽しみ，簡単な言葉を繰り返したり，模倣をしたりして遊ぶ。

⑤保育士等とごっこ遊びをする中で，言葉のやり取りを楽しむ。

⑥保育士等を仲立ちとして，生活や遊びの中で友達との言葉のやり取りを楽しむ。

⑦保育士等や友達の言葉や話に興味や関心をもって，聞いたり，話したりする。

(ウ)内容の取扱い

上記の取扱いに当たっては，次の事項に留意する必要がある。

①身近な人に親しみをもって接し，自分の感情などを伝え，それに相手が応答し，その言葉を聞くことを通して，次第に言葉が獲得されていくものであることを考慮して，楽しい雰囲気の中で保育士等との言葉のやり取りができるようにすること。

②子どもが自分の思いを言葉で伝えるとともに，他の子どもの話などを聞くことを通して，次第に話を理解し，言葉による伝え合いができるようになるよう，気持ちや経験等の言語化を行うことを援助するなど，子ども同士の関わりの仲立ちを行うようにすること。

③この時期は，片言から，二語文，ごっこ遊びでのやり取りができる程度へと，大きく言葉の習得が進む時期であることから，それぞれの子どもの発達の状況に応じて，遊びや関わりの工夫など，保育の内容を適切に展開することが必要であること。

オ表　現　感じたことや考えたことを自分なりに表現することを通して，豊かな感性や表現する力を養い，創造性を豊かにする。

(ア)ねらい

①身体の諸感覚の経験を豊かにし，様々な感覚を味わう。

②感じたことや考えたことなどを自分なりに表現しようとする。

③生活や遊びの様々な体験を通して，イメージや感性が豊かになる。

(イ)内　容

①水，砂，土，紙，粘土など様々な素材に触れて楽しむ。

②音楽，リズムやそれに合わせた体の動きを楽しむ。

③生活の中で様々な音，形，色，手触り，動き，味，香りなどに気付いたり，感じたりして楽しむ。

④歌を歌ったり，簡単な手遊びや全身を使う遊びを楽しんだりする。

⑤保育士等からの話や，生活や遊びの中での出来事を通して，イメージを豊かにする。

⑥生活や遊びの中で，興味のあることや経験したことなどを自分なりに表現する。

(ウ)内容の取扱い

上記の取扱いに当たっては，次の事項に留意する必要がある。

①子どもの表現は，遊びや生活の様々な場面で表出されているものであることから，それらを積極的に受け止め，様々な表現の仕方や感性を豊かにする経験となるようにすること。

②子どもが試行錯誤しながら様々な表現を楽しむことや，自分の力でやり遂げる充実感などに気付くよう，温かく見守るとともに，適切に援助を行うようにすること。

③様々な感情の表現等を通じて，子どもが自分の感情や気持ちに気付くようになる時期であることに鑑み，受容的な関わりの中で自信をもって表現をすることや，諦めずに続けた後の達成感等を感じられるような経験が蓄積されるようにすること。

④身近な自然や身の回りの事物に関わる中で，発見や心が動く経験が得られるよう，諸感覚を働かせることを楽しむ遊びや素材を用意するなど保育の環境を整えること。

(3)保育の実施に関わる配慮事項

ア特に感染症にかかりやすい時期であるので，体の状態，機嫌，食欲などの日常の状態の観察を十分に行うとともに，適切な判断に基づく保健的な対応を心がけること。

イ探索活動が十分できるように，事故防止に努めながら活動しやすい環境を整え，全身を使う遊びなど様々な遊びを取り入れること。

ウ自我が形成され，子どもが自分の感情や気持ちに気付くようになる重要な時期であることに鑑み，情緒の安定を図りながら，子どもの自発的な活動を尊重するとともに促していくこと。

エ担当の保育士が替わる場合には，子どものそれまでの経験や発達過程に留意し，職員間で協力して対応すること。

3　3歳以上児の保育に関するねらい及び内容

(1)基本的事項

アこの時期においては，運動機能の発達により，基本的な動作が一通りできるようになるとともに，基本的な生活習慣もほぼ自立できるようになる。理解する語彙数が急激に増加し，知的興味や関心も高まってくる。仲間と遊び，仲間の中の一人という自覚が生じ，集団的な遊びや協同的な活動も見られるようになる。これらの発達の特徴を踏まえて，この時期の保育においては，個の成長と集団としての活動の充実が図られるようにしなければならない。

イ本項においては，この時期の発達の特徴を踏まえ，保育の「ねらい」及び「内容」について，心身の健康に関する領域「健康」，人との関わりに関する領域「人間関係」，身近な環境との関わりに関する領域「環境」，言葉の獲得に関する領域「言葉」及び感性と表現に関する領域「表現」としてまとめ，示している。

ウ本項の各領域において示す保育の内容は，第１章の２に示された養護における「生命の保持」及び「情緒の安定」に関わる保育の内容と，一体となって展開されるものであることに留意が必要である。

※３歳以上児の本項目，ねらい及び内容は，幼稚園教育要領の「第２章　ねらい及び内容」にほぼ準じるため，紙福の都合で省略する。

(3)保育の実施に関わる配慮事項

ア第１章の４の(2)に示す「幼児期の終わりまでに育ってほしい姿」が，ねらい及び内容に基づく活動全体を通して資質・能力が育まれている子どもの小学校就学時の具体的な姿であることを踏まえ，指導を行う際には適宜考慮すること。

イ子どもの発達や成長の援助をねらいとした活動の時間については，意識的に保育の計画等において位置付けて，実施することが重要であること。なお，そのような活動の時間については，保護者の就労状況等に応じて子どもが保育所で過ごす時間がそれぞれ異なることに留意して設定すること。

ウ特に必要な場合には，各領域に示すねらいの趣旨に基づいて，具体的な内容を工夫し，それを加えても差し支えないが，その場合には，それが第１章の１に示す保育所保育に関する基本原則を逸脱しないよう慎重に配慮する必要があること。

４　保育の実施に関して留意すべき事項

(1)保育全般に関わる配慮事項

ア子どもの心身の発達及び活動の実態などの個人差を踏まえるとともに，一人一人の子どもの気持ちを受け止め，援助すること。

イ子どもの健康は，生理的・身体的な育ちとともに，自主性や社会性，豊かな感性の育ちとがあいまってもたらされることに留意すること。

ウ子どもが自ら周囲に働きかけ，試行錯誤しつつ自分の力で行う活動を見守りながら，適切に援助すること。

エ子どもの入所時の保育に当たっては，できるだけ個別的に対応し，子どもが安定感を得て，次第に保育所の生活になじんでいくようにするとともに，既に入所している子どもに不安や動揺を与えないようにすること。

オ子どもの国籍や文化の違いを認め，互いに尊重する心を育てるようにすること。

カ子どもの性差や個人差にも留意しつつ，性別などによる固定的な意識を植え付けることがないようにすること。

(2)小学校との連携

ア保育所においては，保育所保育が，小学校以降の生活や学習の基盤の育成につながることに配慮し，幼児期にふさわしい生活を通じて，創造的な思考や主体的な生活態度などの基礎を培うようにすること。

イ保育所保育において育まれた資質・能力を踏まえ，小学校教育が円滑に行われるよう，小学校教師との意見交換や合同の研究の機会などを設け，第１章の４の(2)に示す「幼児期の終わりまでに育って欲しい姿」を共有するなど連携を図り，保育所保育と小学校教育との円滑な接続を図るよう努めること。

ウ子どもに関する情報共有に関して，保育所に入所している子どもの就学に際し，市町村の支援の下に，子どもの育ちを支えるための資料が保育所から小学校へ送付されるようにすること。

(3)家庭及び地域社会との連携

子どもの生活の連続性を踏まえ，家庭及び地域社会と連携して保育が展開されるよう配慮すること。その際，家庭や地域の機関及び団体の協力を得て，地域の自然，高齢者や異年齢の子ども等を含む人材，行事，施設等の地域の資源を積極的に活用し，豊かな生活体験をはじめ保育内容の充実が図られるよう配慮すること。

●幼児期の終わりまでに育ってほしい姿

（内閣府，文部科学省，厚生労働省　中央説明会資料（保育所関係）平成 29 年 7 月　下線は筆者）

「幼児期の終わりまでに育ってほしい姿」は，第 2 章に示すねらい及び内容に基づいて，各保育所で，乳幼児期にふさわしい生活や遊びを積み重ねることにより，保育所保育において育みたい資質・能力が育まれている子どもの具体的姿であり，特に卒園を迎える年度の後半に見られるようになる姿である。なお，ここでいう卒園を迎える年度とは，小学校就学の始期に達する直前の年度を指すものである。保育所の保育士等は，遊びの中で子どもが発達していく姿を「幼児期の終わりまでに育ってほしい姿」を念頭において捉え，一人一人の発達に必要な体験が得られるような状況をつくったり必要な援助を行ったりするなど，指導を行う際に考慮することが求められる。実際の指導では，「幼児期の終わりまでに育ってほしい姿」が到達すべき目標ではないことや，個別に取り出されて指導されるものではないことに十分留意する必要がある。もとより，保育所保育は環境を通して行うものであり，とりわけ子どもの自発的な活動としての遊びを通して，一人一人の発達の特性に応じて，これらの姿が育っていくものであり，全ての子どもに同じように見られるものでないことに留意する必要がある。また，「幼児期の終わりまでに育ってほしい姿」は，卒園を迎える年度の子どもに突然見られるようになるものではないため，卒園を迎える年度の子どもだけでなく，その前の時期から，子どもが発達していく方向を意識して，それぞれの時期にふさわしい指導を積み重ねていくことに留意する必要がある。さらに，小学校の教師と「幼児期の終わりまでに育ってほしい姿」を手がかりに子どもの姿を共有するなど，保育所保育と小学校教育の円滑な接続を図ることが大切である。その際，「幼児期の終わりまでに育ってほしい姿」は，保育所の保育士等が適切に関わることで，特に保育所の生活の中で見られるようになる姿であることに留意が必要である。保育所と小学校では子どもの生活や教育の方法が異なっているため，「幼児期の終わりまでに育ってほしい姿」からイメージする子どもの姿にも違いが生じることがあるが，保育士等と小学校教師が話し合いながら，子どもの姿を共有できるようにすることが大切である。「幼児期の終わりまでに育ってほしい姿」は，保育所保育を通した子どもの成長を保育所保育関係者以外にも，わかりやすく伝えることにも，資するものであり，各保育所での工夫が期待される。

●幼保連携型認定こども園教育・保育要領 （平成29年3月31日 内閣府／文部科学省告示第1号／厚生労働省）

目 次

第1章　総　則

第1　幼保連携型認定こども園における教育及び保育の基本及び目標等

1　幼保連携型認定こども園における教育及び保育の基本

乳幼児期の教育及び保育は，子どもの健全な心身の発達を図りつつ生涯にわたる人格形成の基礎を培う重要なものであり，幼保連携型認定こども園における教育及び保育は，就学前の子どもに関する教育，保育等の総合的な提供の推進に関する法律（平成18年法律第77号。以下「認定こども園法」という。）第2条第7項に規定する目的及び第9条に掲げる目標を達成するため，乳幼児期全体を通して，その特性及び保護者や地域の実態を踏まえ，環境を通して行うものであることを基本とし，家庭や地域での生活を含めた園児の生活全体が豊かなものとなるように努めなければならない。

このため保育教諭等は，園児との信頼関係を十分に築き，園児が自ら安心して身近な環境に主体的に関わり，環境との関わり方や意味に気付き，これらを取り込もうとして，試行錯誤したり，考えたりするようになる幼児期の教育における見方・考え方を生かし，その活動が豊かに展開されるよう環境を整え，園児と共によりよい教育及び保育の環境を創造するように努めるものとする。これらを踏まえ，次に示す事項を重視して教育及び保育を行わなければならない。

(1)乳幼児期は周囲への依存を基盤にしつつ自立に向かうものであることを考慮して，周囲との信頼関係に支えられた生活の中で，園児一人一人が安心感と信頼感をもっていろいろな活動に取り組む体験を十分に積み重ねられるようにすること。

(2)乳幼児期においては生命の保持が図られ安定した情緒の下で自己を十分に発揮することにより発達に必要な体験を得ていくものであることを考慮して，園児の主体的な活動を促し，乳幼児期にふさわしい生活が展開されるようにすること。

(3)乳幼児期における自発的な活動としての遊びは，心身の調和のとれた発達の基礎を培う重要な学習であることを考慮して，遊びを通しての指導を中心として第2章に示すねらいが総合的に達成されるようにすること。

(4)乳幼児期における発達は，心身の諸側面が相互に関連し合い，多様な経過をたどって成し遂げられていくものであること，また，園児の生活経験がそれぞれ異なることなどを考慮して，園児一人一人の特性や発達の過程に応じ，発達の課題に即した指導を行うようにすること。

その際，保育教諭等は，園児の主体的な活動が確保されるよう，園児一人一人の行動の理解と予想に基づき，計画的に環境を構成しなければならない。この場合において，保育教諭等は，園児と人やものとの関わりが重要であることを踏まえ，教材を工夫し，物的・空間的環境を構成しなければならない。また，園児一人一人の活動の場面に応じて，様々な役割を果たし，その活動を豊かにしなければならない。

なお，幼保連携型認定こども園における教育及び保育は，園児が入園してから修了するまでの在園期間全体を通して行われるものであり，この章の第3に示す幼保連携型認定こども園として特に配慮すべき事項を十分に踏まえて行うものとする。

2　幼保連携型認定こども園における教育及び保育の目標

幼保連携型認定こども園は，家庭との連携を図りながら，この章の第１の１に示す幼保連携型認定こども園における教育及び保育の基本に基づいて一体的に展開される幼保連携型認定こども園における生活を通して，生きる力の基礎を育成するよう認定こども園法第９条に規定する幼保連携型認定こども園の教育及び保育の目標の達成に努めなければならない。幼保連携型認定こども園は，このことにより，義務教育及びその後の教育の基礎を培うとともに，子どもの最善の利益を考慮しつつ，その生活を保障し，保護者と共に園児を心身ともに健やかに育成するものとする。

なお，認定こども園法第９条に規定する幼保連携型認定こども園の教育及び保育の目標については，発達や学びの連続性及び生活の連続性の観点から，小学校就学の始期に達するまでの時期を通じ，その達成に向けて努力すべき目当てとなるものであることから，満３歳未満の園児の保育にも当てはまることに留意するものとする。

3　幼保連携型認定こども園の教育及び保育において育みたい資質・能力及び「幼児期の終わりまでに育ってほしい姿」

※本項目は，幼稚園教育要領の「第１章総則　第２」にほぼ準じるため，紙福の都合で省略する。

第２　教育及び保育の内容並びに子育ての支援等に関する全体的な計画等

1　教育及び保育の内容並びに子育ての支援等に関する全体的な計画の作成等

⑴教育及び保育の内容並びに子育ての支援等に関する全体的な計画の役割

各幼保連携型認定こども園においては，教育基本法（平成18年法律第120号），児童福祉法（昭和22年法律第164号）及び認定こども園法その他の法令並びにこの幼保連携型認定こども園教育・保育要領の示すところに従い，教育と保育を一体的に提供するため，創意工夫を生かし，園児の心身の発達と幼保連携型認定こども園，家庭及び地域の実態に即応した適切な教育及び保育の内容並びに子育ての支援等に関する全体的な計画を作成するものとする。

教育及び保育の内容並びに子育ての支援等に関する全体的な計画とは，教育と保育を一体的に捉え，園児の入園から修了までの在園期間の全体にわたり，幼保連携型認定こども園の目標に向かってどのような過程をたどって教育及び保育を進めていくかを明らかにするものであり，子育ての支援と有機的に連携し，園児の園生活全体を捉え，作成する計画である。

各幼保連携型認定こども園においては，「幼児期の終わりまでに育ってほしい姿」を踏まえ教育及び保育の内容並びに子育ての支援等に関する全体的な計画を作成すること，その実施状況を評価して改善を図っていくこと，また実施に必要な人的又は物的な体制を確保するとともにその改善を図っていくことなどを通して，教育及び保育の内容並びに子育ての支援等に関する全体的な計画に基づき組織的かつ計画的に各幼保連携型認定こども園の教育及び保育活動の質の向上を図っていくこと（以下「カリキュラム・マネジメント」という。）に努めるものとする。

⑵各幼保連携型認定こども園の教育及び保育の目標と教育及び保育の内容並びに子育ての支援等に関する全体的な計画の作成

教育及び保育の内容並びに子育ての支援等に関する全体的な計画の作成に当たっては，幼保連携型認定こども園の教育及び保育において育みたい資質・能力を踏まえつつ，各幼保連携型認定こども園の教育及び保育の目標を明確にするとともに，教育及び保育の内容並びに子育ての支援等に関する全体的な計画の作成についての基本的な方針が家庭や地域とも共有されるよう努めるものとする。

⑶教育及び保育の内容並びに子育ての支援等に関する全体的な計画の作成上の基本的事項

ア幼保連携型認定こども園における生活の全体を通して第２章に示すねらいが総合的に達成されるよう，教育課程に係る教育期間や園児の生活経験や発達の過程などを考慮して具体的なねらいと内容を組織するものとする。この場合においては，特に，自我が芽生え，他者の存在を意識し，自己を抑制しようとする気持ちが生まれるなどの乳幼児期の発達の特性を踏まえ，入園から修了に至るまでの長期的な視野をもって充実した生活が展開できるように配慮するものとする。

イ幼保連携型認定こども園の満３歳以上の園児の教育課程に係る教育週数は，特別の事情のある場合を除き，39週を下ってはならない。

ウ幼保連携型認定こども園の１日の教育課程に係る教育時間は，４時間を標準とする。ただし，園児の心身の発達の程度や季節などに適切に配慮するものとする。

エ幼保連携型認定こども園の保育を必要とする子どもに該当する園児に対する教育及び保育の時間（満３歳以上の保育を必要とする子どもに該当する園児については，この章の第２の１の⑶ウに規定する教育時間を含む。）は，１日につき８時間を原則とし，園長がこれを定める。ただし，その地方における園児の保護者の労働時間その他家庭の状況等を考慮するものとする。

(4)教育及び保育の内容並びに子育ての支援等に関する全体的な計画の実施上の留意事項各幼保連携型認定こども園においては，園長の方針の下に，園務分掌に基づき保育教諭等職員が適切に役割を分担しつつ，相互に連携しながら，教育及び保育の内容並びに子育ての支援等に関する全体的な計画や指導の改善を図るものとする。また，各幼保連携型認定こども園が行う教育及び保育等に係る評価については，教育及び保育の内容並びに子育ての支援等に関する全体的な計画の作成，実施，改善が教育及び保育活動や園運営の中核となることを踏まえ，カリキュラム・マネジメントと関連付けながら実施するよう留意するものとする。

(5)小学校教育との接続に当たっての留意事項

ア幼保連携型認定こども園においては，その教育及び保育が，小学校以降の生活や学習の基盤の育成につながることに配慮し，乳幼児期にふさわしい生活を通して，創造的な思考や主体的な生活態度などの基礎を培うようにするものとする。

イ幼保連携型認定こども園の教育及び保育において育まれた資質・能力を踏まえ，小学校教育が円滑に行われるよう，小学校の教師との意見交換や合同の研究の機会などを設け，「幼児期の終わりまでに育ってほしい姿」を共有するなど連携を図り，幼保連携型認定こども園における教育及び保育と小学校教育との円滑な接続を図るよう努めるものとする。

2　指導計画の作成と園児の理解に基づいた評価

(1)指導計画の考え方

幼保連携型認定こども園における教育及び保育は，園児が自ら意欲をもって環境と関わることによりつくり出される具体的な活動を通して，その目標の達成を図るものである。

幼保連携型認定こども園においてはこのことを踏まえ，乳幼児期にふさわしい生活が展開され，適切な指導が行われるよう，調和のとれた組織的，発展的な指導計画を作成し，園児の活動に沿った柔軟な指導を行わなければならない。

(2) 指導計画の作成上の基本的事項

※本項目は，幼稚園教育要領の「第１章総則　第４」の「２指導計画の作成上の基本的事項に準じるため，紙福の都合で省略する。

(3)指導計画の作成上の留意事項

指導計画の作成に当たっては，次の事項に留意するものとする。

ア園児の生活は，入園当初の一人一人の遊びや保育教諭等との触れ合いを通して幼保連携型認定こども園の生活に親しみ，安定していく時期から，他の園児との関わりの中で園児の主体的な活動が深まり，園児が互いに必要な存在であることを認識するようになる。その後，園児同士や学級全体で目的をもって協同して幼保連携型認定こども園の生活を展開し，深めていく時期などに至るまでの過程を様々に経ながら広げられていくものである。これらを考慮し，活動がそれぞれの時期にふさわしく展開されるようにすること。

また，園児の入園当初の教育及び保育に当たっては，既に在園している園児に不安や動揺を与えないようにしつつ，可能な限り個別的に対応し，園児が安定感を得て，次第に幼保連携型認定こども園の生活になじんでいくよう配慮すること。

※以下イ～ケは，幼稚園教育要領の「第１章総則　第４」の「３　指導計画作成上の留意事項」(1)～(8)に準じるため，紙福の都合で省略する。

コ園児の生活は，家庭を基盤として地域社会を通じて次第に広がりをもつものであることに留意し，家庭との連携を十分に図るなど，幼保連携型認定こども園における生活が家庭や地域社会と連続性を保ちつつ展開されるようにするものとする。その際，地域の自然，高齢者や異年齢の子どもなどを含む人材，行事や公共施設などの地域の資源を積極的に活用し，園児が豊かな生活体験を得られるように工夫するものとする。また，家庭との連携に当たっては，保護者との情報交換の機会を設けたり，保護者と園児との活動の機会を設けたりなどすることを通じて，保護者の乳幼児期の教育及び保育に関する理解が深まるよう配慮するものとする。

サ地域や幼保連携型認定こども園の実態等により，幼保連携型認定こども園間に加え，幼稚園，保育所等の保育施設，小学校，中学校，高等学校及び特別支援学校などとの間の連携や交流を図るものとする。特に，小学校教育との円滑な接続のため，幼保連携型認定こども園の園児と小学校の児童との交流の機会を積極的に設けるようにするものとする。また，障害のある園児児童生徒との交流及び共同学習の機会を設け，共に尊重し合いながら協働して生活していく態度を育むよう努めるものとする。

(4)園児の理解に基づいた評価の実施

※本項目は幼稚園教育要領「第１章総則　第４」の「４幼児理解に基づいた評価の実施」に準じるため，紙福の都合で省略する。

3　特別な配慮を必要とする園児への指導
※本項目は幼稚園教育要領「第１章総則　第５」に準じるため，紙福の都合で省略する。

第３　幼保連携型認定こども園として特に配慮すべき事項
幼保連携型認定こども園における教育及び保育を行うに当たっては，次の事項について特に配慮しなければならない。
1　当該幼保連携型認定こども園に入園した年齢により集団生活の経験年数が異なる園児がいることに配慮する等，０歳から小学校就学前までの一貫した教育及び保育を園児の発達や学びの連続性を考慮して展開していくこと。特に満３歳以上については入園する園児が多いことや同一学年の園児で編制される学級の中で生活することなどを踏まえ，家庭や他の保育施設等との連携や引継ぎを円滑に行うとともに，環境の工夫をすること。
2　園児の一日の生活の連続性及びリズムの多様性に配慮するとともに，保護者の生活形態を反映した園児の在園時間の長短，入園時期や登園日数の違いを踏まえ，園児一人一人の状況に応じ，教育及び保育の内容やその展開について工夫をすること。特に入園及び年度当初においては，家庭との連携の下，園児一人一人の生活の仕方やリズムに十分に配慮して一日の自然な生活の流れをつくり出していくようにすること。
3　環境を通して行う教育及び保育の活動の充実を図るため，幼保連携型認定こども園における教育及び保育の環境の構成に当たっては，乳幼児期の特性及び保護者や地域の実態を踏まえ，次の事項に留意すること。
(1)０歳から小学校就学前までの様々な年齢の園児の発達の特性を踏まえ，満３歳未満の園児については特に健康，安全や発達の確保を十分に図るとともに，満３歳以上の園児については同一学年の園児で編制される学級による集団活動の中で遊びを中心とする園児の主体的な活動を通して発達や学びを促す経験が得られるよう工夫をすること。特に，満３歳以上の園児同士が共に育ち，学び合いながら，豊かな体験を積み重ねることができるよう工夫をすること。
(2)在園時間が異なる多様な園児がいることを踏まえ，園児の生活が安定するよう，家庭や地域，幼保連携型認定こども園における生活の連続性を確保するとともに，一日の生活のリズムを整えるよう工夫をすること。特に満３歳未満の園児については睡眠時間等の個人差に配慮するとともに，満３歳以上の園児については集中して遊ぶ場と家庭的な雰囲気の中でくつろぐ場との適切な調和等の工夫をすること。
(3)家庭や地域において異年齢の子どもと関わる機会が減少していることを踏まえ，満３歳以上の園児については，学級による集団活動とともに，満３歳未満の園児を含む異年齢の園児による活動を，園児の発達の状況にも配慮しつつ適切に組み合わせて設定するなどの工夫をすること。
(4)満３歳以上の園児については，特に長期的な休業中，園児が過ごす家庭や園などの生活の場が異なることを踏まえ，それぞれの多様な生活経験が長期的な休業などの終了後等の園生活に生かされるよう工夫をすること。
4　指導計画を作成する際には，この章に示す指導計画の作成上の留意事項を踏まえるとともに，次の事項にも特に配慮すること。
(1) 園児の発達の個人差，入園した年齢の違いなどによる集団生活の経験年数の差，家庭環境等を踏まえ，園児一人一人の発達の特性や課題に十分留意すること。特に満３歳未満の園児については，大人への依存度が極めて高い等の特性があることから，個別的な対応を図ること。また，園児の集団生活への円滑な接続について，家庭等との連携及び協力を図る等十分留意すること。
(2)園児の発達の連続性を考慮した教育及び保育を展開する際には，次の事項に留意すること。
ア満３歳未満の園児については，園児一人一人の生育歴，心身の発達，活動の実態等に即して，個別的な計画を作成すること。
イ満３歳以上の園児については，個の成長と，園児相互の関係や協同的な活動が促されるよう考慮すること。
ウ異年齢で構成されるグループ等での指導に当たっては，園児一人一人の生活や経験，発達の過程などを把握し，適切な指導や環境の構成ができるよう考慮すること。
(3)一日の生活のリズムや在園時間が異なる園児が共に過ごすことを踏まえ，活動と休息，緊張感と解放感等の調和を図るとともに，園児に不安や動揺を与えないようにする等の配慮を行うこと。その際，担当の保育教諭等が替わる場合には，園児の様子等引継ぎを行い，十分な連携を図ること。
(4)午睡は生活のリズムを構成する重要な要素であり，安心して眠ることのできる安全な午睡環境を確保するとともに，在園時間が異なることや，睡眠時間は園児の発達の状況や個人によって差があることから，一律とならないよう配慮すること。
(5)長時間にわたる教育及び保育については，園児の発達の過程，生活のリズム及び心身の状態に十分配慮して，保育の内容や方法，職員の協力体制，家庭との連携などを指導計画に位置付けること。
5　生命の保持や情緒の安定を図るなど養護の行き届いた環境の下，幼保連携型認定こども園における教育及び保育を展開すること。

(1) 園児一人一人が，快適にかつ健康で安全に過ごせるようにするとともに，その生理的欲求が十分に満たされ，健康増進が積極的に図られるようにするため，次の事項に留意すること。

ア園児一人一人の平常の健康状態や発育及び発達の状態を的確に把握し，異常を感じる場合は，速やかに適切に対応すること。

イ家庭との連携を密にし，学校医等との連携を図りながら，園児の疾病や事故防止に関する認識を深め，保健的で安全な環境の維持及び向上に努めること。

ウ清潔で安全な環境を整え，適切な援助や応答的な関わりを通して，園児の生理的欲求を満たしていくこと。また，家庭と協力しながら，園児の発達の過程等に応じた適切な生活のリズムがつくられていくようにすること。

エ園児の発達の過程等に応じて，適度な運動と休息をとることができるようにすること。また，食事，排泄（せつ），睡眠，衣類の着脱，身の回りを清潔にすることなどについて，園児が意欲的に生活できるよう適切に援助すること。

(2)園児一人一人が安定感をもって過ごし，自分の気持ちを安心して表すことができるようにするとともに，周囲から主体として受け止められ主体として育ち，自分を肯定する気持ちが育まれていくようにし，くつろいで共に過ごし，心身の疲れが癒やされるようにするため，次の事項に留意すること。

ア園児一人一人の置かれている状態や発達の過程などを的確に把握し，園児の欲求を適切に満たしながら，応答的な触れ合いや言葉掛けを行うこと。

イ園児一人一人の気持ちを受容し，共感しながら，園児との継続的な信頼関係を築いていくこと。

ウ保育教諭等との信頼関係を基盤に，園児一人一人が主体的に活動し，自発性や探索意欲などを高めるとともに，自分への自信をもつことができるよう成長の過程を見守り，適切に働き掛けること。

エ園児一人一人の生活のリズム，発達の過程，在園時間などに応じて，活動内容のバランスや調和を図りながら，適切な食事や休息がとれるようにすること。

6　園児の健康及び安全は，園児の生命の保持と健やかな生活の基本であり，幼保連携型認定こども園の生活全体を通して健康や安全に関する管理や指導，食育の推進等に十分留意すること。

7 保護者に対する子育ての支援に当たっては，この章に示す幼保連携型認定こども園における教育及び保育の基本及び目標を踏まえ，子どもに対する学校としての教育及び児童福祉施設としての保育並びに保護者に対する子育ての支援について相互に有機的な連携が図られるようにすること。また，幼保連携型認定こども園の目的の達成に資するため，保護者が子どもの成長に気付き子育ての喜びが感じられるよう，幼保連携型認定こども園の特性を生かした子育ての支援に努めること。

（第２章以下省略）

参 考 文 献

第1章
- 佐藤学『教育改革をデザインする』岩波書店　2000
- 岸井勇雄『幼児教育課程総論　第2版』同文書院　1999

第2章
- 保育小辞典編集委員会『保育小辞典』大月書店　2006
- 久保田浩『幼児教育の計画－構造とその展開』誠文堂新社　1970
- 乾孝『伝え合いの心理学』法政大学出版局　1962
- 佐藤学『教育改革をデザインする』岩波書店　2000
- 近藤薫樹『集団保育とこころの発達』新日本出版社　1978
- 宍戸健夫『実践の目で見て読み解く新保育所保育指針』かもがわ出版　2009
- 大宮勇雄『学びの物語』ひとなる書房　2010
- 加藤繁美『対話的保育カリキュラム（上・下)』ひとなる書房　2007，2008

第3章
- ジェームズ・J・ヘックマン『幼児教育の経済学』東洋経済新聞社　2015

第4章
- 厚生労働省編『保育所保育指針解説書』フレーベル館　2008
- 大田堯『歩きながら考える生命，人間，子育て』一ツ橋書房　2000
- 近藤幹生・瀧口優他『改訂 実践につなぐことばと保育』ひとなる書房　2016
- 倉橋惣三『育ての心（上)』フレーベル館　1976（原著 1936）
- 今井和子『保育に生かす記録の書き方』ひとなる書房　1993

第5章
- 奈須正裕『学びの始まりを考える』キッズレーダー　日能研　2010

第6章
- 和田典子「小学校「国語」への連携と幼児期の文字指導について―小学校学習指導要領・幼稚園教育要領・保育所保育指針の改正を踏まえて―」『近畿医療福祉大学紀　要9巻』　2008

第7章
- 厚生労働省編『保育所保育指針解説書』フレーベル館　2008
- ミネルヴァ書房編集部『保育所保育指針　幼稚園教育要領解説のポイント』ミネルヴァ書房　2008

第8章
- 岸井勇雄『幼児教育課程総論　第2版』同文書院　1999

第9章
- 大宮勇雄『学びの物語』ひとなる書房　2010

第10章
- 厚生労働省編『保育所保育指針解説書』フレーベル館　2008

第11章
- 厚生労働省編『保育所保育指針解説書』フレーベル館　2008
- 文部科学省『幼稚園教育要領解説』フレーベル館　2008
- 文部科学省『幼稚園教育指導資料第3集　幼児理解と評価』ぎょうせい　2010
- （財）全日本私立幼稚園幼児教育研究機構編著『幼稚園における学校評価』フレーベル館　2009
- 小川博久『保育援助論』生活ジャーナル　2000
- 小川博久『遊び保育論』萌文書林　2010

第12章
- 厚生労働省編『保育所保育指針解説書』フレーベル館　2008
- 文部科学省『幼稚園教育要領解説』フレーベル館　2008
- 文部科学省『幼稚園教育指導資料第3集　幼児理解と評価』ぎょうせい　2010
- （財）全日本私立幼稚園幼児教育研究機構編著『幼稚園における学校評価』フレーベル館　2009
- 松村和子・椛島香代編著『幼稚園幼児指導要録の書き方』チャイルド本社　2009
- 増田まゆみ編著『保育所児童保育要録の書き方』チャイルド本社　2009
- 今井和子『保育に生かす記録の書き方』ひとなる書房　1993
- 鯨岡峻・鯨岡和子『保育のためのエピソード記述入門』ミネルヴァ書房　2007

執　筆　者

●松村　和子（まつむら・かずこ）
1952 年生
お茶の水女子大学大学院家政学研究科修了・修士（家政学）
文京学院大学　教授
［著書等］
『4 歳児の保育カリキュラム』チャイルド本社　2009（編著）
『記録を活かした幼稚園幼児指導要録の書き方』チャイルド本社　2009（共著）
『家庭支援論』建帛社　2010（編著）
［ひとこと］
教育課程・全体的な計画（保育課程）に基づいて指導計画を練る。そして子どもたちと日々新しく出会う。予想（仮説）が成り立つかどうか，スリルとサスペンスの毎日。だから面白くやめられないのかも。

●近藤　幹生（こんどう・みきお）
1953 年生
聖徳大学大学院博士後期課程修了・博士（児童学）
白梅学園大学　教授
［著書等］
『保育の哲学 1，2，3』（ななみブックレットシリーズ）ななみ書房　2015 ～ 2017
『子どもと社会の未来を拓く　保育内容総論』青踏社　2017（編著）
『改訂　実践につなぐことばと保育』ひとなる書房　2016（共著）
［ひとこと］
子ども，職員，父母，地域とともに教育課程，全体的な計画（保育課程）を創りましょう。

●椛島　香代（かばしま・かよ）
1961 年生
東京学芸大学大学院教育研究科修了・修士（教育学）
文京学院大学　教授
［著書等］
『実践で語る幼稚園教諭への道』大学図書出版　2010（共著）
『演習・人間関係』建帛社　2009（共著）
『保育記録を生かした幼稚園幼児指導要録の書き方』チャイルド本社　2009（共著）
［ひとこと］
子どもの理解を深め保育の充実を図るために，教育課程，全体的な計画（保育課程）を生かしましょう。

●協　力（50 音順）

鶯谷さくら幼稚園（東京都・渋谷区）
長房西保育園（東京都・八王子市）
文京学院大学ふじみ野幼稚園（埼玉県・ふじみ野市）
文京学院大学文京幼稚園（東京都・文京区）
ぽかぽか保育園（埼玉県・飯能市）

就学前教育の計画を学ぶ

2017年12月25日　第1版第1刷発行
2023年 3月 1日　第1版第4刷発行

●著　者　松村和子／近藤幹生／椛島香代
●発行者　長渡 晃
●発行所　有限会社 ななみ書房
〒252-0317 神奈川県相模原市南区御園 1-18-57
TEL 042-740-0773
http://773books.jp
●絵・デザイン　磯部錦司・内海 亨
●印刷・製本　協友印刷株式会社

ISBN978-4-903355-74-0
Printed in Japan